AI 코리아
2025

김상균
민환기
박성진
신민호
양석용
이광호
이상윤
이영래
장정권
최성은

AI 코리아 2025

FIRST AND FAST

시장을 흔드는 기업들

pazit

“인지혁명, 산업혁명을 잇는 지능혁명 시대의 서막이 올랐습니다.

지능혁명 시대에 대한민국의 미래를 만들어 갈 탐험가들에게 이 책을 바칩니다.

거대한 도전과 기회 앞에 서있는 대한민국을 뜨겁게 응원합니다.”

AI 코리아 2025, 대표저자 김상균 올림

차례

AI 코리아

농업

영화

이광호

누구나 감독이 될 수 있다 197

제약

이상윤

제약 바이오산업의 게임 체인지 225

정책

새로운 시스템으로 지능 혁명을 지원한다

최성은 295

AI 코리아

대한민국은 이제 반도체를 넘어서야 한다

김상균

인지과학자, 경희대 교수
롯데이노베이트 사외이사, CJ나눔재단 사외이사, 갤럭시코퍼레이션 고문
saviour@khu.ac.kr | www.mindmover.guru

AI, 엔비디아, 챗GPT. 불과 2년 전까지만 해도 이 세 단어는 국민 대부분에게 낯설었습니다. 2년 전, 주식 투자자나 암호화폐를 채굴하는 이들이 아니라면 엔비디아를 알기 어려웠습니다. 그리고 그때는 챗GPT가 나오기 전이었습니다. 그런데 지금은 어떤가요? 2023년 기준으로 전체 국민의 50%, 60대 이상 국민의 40%가 AI를 써봤다고 응답했습니다. 주식, 암호화폐 투자를 안 하는 이들도 엔비디아를 알고 있습니다.

이런 관심은 유튜브, 서점에서도 쉽게 느껴집니다. 온라인 서점에 올라가 있는 AI 관련 국내 서적이 2천 권이 넘는데, 그중 절반 정도가 최근 2년 이내에 출간된 책입니다. 개정판을 포함한 수치이지만, 대중의 관심이 얼마나 빠르게 달아올랐는지 보여주는 결과입니다. 유

1-1. 시간 흐름에 따른 관심도 변화

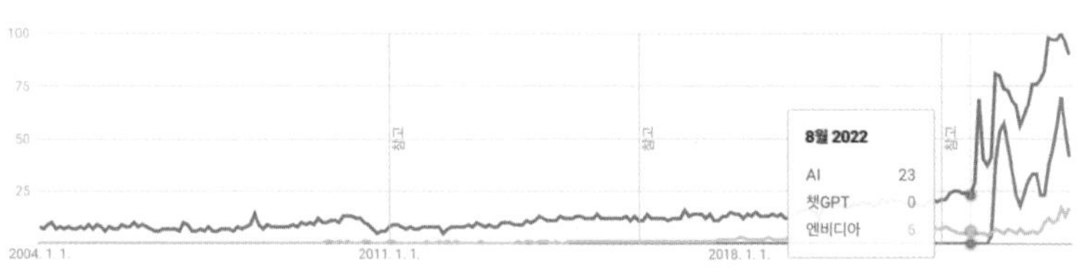

출처: 구글 트렌드

튜브를 보면 AI에 관한 여러 전문가의 분석과 전망이 넘쳐납니다.

기업은 구성원에게 AI 교육을 제공하는 데 열을 올리고 있습니다. 2023년 초부터 지금까지 기업은 업종, 직무와 무관하게 전체 교육 예산에서 가장 큰 비중을 AI에 두고 있습니다. 이에 관한 통계가 나와 있지는 않으나, 필자와 소통하는 기업 교육 담당자들의 공통된 의견은 그렇습니다.

그러면 이제 대한민국 국민들은 AI를 제대로 이해하고, 일상이나 업무에서 요긴하게 써먹고 있을까요? AI가 우리 미래를 어떻게 바꿔 놓을지 온전히 예측하고, AI를 가지고 어떤 미래를 만드는 게 타당한지 판단할 수 있을까요?

AI 산업은 챗GPT와 반도체?

애석하지만 저는 이 모든 의문에 관해 NO라고 답합니다. 솔직히 말해서 이것들은 의문이 아니라 제가 품은 걱정입니다. AI 사용 비율이 높고 관련 책과 유튜브 콘텐츠가 넘치니 전국민이 AI를 온전히 이해하고 있으리라는 오해에 관한 걱정, 조직 구성원에게 짧게는 수 시간에서 길게는 며칠에 걸쳐서 챗GPT를 필두로 다양한 AI 도구를 교육시켰으니 이제 그들이 AI를 활용해서 뚝딱뚝딱 일을 잘 하리라 기대하는 리더의 착각에 관한 걱정, AI 산업의 발전 방향에 관한 것 등의 걱정입니다.

먼저 우리가 AI를 바라보는 관점부터 되짚어 보겠습니다. 보스턴컨설팅그룹이 올해 발표한 보고서에 따르면, 한국인의 88%가 챗GPT에 대해 들어봤고, 26%가 사용해 본 경험이 있습니다. 더 많은 국민이 챗GPT를 들어봤다고 나타난 국가는 조사 대상 21개국 중에서 인도와 아랍에미리트뿐이었습니다. AI에 관한 우리 국민의 관심은 뜨겁습니다. 그런데 관심이 향하는 지점이 한쪽으로 쏠려 있습니다.

유튜브 AI 관련 콘텐츠 중에서 조회수가 높은 콘텐츠를 꼽아보면 절반 이상은 주식, 투자에 관한 내용을 다루고 있습니다. 상황이 이해는 됩니다. AI 관련 대표주로 꼽히는 엔비디아의 주가는 챗GPT가 등장했던 2022년 말과 현재를 비교할 때 최고가 기준으로 10배 정도 오른 셈입니다. 주식 관련 커뮤니티에서는 엔비디아를 국민주라고 언급하는 농담도 쉽게 찾아볼 수 있습니다. 저는 이 상황을 이렇게 해석합니다. 우리 국민이 AI에 관한 관심은 높은데 그 관심이 주로 투자에 쏠려 있다고 봅니다. 아이 교육, 본인의 진로에 AI가 가져올 영향에 관해서도 관심은 있으나 정말 큰 변화가 오지는 않으리라는 막연한

1-2. 엔비디아 주가 변화

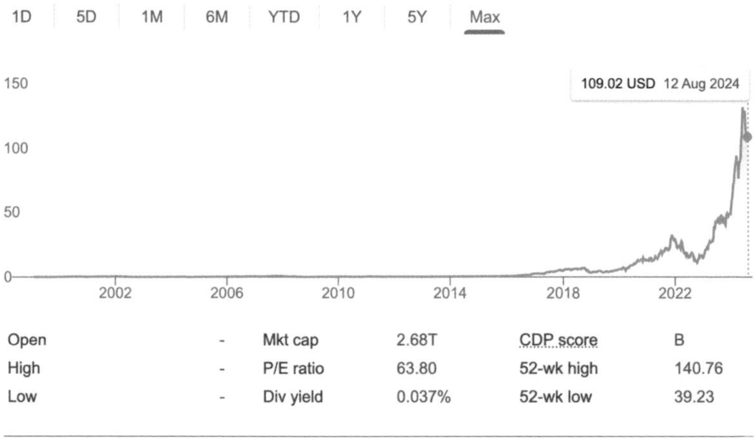

출처: 구글

기대를 갖고 있습니다. 여기서 언급한 기대는 변화를 두려워하는 심리에서 기인한 자기보호적 반응입니다.

AI를 주식, 투자 대상으로 바라볼 때 우리 눈에 가장 먼저 들어오는 것이 반도체와 LLMLarge Language Model, 대규모 언어 모델입니다. 챗GPT, 클로드, 제미나이 등이 LLM의 대표적 브랜드입니다. 쉽게 말해서 인간의 언어로 대화하면서 여러가지를 생성할 수 있는 AI 플랫폼입니다. 이런 영역에서 활동하는 우리 기업들이 있습니다. 반도체 영역에서는 삼성전자, SK하이닉스 등이 전면에서 움직이고 있으며, LLM 영역에는 네이버, KT, SK텔레콤 등이 뛰어든 상태입니다. 여기서 큰 오해가 발생합니다. AI 산업의 미래를 반도체와 LLM, 이렇게 둘로만 보는 이들이 많습니다. 우리가 어느 쪽으로 관점을 확대해야 할지는 잠시 후 다시 언급하겠습니다.

다음으로, 조직 구성원이 AI 도구를 활용해서 스스로 일을 잘하게 되리라 기대하는 리더의 착각을 파헤쳐 보겠습니다. 앞서 설명했듯이 우리 국민의 26%가 챗GPT를 사용해 봤다고 응답했습니다. 그러나 제가 기업들과 협업하는 과정에서 구성원들을 대상으로 지속적 사용 비율을 익명 조사해 보면 상황은 달라집니다. 일상에서 얼마나 능동적으로 AI를 쓰는지 살펴보기 위해 생성형 AI를 매주 2~3회 이상 쓰고 있는 구성원을 파악해 보면, 그 비율이 10%를 넘는 조직이 없었습니다. 필자가 올해 조사해 본 50여 곳의 조직은 그랬습니다. 이 결과를 리더에게 알려주면 당혹스러워합니다.

도구를 배웠는데 왜 활용하지 않을까요? 이유는 단순합니다. 그들에게 너무도 낯선 도구, 급진적인 변화를 가져오는 도구이기 때문입니다. 사람은 외부 환경 변화가 빠를 때 극심한 스트레스를 겪습니다. 스트레스를 낮추는 방법은 단순합니다. 그 환경에서 벗어나면 됩니다. AI를 대하는 구성원의 태도는 이와 다르지 않습니다. 도구 자체를 배울 때는 신기하고 재밌었지만, 막상 그 도구를 가지고 내 업무에 변화를 주고, 경험하지 않았던 것에 도전하려 하니 스트레스를 느낍니다. 그래서 스스로를 이렇게 다독입니다. '그런 도구 없이도 그동안 일만 잘 해왔어.' 이런 관점을 어떻게 바꿀 수 있을까요? 도구가 바뀐 게 아니라 인간이 살아가는 방식이 바뀌고 있음을 인식시켜야 합니다. 우리 기업이 수십 년 일해 온 방식이 바뀌지 않으면 안 됨을, 산업의 지형이 바뀌고 있음을 인식시켜야 합니다.

산업혁명에서 지능혁명으로

인류의 역사를 되짚어 보면, 우리 호모 사피엔스가 지구상에서 독보적 위치를 차지하게 된 결정적 계기가 있었습니다. 바로 약 7만 년 전에 일어난 '인지혁명cognitive revolution'입니다. 이스라엘의 역사학자 유발 하라리는 저서 〈사피엔스〉에서 인지혁명의 핵심을 '사피엔스가 허구를 만들어 내는 능력, 즉 상상력을 갖추게 된 것'이라고 설명합니다.

인지혁명 이전까지 사피엔스는 다른 동물들과 마찬가지로 눈앞에 존재하는 것들에 대해서만 소통할 수 있었습니다. 하지만 인지혁명을 통해 사피엔스는 신화, 종교, 예술 등 눈에 보이지 않는 것들에 대해서도 이야기할 수 있게 되었습니다. 이는 사피엔스가 대규모로 유연하게 협력할 수 있는 기반이 되었습니다. 수십, 수백 명 단위를 넘어 수천, 수만 명이 공동의 상상 속에서 결속할 수 있게 되었습니다.

인지혁명에 이어서 인류의 성장이 폭발한 배경에는 산업혁명이 있습니다. 산업혁명은 18세기 후반 영국에서 시작되어 전 세계로 확산된, 인류 역사상 가장 급격한 변화 중 하나였습니다. 기술과 과학의 폭발적 진보가 산업혁명의 원동력이 되었습니다. 과거 수공업 중심

1-3. 산업혁명 전후의 경제 성장 추세

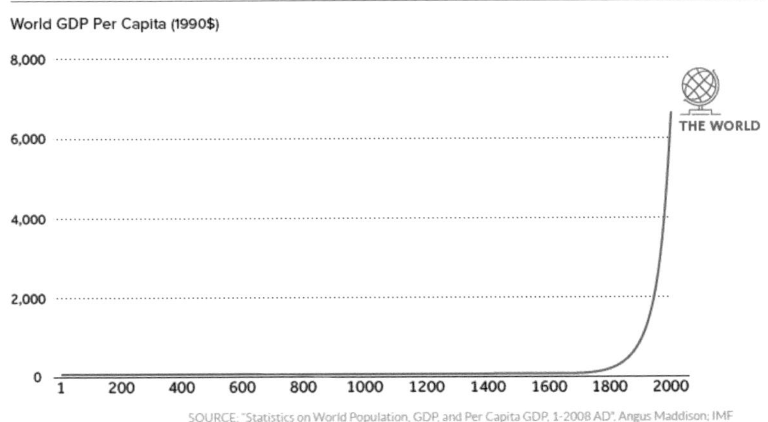

출처: 비주얼 캐피탈리스트

의 농경 사회가 기계 중심의 산업 사회로 전환되었고, 이는 사회 전반에 걸쳐 광범위한 변화를 초래했습니다. 사회·경제적 토대와 기술적 진보, 사상적 변화, 국가의 주도성 등이 어우러지며 영국은 산업혁명의 진원지가 되었습니다. 이후 유럽 각지와 북미로 산업화가 확산되었고, 전 세계가 영국발 산업혁명의 영향 아래 들어가게 되었습니다.

그림은 1인당 GDP를 나타냅니다. 그림에서 제시한 화폐 가치는 1990년의 달러 가치, 구매력에 맞춰서 보정한 수치입니다. 그림에서 보듯이 산업혁명은 인류에게 엄청난 물질적 풍요를 가져다 주었습니다. 증기기관과 공장제 기계 생산이 확산되면서 생산력은 폭발적으로 증가했습니다. 1750년과 1800년 사이 영국 인구는 두 배로 증가했습니다. 노동자 실질 임금은 1819년에서 1851년, 32년 동안 두 배로 증가(린더트-윌리엄슨Lindert-Williamson 지수 기준)했습니다. 기업가들은 시장 원리와 자본주의 경쟁 논리에 따라 끊임없이 생산성 향상을 도모했습니다. 기계화, 분업화, 규모의 경제 추구가 성공 방정식이었습니다. 방직 공장은 증기기관과 연계한 방직기를 바탕으로 대량 생산 체제를 구축했고, 미국 철강왕 앤드루 카네기의 제철소는 수직 계열화를 통해 규모와 효율을 극대화했습니다.

이제 산업혁명의 시대는 저물어 갑니다. 앞으로 우리는 AI로 대표되는 지능혁명 시대를 살아가야 합니다. 산업혁명이 기계의 힘으로 인간의 육체노동을 대체했다면, 지능혁명은 AI로 인간의 정신적, 지적 노동마저 대체, 확장하고 있습니다. 지능혁명을 선도하고 있는 곳은 단연 미국 실리콘밸리와 중국의 IT 기업들입니다. 알파벳(구글), 아마존, 애플, 마이크로소프트 등 미국의 빅테크 기업들은 앞선 AI 기술과 다양한 플랫폼을 바탕으로 전 세계 데이터를 장악하고 있습니다. 중국의 BAT(바이두, 알리바바, 텐센트) 역시 14억 인구의 방대한 데이터를 활용해 AI 기술을 고도화하고 있습니다.

이 기업들의 성공 요인은 창의성, 민첩성, 개방성 등으로 요약됩니다. 애플과 구글의 창업자들은 기존의 틀을 깨는 혁신적 아이디어로 새로운 시장을 개척했습니다. 아마존과 알리바바는 고객 편의를 최우선으로 하며 새로운 서비스를 선보이는 민첩성을 보여주었습니다. 이들은 개방형 혁신을 통해 내·외부의 창의적 인재들과 협업하며, 유연한 조직 문화 속에서 끊임없는 변화를 모색해 왔습니다.

반면, 이런 변화에 둔감하거나 안일한 기업, 국가는 도태하고 있습니다. 한때 월드 와이드 웹을 주도했던 야후나 노키아는 변화에 제대로 대응하지 못하고 몰락했습니다. 국가적 차원에서도 혁신 생태계 기반이 취약하고 AI 인재 유출이 심각한 곳은 도전에 직면해 있습니다. AI 기술을 선도할 두뇌들이 해외로 유출되는 브레인 드레인 현상은 산업혁명기 후진국의 처지를 떠올리게 합니다. 지능혁명에 제대로 대응하지 못하면 AI 식민지가 될 수 있다는 경고도 나옵니다. 역사철학자 토인비는 문명은 도전에 대한 응전이라 했습니다. 인류의 역사는 도전과 응전의 역사였습니다. 인지혁명으로 사냥감을 쫓던 인류는 이제 AI라는 도구를 손에 넣었습니다. 산업혁명의 기계가 우리의 근육을 강화했다면, 지능혁명의 AI는 우리의 두뇌를 증강하고 있습니다.

기회의 창이 열린다

이런 맥락에서 국가, 기업, 대중이 AI 관련 반도체, LLM에 관심을 갖는 상황은 이상하지 않습니다. 그러나 과연 그게 전부인지는 냉철하게 따져봐야 합니다. 맥킨지 자회사 퀀텀블랙은 생성형 AI 기술이 탄생시킬 새로운 가치 사슬을 크게 6개 영역으로 분류해서 제시했습니다. 아랫단부터 하드웨어, 클라우드 플랫폼, 파운데이션 모델, 모델 허브와 MLOps, 애플리케이션, 서비스입니다. 생성형 AI 가치 사슬의 6개 영역을 아래에서 위로 살펴보겠습니다.

하드웨어hardware

생성형 AI 모델을 학습시키고 실행하려면 방대한 데이터를 초고속으로 처리할 수 있는 특수 하드웨어가 필요합니다. GPUGraphics Processing Unit, TPUTensor Processing Unit 같은 가속기 칩이 대표적입니다. 여기서 GPU와 TPU는 모두 병렬 처리에 최적화된 특수 목적의 프로세서로 AI에 적용되는 빅데이터를 효과적으로 다룰 수 있습니다. 하지만 둘 사이에는 몇 가지 차이점이 있습니다. GPU는 원래 그래픽 처리와 렌더링을 위해 개발되었지만, 현재는 범용 병렬 컴퓨팅에도 널리 사용됩니다. 딥러닝, 시뮬레이션, 비디오 렌더링 등 다양한 분야에서 활용됩니다. 엔비디아, AMD 등 여러 회사에서 제조합니다. TPU는 구글에서 개발한 AI 가속기로, 기계 학습에 특화되어 있습니다. 텐서 플로우 같은 딥러닝 프레임워크와 잘 통합되어 있습니다. 대규모 행렬 연산을 매우 효율적으로 처리할 수 있도록 설계되었습니다. 요약하면, GPU는 보다 범용적인 병렬 처리에 사용되는 반면, TPU는 기계 학습에 특화된 프로세서입니다. 현재 이런 시장은 소수 기업이 과점하고 있습니다. 막대한 연구 개발비가 필요한 영역이어서, 이 시장에 완전히 새로운 기업이 진입하기가 쉽지는 않습니다.

클라우드 플랫폼cloud platform

GPU나 TPU는 가격이 높고 구하기도 어려워서 기업들은 이를 직접 구매하기보다는 클라우드 인프라를 활용합니다. AWS(아마존 소유), 마이크로소프트 애저, 구글 클라우드 같은 대형 클라우드 업체들

1-4. **아마존의 초대형 데이터 센터 건설 현장**

출처: CIO DIVE

은 이미 생성형 AI에 특화된 플랫폼을 제공하고 있습니다. 전용 하드웨어를 대량 확보하고 유연한 과금 모델을 제공하는 등 고객사를 위한 서비스를 다양화하고 있습니다. 이런 서비스를 제공하는 시설을 데이터 센터라고 부릅니다. 새로운 컴퓨팅 방식에 기반한 스타트업의 도전도 예상되지만 당분간은 클라우드 빅3의 강세가 지속될 것으로 보입니다. 투자 규모에서 빅3를 따라오기가 어렵기 때문입니다. 일례로 아마존은 2022년, 2023년에만 데이터 센터 확장에 1,500억 달러를 투자했으며, 2024년 상반기에만 500억 달러(한화 약 68조 원) 투자를 집행했습니다.

파운데이션 모델foundation model

챗GPT, 클로드, 제미나이 등과 같이 대규모로 사전 학습된 AI 모델입니다. 학습 과정에서 수천만 달러의 비용이 들고 수개월이 소요되는 등 기술적 진입 장벽이 높습니다. 당분간은 오픈AI, 구글 등 소수 빅테크 기업과 대규모 투자를 받은 스타트업이 주도권을 잡을 것으로 예상됩니다. 장기적으로는 소규모 경량화 모델 개발이 활발해지면서 경쟁이 치열해질 전망입니다.

모델 허브와 MLOps

파운데이션 모델 기반 애플리케이션을 개발하려면 두 가지가 필요합니다. 하나는 모델을 저장하고 접근할 수 있는 허브이고, 다른 하나는 추가 학습과 배포를 위한 MLOps 도구입니다. 여기서 MLOps는 'Machine Learning Operations'의 약자로, 기계 학습 모델의 개발, 배포, 운영을 효율화하기 위한 방법론과 도구를 통칭하는 개념입니다.

애플리케이션application

기업들은 파운데이션 모델 위에서 자신만의 애플리케이션을 만들어 경쟁력을 높일 수 있습니다. 단순히 모델의 기본 기능을 활용하는 수준을 넘어, 자체 데이터로 추가 학습시킨 '파인 튜닝' 애플리케이션이 차별화의 핵심이 되리라 예상합니다. 가령 고객 채팅 데이터로 학습한 금융사 챗봇, 제품 설계 도면으로 훈련한 디자인 툴 같이 산업별 특성에 맞게 전문성을 집약한 애플리케이션이 주목받을 것입니다. 고객 피드백을 지속적으로 반영해 성능을 고도화하는 선순환 구조도 중요한 경쟁 포인트가 되리라 예상합니다.

서비스service

기업이 자체적으로 전문 인력과 역량을 갖추기 어려운 만큼 컨설팅, 구축, 운영 등을 지원하는 생성형 AI 서비스 시장도 커질 것으로 보입니다. 기존 AI 서비스 기업들이 발 빠르게 영역을 확장하는 한편, 특정 산업이나 기능에 특화된 전문 스타트업의 시장 진입도 활발해질 전망입니다.

이 내용을 요약해 보면 그림과 같습니다. 6개 영역에 관해 설명했으나, 크게 4개 영역으로 줄여서 봐도 좋습니다. 이해하기 쉽게 하드웨어, 클라우드, 파운데이션, 응용 서비스(모델 허브와 MLOps, 애플리케이션, 서비스를 하나로 묶음)로 나눠서 보겠습니다. 하드웨어는 앞서 언급한 반도체를 중심으로 AI 작동에 필요한 기계를 만드는 영역으로 보면 됩니다. 모든 기업, 개인이 AI 작동에 필요한 하드웨어를 직접 구매해서 운영하기는 어렵기 때문에 그것을 대규모로 구축해서 필요한 만큼 빌려주는 서비스를 클라우드라고 보면 됩니다. 클라우드 수요도 꾸준히 증가하는 추세여서, 새로운 클라우드 시설을 건축하고, 거기에 필요한 하드웨어를 공급하며, 운영 과정에서 막대한 전력과 용수를 공급하는 영역도 발전하고 있습니다. 파운데이션은 LLM을 의미하고요.

그런데 개인 입장에서는 생성형 AI를 사용할 때 챗GPT, 클로드 같은 서비스에 직접 접속해서 쓰지만, 본인이 하려는 업무에 특화된 서비스가 아니어서 불편할 때가 많습니다. 예를 들어, 나는 도시에서 공

1-5. 생성형 AI 밸류 체인 & 기회의 규모

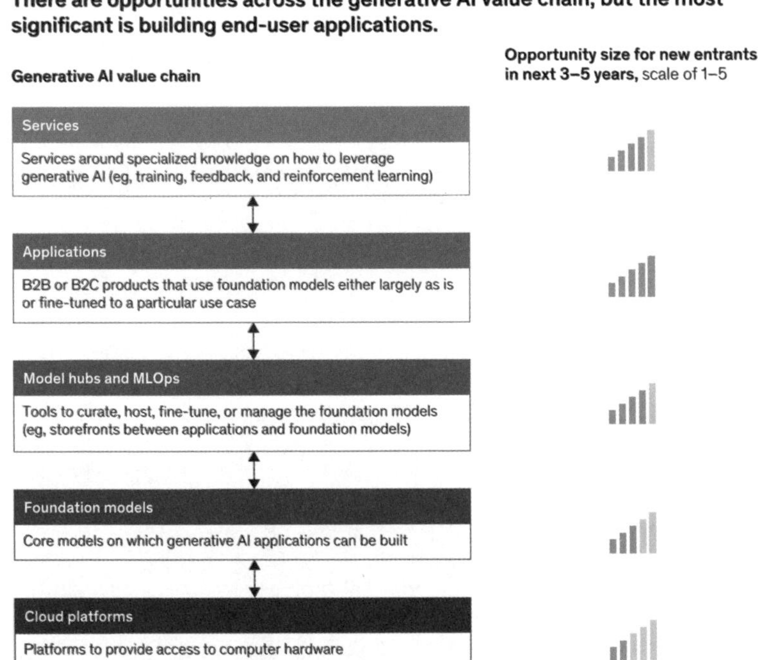

There are opportunities across the generative AI value chain, but the most significant is building end-user applications.
Generative AI value chain
Opportunity size for new entrants in next 3–5 years, scale of 1–5
Services
Services around specialized knowledge on how to leverage generative AI (eg, training, feedback, and reinforcement learning)
Applications
B2B or B2C products that use foundation models either largely as is or fine-tuned to a particular use case
Model hubs and MLOps
Tools to curate, host, fine-tune, or manage the foundation models (eg, storefronts between applications and foundation models)
Foundation models
Core models on which generative AI applications can be built
Cloud platforms
Platforms to provide access to computer hardware
Computer hardware
Accelerator chips optimized for training and running the models

출처: 맥킨지

장형 농장을 운영하는 사람인데, 챗GPT에게 운영 방식을 물어봐도 답변이 부정확하거나 충분하지 않은 경우가 많고, 내 농장에서 발생하는 상황을 일일이 챗GPT에 입력하기도 불편합니다. 만약 이런 상황에 특화된 AI 서비스가 있다면 어떨까요? 농장에 달린 센서가 상황을 파악해서 AI로 처리하고, 그 결과를 다시 농장에 있는 자동화 기계에 보내서 사람의 개입 없이 대응하는 방식입니다. 이런 접근을 응용 서비스라고 보겠습니다. 즉 앞서 설명한 하드웨어, 클라우드, 파운데이션을 활용해서 다양하고 세분화된 산업, 활용 분야에 맞는 서비스를 제공하는 영역입니다.

'생성형 AI 밸류 체인 & 기회의 규모'에서 맥킨지는 응용 서비스(모델 허브와 MLOps , 애플리케이션, 서비스의 3개 영역)에서 가장 큰 기회가 존재한다고 예상하고 있습니다. 그림의 오른쪽 부분입니다. 향후 3~5년 동안의 잠재적인 성장 가능성을 반영하여 신규 진입자에게 유망한 분야라고 강조합니다. 제 의견도 맥킨지의 예측과 같습니다. 단기적으로 우리는 하드웨어, 파운데이션에 집중하고 있으나, 장기적으로는 응용 서비스 영역에서 더 다양하고 풍성한 가치가 나오리라 봅니다.

AI 코리아의 현주소

하드웨어, 클라우드, 파운데이션 영역에서 한국의 위상, 경쟁력을 살펴보겠습니다. 먼저 하드웨어의 핵심인 반도체를 살펴보겠습니다. 결론부터 얘기하자면, 안타깝게도 한국의 AI 반도체 산업의 현황은 그리 녹록지 않습니다. 현재 AI 반도체 시장은 미국과 대만 기업들의 견고한 동맹 관계로 인해 우리 기업들이 빠르게 성장하기에 쉽지는 않은 상황입니다. 특히 반도체 설계, 제조(파운드리), 그리고 패키징

1-6. **클라우드 사업자별 세계 시장 점유율**

Provider	Country	Market Share Q4 2023
Amazon Web Services	U.S.	31%
Microsoft Azure	U.S.	24%
Google Cloud	U.S.	11%
Alibaba Cloud	China	4%
Salesforce	U.S.	3%
IBM Cloud	U.S.	2%
Oracle	U.S.	2%
Tencent Cloud	China	2%
Other	Other	21%

출처: 비주얼 캐피탈리스트

분야에서 한국 기업들의 입지가 좁아지고 있습니다. 미국의 엔비디아, 애플, AMD 등이 설계 부문을 장악하고 있으며, 대만의 TSMC가 제조와 패키징을 독점하다시피 하고 있습니다.

이러한 상황은 단순히 현재의 시장 점유율 문제를 넘어 미래 경쟁력에도 큰 영향을 미칠 것으로 보입니다. 미국 반도체협회의 전망에 따르면, 10나노미터 이하 첨단 반도체 시장에서 한국의 점유율은 2022년 31%에서 2032년 9%로 급감할 것으로 분석됐습니다. 맞춤형 반도체 설계, 제조, 후공정 등 핵심 영역에서 한국을 우회하는 흐름이 강해지고 있습니다.

두 번째로 클라우드 영역을 살펴보겠습니다. 결론만 보면, 우리의 현황은 AWS, 마이크로소프트 애저, 구글 클라우드 같은 글로벌 거대 기업들에 비해 뒤처져 있습니다. 네이버 클라우드와 KT 클라우드 같은 국내 기업들이 발전하고 있지만, 아직 글로벌 시장에서의 범위나

1-7. 세계 클라우드 시장의 점유율 변화(2017년 4분기~2022년 4분기)

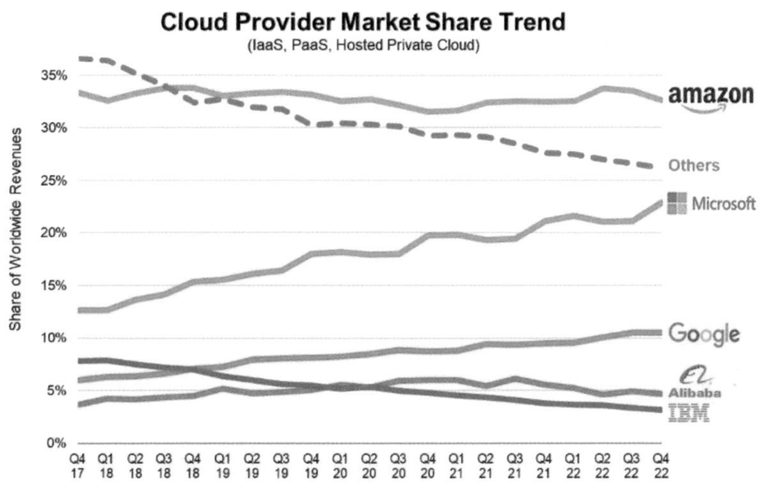

출처: 시너지 리서치 그룹

규모는 매우 부족합니다.

클라우드 사업자별 세계 시장 점유율 현황은 그림과 같습니다. 25위 기업까지 살펴봐도 한국 기업은 없습니다. 2023년 기준으로 세계 클라우드 서비스 시장 규모는 6천억 달러로 집계됐는데, 한국 기업들의 클라우드 서비스 매출을 합산해서 비교해 보면, 세계 시장에서 점유율은 0.5% 미만으로 추정됩니다. 심지어 국내 내수 시장만 놓고도 외국계 클라우드 서비스의 점유율은 80%가 넘습니다. 즉, 내수 시장에서도 국내 기업의 시장 점유율은 20% 미만입니다.

클라우드 산업에서 경쟁의 변화 추세를 살펴보겠습니다. 시장 점유율 변동 추이를 볼 때 시장 상황은 기존 지배 세력의 입지가 더 다져지는 분위기입니다. 그림에서 보듯이 기존 외국계 대규모 사업자들이 막대한 자본, 기술, 고객 장악력을 바탕으로 전체 시장에서의 점유 비율을 점점 더 높이고 있습니다. 그림에서 'Others'라고 표기된 부분에 우리 기업들이 끼어있는 것인데, 이들의 점유율은 꾸준히 낮아지는 추세입니다. 이런 상황을 종합해 볼 때 클라우드 산업의 현재와 미래 전망을 밝게 보기는 어렵습니다.

세 번째로 파운데이션 상황을 살펴보겠습니다. 국내에는 네이버의 하이퍼클로바X, LG의 엑사원, 삼성의 가우스, 엔씨소프트의 바르코 등이 등장한 상태입니다. 그러나 글로벌 시장에서 보면 챗GPT, 제미나이, 클로드 등과 비교할 때 아직까지는 인지도와 성능 면에서 좋은 평가를 받지는 못하는 상황입니다. 특히 우리의 LLM은 한국어에 특화된 부분을 강조하고 있어서 해외 시장에서는 매우 제한적으로 사용되고 있습니다. LLM 개발에 투자되는 비용을 정확하게 집계하기는 어렵지만, 관련 산업계 내부에서는 최소 수천억 원에서 수조 원의 비용이 필요한 것으로 보고 있습니다. 물론 그 정도 비용을 투자한다고 해서 기존 LLM을 넘어서는 성능, 시장 지배력을 확보한다고 장담하기는 어렵습니다. 그럼에도 불구하고 자국 언어와 문화적 특수성, 데이터 주권, 국가 안보, 기술 종속 방지, 법적 기준 준수 등을 위해 자체 LLM을 개발하고 확보하는 전략을 포기하기는 어렵습니다.

이렇게 놓고 보면 현 상황은 우리에게 그리 유리하지는 않습니다. 하드웨어 영역에서는 미국, 대만의 결속에 밀리는 상황입니다. 클라우드 영역에서는 내수 시장까지도 잠식된 상황입니다. 파운데이션

1-8. **LLM 글로벌 시장 점유율(2024년 3월 기준)**

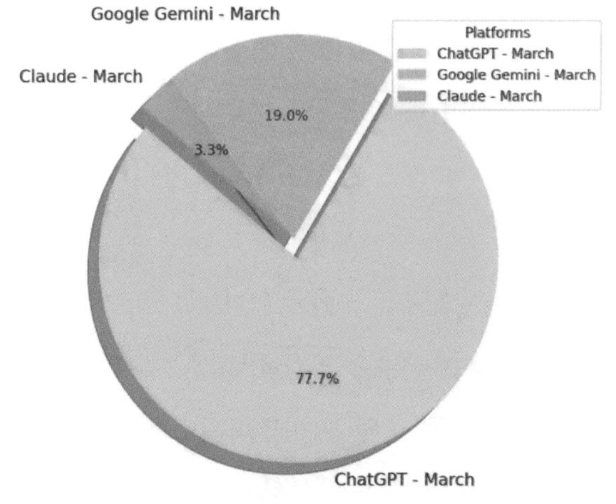

출처: CTOL 디지털 솔루션

부문에서도 한국어 자체의 특성으로 국내에서 일부 특화된 우위를 보이는 점을 제외하면, 글로벌 시장에서 보편적 경쟁력을 제시하기는 어렵습니다.

AI 코리아의 미래

한국의 AI 경쟁력을 강화하기 위해서는 현재의 위기를 철저히 분석하고, 실질적인 대책을 마련해야 합니다. 하드웨어, 클라우드, 파운데이션 영역에서 우리가 직면한 문제들을 해결하기 위해 다음과 같은 전략적 접근이 필요합니다.

AI 반도체 시장에서 한국의 입지가 좁아지고 있는 상황에서 새로운 시장을 개척하기 위해 고객 맞춤형 반도체 설계 전략을 더욱 강화할 필요가 있습니다. 한국 기업들은 미국의 주요 기술 기업들과의 협력을 확대하여 그들이 필요로 하는 특화된 칩을 제공하는 데 집중해야 합니다. 이를 위해서는 연구 개발에 대한 대규모 투자가 필요하며, 반도체 설계 및 제조 역량을 높이기 위한 전문 인력 양성도 중요합니다. 또한 단기적으로는 글로벌 시장에서 생존을 위한 전략적 파트너십을 강화하고, 장기적으로는 독자적인 기술 개발을 통해 글로벌 시장에 재진입할 수 있는 기반을 다져야 합니다.

클라우드 시장에서 한국의 경쟁력은 외국계 기업들에 비해 매우 낮은 상태입니다. 이를 개선하기 위해서는 클라우드 인프라의 확장과 더불어 서비스의 다변화가 필요합니다. 네이버 클라우드와 KT 클라우드 같은 국내 기업들은 해외 시장 확장을 목표로 해야 하며, 이를 위해 글로벌 표준에 맞춘 클라우드 서비스를 제공해야 합니다. 개별 국가의 특성에 맞는 현지화 전략을 통해 틈새 시장을 발굴하는 접근도 필요합니다. 국내에서는 공공 기관과 대기업을 중심으로 클라우드 전환을 적극 지원하고, 이를 바탕으로 내수 시장에서의 입지를 강화해야 합니다.

현재 한국의 LLM은 한국어에 특화되어 있지만, 글로벌 시장에서는 아직 한계가 있습니다. 이를 극복하기 위해서는 LLM의 성능을 글로벌 수준으로 끌어올리는 것이 필요합니다. 이는 대규모 데이터셋 확보와 고성능 컴퓨팅 자원에 대한 지속적인 투자를 통해 가능합니다. 한국어뿐만 아니라 다양한 언어와 문화적 맥락을 이해할 수 있는 다국어 지원 LLM을 개발하여 글로벌 시장에서의 경쟁력을 확보해야 합니다. 이를 위해 글로벌 AI 연구 기관과의 협력도 필수적입니다. 또한 LLM의 글로벌 진출을 위해 국제적 표준을 준수하고, 윤리적 AI 개발을 위한 법적 기준을 강화하는 것이 필요합니다. 또한 자국 LLM을 확보하려는 다른 국가들과 전략적으로 협력하고 기술을 지원하면서 해외 진출 기반을 마련하는 접근도 필요합니다.

요컨대 한국의 하드웨어, 클라우드, 파운데이션 영역에서 경쟁력을 강화하기 위해서는 단기적인 성과에 집중하기보다는 장기적이고 섬세한 전략과 투자가 필요합니다.

응용 서비스 영역의 방향성을 가늠해 보겠습니다. 이를 위해 와이콤비네이터Y Combinator가 AI 영역에서 어떻게 투자를 하고 있는지를 살펴보겠습니다. 흔히 YC로 알려진 이 기관은 실리콘밸리에서 탄생한 세계적인 스타트업 액셀러레이터입니다. 2005년 폴 그레이엄, 제시카 리빙스턴, 트레버 블랙웰, 로버트 모리스에 의해 설립되었으며, 지난 20여 년간 혁신적인 기업가들의 요람이자 기술 혁신의 산실로 자리매김해 왔습니다. 영향력은 YC가 배출한 기업들의 성공에서 입증됩니다. 에어비앤비Airbnb, 드롭박스Dropbox, 스트라이프Stripe, 레딧Reddit, 도어대시DoorDash 등 현재 기술 산업을 주도하는 많은 기업들이 YC의 프로그램을 거쳐 갔습니다. 이들 기업의 누적 가치는 수천억 달러에 달하며, 이는 YC의 안목과 육성 능력을 잘 보여줍니다. YC의 투

1-9. 와이콤비네이터의 투자 포트폴리오 변화 추이(2024년 초까지)

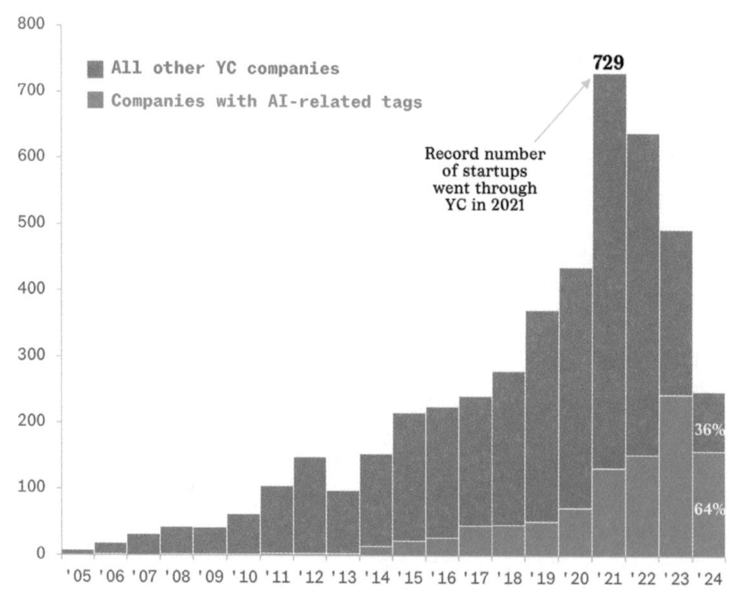

출처: 셔우드

자 포트폴리오를 살펴보면 대략 10년 전부터 AI 관련 기업이 꾸준하게 증가하고 있습니다.

YC가 AI 영역에서 투자한 기업들을 살펴보면, AI 기술이 어떤 산업, 밸류 체인에서 혁신을 가져올지 가늠해 보는 데 도움이 됩니다. 첫째, YC가 투자한 기업들은 AI를 활용하여 기존 산업의 문제를 해결하거나 새로운 가치를 창출하는 데 초점을 맞추고 있습니다. 먼저 눈에 띄는 특징은 AI 기술을 특정 산업에 깊이 있게 적용하고 있다는 점입니다. 예를 들어, 케이스텍스트Casetext는 법률 분야에 AI를

1-10. BrainKey 서비스

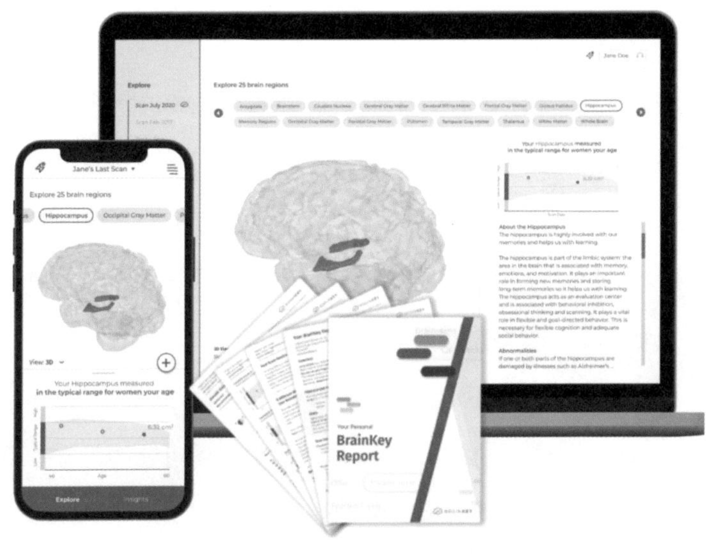

도입하여 법률 연구를 더 효율적으로 만들고 있고, 브레인키BrainKey는 뇌 건강 분야에서 AI를 활용하여 환자 진단과 치료를 개선하고 있습니다. BrainKey의 가장 큰 장점은 접근성입니다. 과거에는 고비용과 복잡한 절차로 인해 뇌 스캔이 일반인들에게는 멀게 느껴졌지만, BrainKey는 이를 대중화시켰습니다. 240달러부터 시작하는 합리적인 가격과 편리한 스캔 파트너 네트워크로 많은 사람들이 자신의 뇌 건강 상태를 쉽게 확인할 수 있게 해주었습니다. 특히 알츠하이머나 치매와 같은 신경 퇴행성 질환의 조기 징후를 발견할 수 있다는 점에서 예방 의학적 가치가 큽니다.

체크Checkr는 AI를 이용해 채용 과정의 신원조회를 더 빠르고 공정하게 만들었고, 포디움Podium은 AI를 활용하여 기업의 고객 소통을 자동화하고 개선했습니다. 이처럼 YC가 투자한 AI 기업들은 단순히 기술 자체에 집중하기보다는 실제 산업 현장의 구체적인 문제를 해결하는 데 주력하고 있습니다.

둘째, YC가 투자한 기업들은 AI를 통해 새로운 형태의 제품과 서비스를 창출하고 있습니다. 스케일 AIScale AI는 AI 모델 개발을 위한 데이터 인프라를 제공하고, 어셈블리 AIAssembly AI는 개발자들이 쉽게 AI 모델을 통합할 수 있는 API를 제공합니다. 이러한 기업들은 AI 생태계를 확장하고, 다른 기업들이 AI를 더 쉽게 도입할 수 있도록 돕고 있습니다.

셋째, YC가 투자한 AI 기업들이 B2B 모델에 집중하고 있다는 점도 주목할 만합니다. 이는 AI 기술이 기업 환경에서 더 즉각적이고 측정 가능한 가치를 창출할 수 있기 때문으로 보입니다. 벨레스Veles, 임파워Empower, 스파인 AISpine AI 등은 모두 기업을 대상으로 한 AI 솔루션을 제공하고 있습니다.

종합하면, YC가 투자한 AI 기업들은 실용적이고 산업 특화된 접근과 프로세스 최적화, 새로운 AI 인프라 구축, B2B 모델 집중이라는 특징을 보이고 있습니다. 이러한 특성은 AI 기술이 실제 비즈니스 가치를 창출하는 방향으로 발전하고 있음을 잘 보여주고 있습니다.

지면의 한계상 YC 이외의 다른 사례를 다양하게 언급하지는 않겠습니다만, 저는 YC의 접근을 지지합니다. 응용 서비스 영역에서 기존 사업 모델의 효율성(투입 자원 측면에서)을 높이는 접근, 기존 사업 모델의 가치나 성과를 높이는 접근, 기존 사업 모델의 한계를 넘어서는 도전적인 접근이 있어야 한다고 생각합니다.

AI 코리아 2025

다음 그림은 1994년, 2024년 기준으로 미국 S&P 500 기업 중 시가 총액 20위 기업의 목록입니다. 1994년의 상위 기업들은 주로 전통적인 산업에 기반을 두고 있었습니다. 에너지, 자동차, 소비재 등이 주요 산업이었습니다. 이 시기의 산업 구조는 대규모 제조업, 석유 및 가스 등에 크게 의존했습니다.

2024년의 상위 기업들은 기술 산업이 주도하고 있습니다. 인터넷과 정보 기술의 발달, 디지털 혁명, 그리고 AI 및 클라우드 컴퓨팅의 확산이 주요한 원동력이 되었기 때문입니다. 특히 애플과 같은 기업은 단순한 제품 제조업체에서 종합적인 기술 플랫폼으로 변모했습니다. 1994년, 2024년 양쪽에 위치한 기업은 3개 기업뿐입니다. 그만큼 경제 상황, 기업의 판도는 급변했습니다. 저는 이 정도 규모의 변화가 향후 10년 이내에 나타나리라 예상합니다.

2024년 8월 기준으로 세계 시가 총액 상위 10개 기업의 목록은 다음과 같습니다.

1-11. S&P 500 기업 중 시가총액 20위 기업

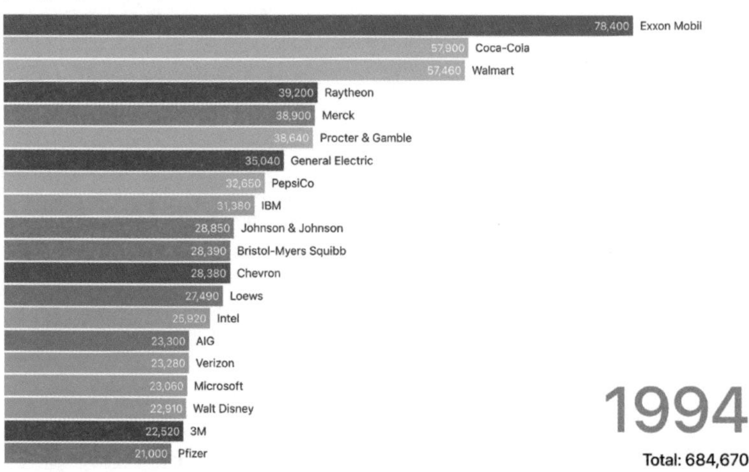

Top 20 S&P 500 companies by market cap in 1994
(as of 1/1/1994, in millions USD)
78,400 Exxon Mobil
57,900 Coca-Cola
57,460 Walmart
39,200 Raytheon
38,900 Merck
38,640 Procter & Gamble
35,040 General Electric
32,650 PepsiCo
31,380 IBM
28,850 Johnson & Johnson
28,390 Bristol-Myers Squibb
28,380 Chevron
27,490 Loews
25,920 Intel
23,300 AIG
23,280 Verizon
23,060 Microsoft
22,910 Walt Disney
22,520 3M
21,000 Pfizer
1994
Total: 684,670

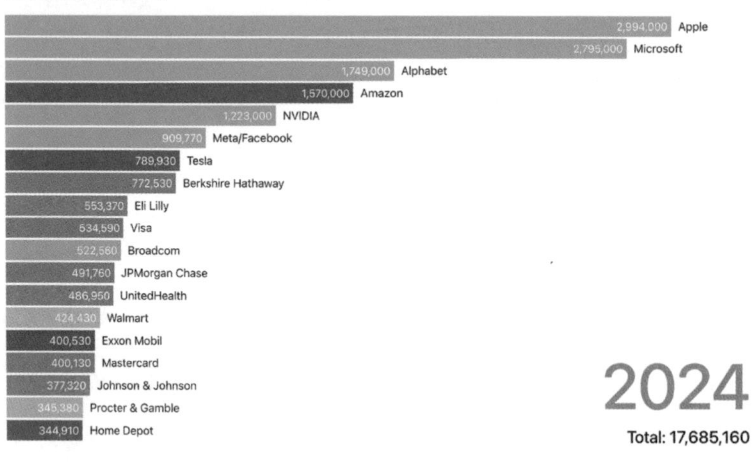

Top 20 S&P 500 companies by market cap in 2024
(as of 1/1/2024, in millions USD)
2,994,000 Apple
2,795,000 Microsoft
1,749,000 Alphabet
1,570,000 Amazon
1,223,000 NVIDIA
909,770 Meta/Facebook
789,930 Tesla
772,530 Berkshire Hathaway
553,370 Eli Lilly
534,590 Visa
522,560 Broadcom
491,760 JPMorgan Chase
486,950 UnitedHealth
424,430 Walmart
400,530 Exxon Mobil
400,130 Mastercard
377,320 Johnson & Johnson
345,380 Procter & Gamble
344,910 Home Depot
2024
Total: 17,685,160

출처: 핀해커

1	애플	3.31조	미국
2	마이크로소프트	3.02조	미국
3	엔비디아	2.68조	미국
4	알파벳 (구글)	2.01조	미국
5	사우디 아람코	1.80조	사우디아라비아
6	아마존	1.75조	미국
7	메타 플랫폼스(페이스북)	1.31조	미국
8	버크셔 해서웨이	9,280억	미국
9	일라이 릴리	7,960억	미국
10	TSMC(대만 반도체 제조회사)	7,510억	대만

미국계 빅테크 기업이 세계 시장을 지배하고 있습니다. AI 영역에서 막강한 영향력을 보이고 있는 기업들입니다. 이들은 앞으로도 AI 하드웨어, 클라우드, 파운데이션, 응용 서비스 영역에서 패권을 쥐기 위해 전력을 다할 것입니다. 특히 하드웨어, 클라우드, 파운데이션 영역은 거인들의 전쟁터입니다. 우리나라 정부, 기업들도 이 영역에서 새로운 돌파구를 찾기에 여념이 없으나, 저는 우리가 마지막 영역인 AI 응용 서비스에 대해서 지금보다 좀 더 관심을 갖기를 바랍니다. 이 챕터의 서두에서 얘기했듯이 AI 산업을 논할 때 반도체, LLM, 그리고 가끔 클라우드를 얘기하는데, 응용 서비스에 대해서는 전문가 집단을 제외하고는 상대적으로 관심이 적어 보입니다.

응용 서비스는 창의성, 도전 정신과 민첩함, 그리고 상대적으로 적은 자원으로 개척하기에 좋은 영역입니다. 예를 들어 수백억 원을 투자한다고 해도 클라우드 시장에서 폭발적 성과를 내기는 어렵습니다. 투자한 금액과 비례하는 안정적인 성과를 기대하는 게 타당합니다. 그러나 응용 서비스 분야라면 얘기는 달라집니다. 아직 AI가 온전히 접목되지 않은 산업, 전통적 방식으로 움직이는 프로세스, 데이터만 누적되어 있고 제대로 활용되지 못하는 영역에서는 작은 투자로도 큰 미래 가치를 만들어 낼 가능성이 무궁무진합니다.

이 책은 현 시점을 기준으로 AI 응용 서비스 영역에서 국내 기업들이 왜, 무엇을, 어떻게 하고 있는지 보여줍니다. 모든 산업을 다 담을 수는 없었으나 필자의 관점에서 관심이 가는 영역을 중심으로 엮어냈습니다. 농업, MICE, 철강, 의료, 교육, 영화, 제약, 법률 산업에서 전통적 현황을 분석하고, AI를 활용하는 국내 기업의 움직임을 보여주며, 더불어 해외 동향도 소개했습니다. 언론을 통해 많이 알려진 대기업의 얘기보다는 폭발 잠재력을 품고 있는 스타트업의 얘기를 좀 더 담았습니다. 그들의 눈으로 AI 응용 서비스 영역을 풀어냈습니다. 마지막 챕터는 부록 같은 형태입니다. AI 관련 분야의 연구와 사업을 추진하는 이들이 참고할 수 있는 정책, 자금, 법을 담았습니다.

이 책을 통해 독자들이 AI 응용 서비스 영역에서 앞으로 어떤 일이 펼쳐질지, 무엇에 더 관심을 가져야 할지를 가늠해 보기를 기대합니다. 그런 관심과 이해를 바탕으로 기업가, 조직 구성원, 소비자, 파트너, 유권자, 투자자 등 독자가 갖고 있는 다양한 사회적 역할에서 AI 응용 서비스 영역을 함께 키워 주시기를 기대합니다.

농업

예측 가능한 첨단 산업이 된다

이영래

한국첨단농업연구소 대표

한국신지식농업인중앙회 (전)사무총장, 고트팜 이사(CMO), 한국농식품법률제도연구소 이사

nullai@paran.com | https://goatfarm.ai

1999년 세계 최초의 인터넷 쌀가게 '해드림'을 제작하여 성공시킨 것이 계기가 되어, 첨단 기술이 농업과 만났을 때 얼마나 좋을 일들이 일어날 수 있는지를 알게 되었습니다. '해드림'은 인터넷 쇼핑몰이 막 생겨나기 시작하던 때 한 개인 농부가 인터넷으로 쌀을 팔겠다고 찾아와서 만들어지게 된 사이트입니다. 농부는 인터넷 사이트 '해드림'을 통해 소비자와 직거래를 할 수 있게 되었고, 큰 수익을 실현할 수 있게 되었습니다. 그 당시 최첨단 기술이었던 인터넷을 활용하여 쌀을 직거래하려 했던 농부가 있었다면, 지금은 그리고 앞으로는 어떠한 첨단 기술이 농업에 접목되었을 때 성공할 수 있을까요?

기후 변화와 노동력 부족, 생산성 저하 등 농업의 환경은 점점 더 어려워지고 있습니다. 어려움의 핵심은 이전과 달리 농업이 처한 여

2-1. 타임지에 소개된 인터넷 쌀가게 '해드림'

FROM SAPPORO TO SURABAYA

• KOJE ISLAND, SOUTH KOREA

WIRED FARMERS

They're up with the sun—checking their e-mail. Growers who surf the Net reap a good harvest

By ANTHONY SPAETH

LEE DONG SOO RAISES CHICKENS. HE BEGAN while in the South Korean navy in the 1950s as a way of making pocket money. Later chickens became his life. But in 1990, land prices were so high on the Korean mainland that Lee picked up his chickens and moved to Koje Island, an obscure dollop of land off Korea's southeastern coast. The move came with a price. Lee found himself cut off from his markets, his fellow chicken farmers—even his family, who stayed on the mainland.

Alone on an island with 40,000 chickens—thank heaven for the Internet! Since he got connected, Lee says profits have soared, his social life has improved and he has gained fame as the cyber-chicken man of South Korea. From his shabby farm office, Lee sends advice by e-mail to university professors and the Ministry of Agriculture and Forestry. "If I wasn't using a computer, I would be just another old farmer, a nobody," says Lee. "It feels good to be part of the world."

South Korea's ambition is to be one of the most wired countries on the globe. Already, 31% of urban households have a computer, yet only 24% of the nation's farm families do. "We want to narrow the Internet gap," says Kim Hyun Soo, a director at the Ministry of Agriculture and Forestry in Kwachon. The purpose is not just to connect far-flung farmers, or to make their jobs easier. "The key," says Kim, "is to break the vicious cycle in which poverty breeds poverty for farmers."

As a relatively small country with good infrastructure, Korea can more easily accomplish that goal than vaster, poorer lands. It already has some cutting-edge successes. Two years ago, Lee Jong Woo left a career in Seoul as an advertising manager to return to his family homestead in Chonan City, 100 km south of Seoul. Lee's father was ill and, as the eldest son, it was his duty to take over the rice farm. He hardly knew what he was in for. Tilling the fields put Lee in the hospital several times. His first harvest netted only a few thousand dollars. In his sick bed anguishing over the farmer's lot, Lee had a brainstorm: cut out the expensive middlemen. Says Lee: "E-commerce was the answer to my prayer."

He set up a homepage offering direct rice shipments from his farm to consumers. Then came the big challenge: how to make his rice unusual enough. Lee realized that farm rice tastes better than rice consumed in the city. The secret: country rice isn't hulled until shortly before it is cooked. He leased storage space, filled it with unhulled rice, and in April started offering to ship rice only a couple of days after it had been hulled. Now he sells 25% more rice than a year ago. His skeptical family and neighbors have become converts. "My brother told me not to make a fool of myself," he laughs, "like a typical city slicker."

To quicken this trend, the Korean government is bringing computer training to the hinterland. It

ON THE BANDWIDTH WAGON: THE "INTERNET BUS," RIGHT, SHOWS LEE JONG WOO, ABOVE, HOW TO NETWORK WITH OTHER SOUTH KOREAN FARMERS.

TIME, AUGUST 21–AUGUST 28, 2000 37

출처: 〈타임(TIME)〉, 2002. 04.

러 상황들의 예측이 어렵기 때문입니다. 기후 변화로 인한 냉해와 고온 장애, 새로운 해충과 전염병의 발생, 인건비와 자재 비용을 중심으로 지속적인 생산비 증가 등이 대표적으로 예측이 어려운 사례라 할 수 있습니다. 이처럼 불확실성이 가득한 현 상황에서 농업으로 성공하려면 어떻게 해야 할까요? 위기를 기회라고 생각한다면 앞으로 농사를 잘 짓기 위해서는 이러한 예측을 잘할 수 있도록 하여야 합니다. 첨단 기술을 농업에 도입하는 것, 그중에서도 예측이 가능할 수 있도록 하는 기술이 향후 농업에서 가장 중요한 성공 요인이 될 것입니다. 그리고 그건 바로 농업에서 AI가 중요한 이유, 반드시 필요한 이유입니다.

애그테크와 스마트팜

애그테크AgTech는 농업Agriculture과 기술Technology의 합성어입니다. 농업 생산부터 가공 및 유통에 이르기까지 농업 전반에 걸쳐 정보통신기술ICT을 접목하여 생산성을 높이고 효율성을 개선하는 기술을 의미합니다. 즉, 농업에 인공지능AI, 빅데이터, 로봇, 드론, 사물인터넷IoT 등 첨단 기술을 활용하여 기존 농업 방식의 한계를 극복하고 새로운 가치를 창출하는 기술이라고 할 수 있습니다. 기후 변화와 함께 러시아와 우크라이나 전쟁이 가져온 국제 곡물 가격의 상승은 식량 위기에 대한 불안감을 키웠고, 안정적인 식량 생산을 위한 농업 기술의 중요성을 일깨워주는 계기가 되었습니다. 최근 벤처 투자 빙하기에도 애그테크 기업에 유입된 전 세계 벤처 투자금은 매년 급증가하였으며, 농업 분야 유니콘 기업도 속속 출현하고 있습니다. 국내에서도 농협이 지난 6월에 511억 원 규모의 '희망농업혁신펀드'를 조성하여 애그테그 기업을 발굴하여 미래 농업에 투자하기로 하였습니다.

애그테크는 농업에 첨단 기술을 접목하는 방향에 따라 정밀 농업, 스마트 농업, 디지털 농업 등으로 나눌 수 있습니다. 그중에서도 특히 스마트 농업 관련하여 최근에 가장 많이 거론되며 가장 많은 관심을 받고 있는 것이 바로 '스마트팜Smart farm'입니다.

'스마트팜'의 사전적 의미는 스마트smart와 농장farm의 합성어로, 전통 경작 방식의 농축수산업에 IT 첨단 기술을 접목해 생산성을 향상시키는 시스템을 말합니다. 애그테크 관련 기업 중 스마트팜 기술을 가진 회사들에 대한 투자가 크게 늘어나고 있으며, 마이크로소프트, 구글, 알리바바 등 글로벌 테크 자이언트Global Tech Giants 또한 기술력이 있는 회사를 대상으로 투자 및 M&A를 통해 스마트 농업 시장 공략을 본격화하고 있습니다. 스마트팜이 필요한 이유는 농촌의 노동력 감소와 환경 문제 해결을 위한 대안이 될 수 있다는 데 있습니다. 스마트팜은 작물이 자라는 데 최적의 환경을 제공함으로써 품질이 균일하고 우수한 농산물 생산을 가능하게 합니다. 기존 농업 방식의 한계를 극복하고 농업의 미래를 이끌어 갈 혁신적인 기술로 주목받고 있습니다. 하지만 이러한 장점에도 불구하고 스마트팜에 장밋빛 성공의 이야기만 있는 것은 아닙니다.

스마트팜의 빛과 그림자

최근 수직 농장계 테슬라로 불리던 앱하베스트AppHarvest와 수직 농장계 애플이라 불리던 에어로팜AeroFarms의 파산이 충격을 주고 있습니다. 그리고 연이어 세계 최대의 스마트팜 회사들이 문을 닫거나 대규모 인력 감원을 통해 살아남기 위해 몸부림치고 있습니다. 이처럼 스마트팜 선두 주자를 포함하여 일부 글로벌 스마트팜 기업들이 경영 악화로 인하여 파산 신청을 하는 사례를 통해 우리는 무엇을 배워야 할까요? 스마트팜의 위기라고 생각하기보다는 스마트팜 현재의 문제와 미래를 위한 대비 방안을 정확히 고민하여야 할 시점으로 인식하여야 할 것입니다. 문제의 원인을 정확하게 파악하면 그 답 또한 쉽게 찾을 수 있을 것이기 때문입니다. 전문가들은 고금리로 인한 투자금 감소와 러시아-우크라이나 전쟁에 따른 에너지 가격 급등 등 외부적인 요인에 따른 것으로 분석합니다. 내부적인 요인에는 어떤 것들이 있을까요? 스마트팜은 크게 스마트 온실과 도시형 식물 공장의 형태로 나누어집니다. 지금 파산을 하고 있는 스마트팜 기업들은 대부분 도시형 식물 공장, 그중에서도 수직 농장의 경우가 많습니다. 생산 원가에서 최근 가장 많은 인상이 있었던 에너지 문제를 놓고 봤을 때 스마트 온실과 도시형 식물 공장의 가장 큰 차이는 무엇일까요?

먼저 가장 중요한 에너지인 햇빛이 있고 없고의 차이에 대해 이야기를 하려 합니다. 햇빛은 식물의 생육뿐만 아니라 난방에서도 중요한 에너지원 역할을 합니다. 초기 시설비가 많이 드는 도시형 식물 공장은 건물의 실내 공간에 만들어지기 때문에 햇빛을 대체할 수 있도록 LED 조명을 사용하게 됩니다. 공짜로 햇빛을 사용하는 노지 또는 스마트 온실과 LED 조명을 사용하는 도시형 식물 공장에서 같은 작물이 생산되었다면, 둘 중 어느 곳에서 생산된 농산물의 경쟁력이 더 높을까요? 외부 환경의 요인에 상관없이 사계절 생산되며, 단위 면적당 생산량이 월등히 높기 때문에 식물 공장의 경쟁력이 더 높을 것이라고 생각할 수도 있습니다. 하지만 경영 성적표를 놓고 보면 많은 식물 공장들이 어려움에 처해 있음을 알게 됩니다.

푸드테크 전문 벤처캐피탈 에그펀더AgFunder에 따르면, 잎채소 1파운드(450g)당 손익분기점은 전통 노지 농장이 0.65달러, 온실 농장이

2-2. 잎채소 재배 형태별 손익 비교

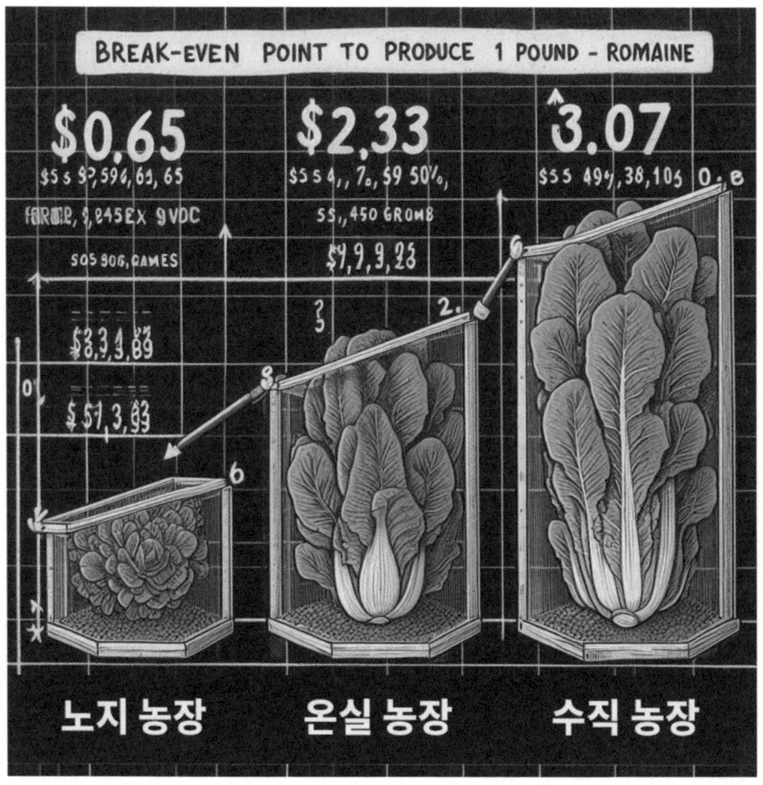

2.33달러, 수직 농장이 3.07달러인 것으로 분석되었습니다. 쉽게 비교하자면 수직 농장에서 재배한 잎채소는 온실 농장에서 자란 잎채소보다 네 배, 노지에서 재배한 잎채소보다 다섯 배 정도의 가격을 시장에서 받아야지만 손익을 실현할 수 있다는 의미가 됩니다. 바꾸어 말하면 수직 농장이 앞으로 살아남기 위해서는 생산 원가를 절감하기 위한 노력이 경영에서 가장 중요한 요소가 될 것이라는 말과 같습니다. 뚜렷한 사계절이 있어서 여름과 겨울에 에너지 비용이 집중되

는 우리나라의 경우에는 더욱 더 새겨들어야 할 이야기입니다. 이러한 문제를 해결하기 위해 아래와 같이 세 가지 방법을 제시합니다.

첫째, 경쟁력 있는 시기에 수확할 수 있도록 작물을 재배하기!

수직 농장에서 생산할 수 있는 작물들을 나열하여 보고, 온라인 가격 정보 사이트에서 해당 작물의 연간 판매 가격 현황을 보면 어느 시기에 해당 작물을 생산하여야 경쟁력이 있을지 알 수 있게 됩니다. 가격 정보를 알아볼 때는 한국농수산식품유통공사가 운영하는 카미스Kamis 사이트와 같이 공신력 있는 서비스를 활용하는 것이 좋습니다. 아래 그림에서 보듯이 적상추의 최근 5년간 월별 가격 현황을 보면, 7월~9월의 가격이 높게 나타나는 것을 알 수 있습니다. 혹서기인 이 시기에는 노지 또는 온실에서 잎채소가 생산되기 어렵기 때문에 나타나는 현상일 것입니다. '상추에 고기를 싸 먹는 것이 아니라 고기에 상추를 싸 먹는다'라는 이야기를 해마다 이 시기에 뉴스나 신문을 통해 접할 수 있는 이유이기도 합니다.

2-3. 적상추 소매 가격(최근 5년간 월별) (단위: 100g)

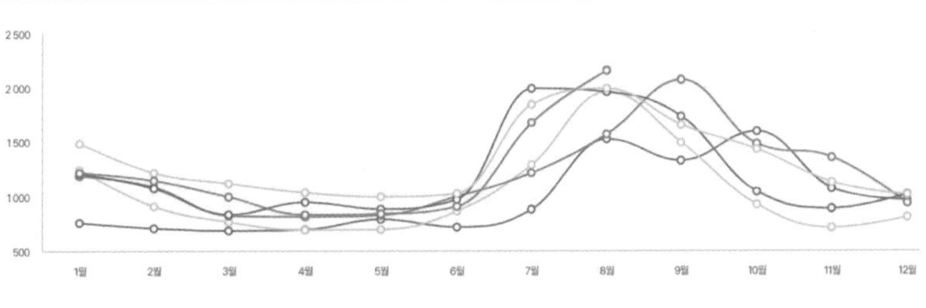

출처: 한국농수산식품유통공사 가격 정보 사이트(kamis.or.kr)

노지와 일반 온실에 비해 환경 제어가 더 용이한 수직 농장에서는 이 시기에 상추 출하가 집중될 수 있도록 생산 시기를 잘 맞추어 재배하여야 할 것입니다. 작물의 생산 시기가 상품 가격에 중요한 영향을 미치게 되므로, 가장 좋은 가격을 받을 수 있는 시기에 작물이 생산될 수 있도록 생산 계획을 잘 수립하는 것이 중요하다는 의미로도 해석할 수 있겠습니다. 또한 재배하고 있는 작물의 생산량과 가격을 예측할 수 있는 AI 시스템을 도입한다면 보다 정확한 생산 계획 수립 및 경영 효율 개선이 가능할 것입니다.

둘째, 에너지 효율을 높일 수 있도록 노력하기!

에너지 비용은 스마트팜 운영 시 가장 큰 비중을 차지하는 원가 항목 중 하나이며, 그 비중이 점점 높아지고 있습니다. 대표적인 에너지인 농사용 전기 요금이 최근 급격히 인상되고 있으며, 2025년이 되면 2년 전에 비해 두 배 가까이 오를 예정입니다. 에너지 비용 절감을 위해서는 건물 내에서 사용하는 에너지를 효율적으로 관리하기 위한 '건물에너지관리시스템BEMS: building energy management system'을 스마트팜에 도입하는 다양한 시도가 필요해 보입니다. 특히 AI를 통해 기후 환경에 반응하여 최적의 에너지 효율을 낼 수 있는 시스템을 개발한다면 에너지 비용 절감뿐만 아니라 작물의 생육 환경 최적화도 가능하게 되어 스마트팜의 경쟁력을 높일 수 있을 것입니다. 최근에 해외 선진국들과 함께 국제적인 합동 연구가 적극적으로 이루어지는 국내 최대 및 최첨단 스마트팜 현장에 방문한 적이 있습니다. 현장 재배 환경

2-4. **미래 스마트 농업 발전 과제 우선 순위 선정 AHP 분석 결과**

과제명		평가 점수	순위
과제 1	AI 기반 스마트팜 빅데이터 활용 생산 의사 결정 및 컨설팅 지원 오픈 플랫폼	76.7	1
과제 2	인공지능 기반 차세대 스마트 온실 지능형 복합환경 제어 오픈 플랫폼	75.5	2
과제 3	작물과 가축 이미지 프로세싱. AI 기반 생리 장애와 질병 조기 정밀 탐지 모델	72.0	4
과제 4	드론과 이미지 프로세싱 및 인공지능 기술 응용 노지 작물 정밀 관리 시스템 개발	65.2	7
과제 5	농업용 로봇 응용기술 개발과 구현 활성화를 위한 통합정보서비스	63.8	9
과제 6	정형과 비정형 및 생육 데이터를 활용한 AI스마트 출하 의사결정 지원 모델	65.8	6
과제 7	Iot 기반 스마트 농작업과 경영관리 기장 자동화 및 컨설팅 플랫폼 서비스	66.9	5
과제 8	플랫폼 기반 유통 네트워크 활성화를 위한 메타버스 O2O 서비스	59.2	11
과제 9	AI, Iot 기반 기후 변화 시나리오를 고려한 농업 다중 재해 리스크 평가 및 대응 플랫폼 운용	64.8	8
과제 10	농업 디지털 전환 정책 대응 조직과 기술 구현의 기회, 위험 및 장애물 대응 정책 수립	56.8	13
과제 11	농업 전문가/이해 관계자의 퍼지 인지 지도(정책 의사결정 유사 전문가 지도) 기반 합리적 정책 의사결정 지원 플랫폼	57.7	12
과제 12	스마트 농업 빅데이터 활용 활성화를 위한 농업 데이터 사이언티스트 양성	75.2	3
과제 13	디지털 트윈 연동 스마트팜 교육용 시뮬레이터 개발	62.6	10

출처: 농림수산식품교육문화정보원

에서 수집한 빅데이터와 인공 위성에서 보내준 기상 데이터 정보를 활용하여 최적의 에너지 효율을 낼 수 있도록 스마트 온실을 자동 제어하는 AI 시스템을 개발하는 연구였습니다. 첨단 기술과 우수 인력의 연구 결과에 큰 기대를 하고 있었는데 결과는 그렇지 않았습니다. 예년과 달리 지속되는 고온과 열대야 현상으로 인하여 기존에 수집한 데이터들의 효용성이 떨어지게 되었고, AI 시스템이 기대에 미치지 못하는 결과를 도출하고 있었습니다. 이처럼 기후 변화는 첨단 기술로도 해결하기 힘든 큰 위기를 초래하지만 이를 극복하는 기업에게는 큰 기회가 될 것입니다. '기후 변화처럼 기존의 빅데이터로 대응하기 힘든 돌발 상황들에 대하여 AI 시스템을 활용하여 어떻게 효과적으로 대처할 수 있을 것인가'가 개발의 중요한 의제가 될 것입니다. 농림수산식품교육문화정보원에서 발간한 '2023년 스마트 농업 실태조사 보고서'에서도 앞선 내용을 뒷받침하는 결과를 찾아볼 수 있습니다. 앞의 표에서 보는 바와 같이 미래 스마트 농업 발전 과제 중 "AI 기반 스마트팜 빅데이터 활용 생산 의사 결정 및 컨설팅 지원 오픈 플랫폼"이 가장 높은 우선 순위를 차지하였습니다. 보고서의 분석 결과를 통해서도 알 수 있듯이 스마트팜이 발전하는 데에도 AI는 가장 중요한 역할을 하게 될 것입니다.

셋째, 초기 투자비를 최소화하기!

수직 농장은 햇빛을 대체하기 위한 LED 조명뿐만 아니라 난방, 환기, 냉방 시스템 등 시설 설치 및 유지 비용이 실외 농장에 비해 높게 발생합니다. 이러한 문제를 해결하기 위해서는 최저 비용으로 최적의 스마트팜 설비를 갖출 수 있도록 하는 노력이 필요합니다. 충주에 가면 활옥 동굴 안에서 스마트팜으로 와사비(고추냉이)를 키우고 있습니다. 버려진 광산을 활용하여 초기 설치비를 최소화하면서 동굴이 가진 항온 항습 환경을 통해 에너지까지 절감할 수 있으니 좋은 아이디어라고 할 수 있습니다. 비슷한 사례로 옥천에서 폐터널을 활용한 넥트스온의 인도어팜도 에너지 고효율 스마트팜 사례로 꼽을 수 있겠습니다. 발전소 또는 쓰레기 소각장과 같은 곳에서 버려지는 산업 폐열을 재이용하여 작물을 기르기 위한 에너지원으로 사용하는 방법도 시도되고 있습니다. 국제 사회에서 탄소 중립과 ESG 경영이 점점 강도 높게 강조되고 있기 때문에 스마트팜의 재배 방법도 친환경적이면서도 사회 공공의 이익을 위한 가치를 제공할 수 있도록 진화하여야 할 것입니다.

'시설에 집착하면 빚쟁이를 못 면한다!'

'에너지 절감, 최적의 재배 시기에 맞춘 생산 계획 수립은 사업 성공의 지름길'

'지속 가능한 농업을 위해 저탄소, 친환경 농법 개발 및 도입 필요'

첨단 기술과 농업의 만남, 성공 사례와 시사점

순위가 매번 바뀌고는 있지만 마이크로소프트 창업자 빌 게이츠Bill Gates가 미국 최대 땅부자라는 사실을 알고 계신가요? 랜드리포트의 보고서에 따르면 빌 게이츠는 미국 전체 농지의 1%가량(26만 8,984에이커, 약 3억 2,928만 평)을 보유하고 있고, 이는 서울시 면적의 두 배에 이르는 규모입니다. 컴퓨터와 소프트웨어의 세계에서 혁명을 일으킨 인물이 왜 농지에 눈을 돌렸을까요? 그 이면에는 단순한 투자를 넘어 인류의 미래와 지속 가능한 농업에 대한 깊은 고민이 담겨 있습니다. 전 세계의 인구수는 꾸준히 증가하고 있으며, 지구 온난화와 같은 기후 변화는 농업 생산에 위협이 되고 있습니다. 인류의 밝은 미래를 위해 가장 중요하게 대비하여야 하는 것이 바로 식량 문제인 것입니다. 정확히 밝히고 있지는 않지만 자신의 부를 사회에 환원하려 노력해 온 빌 게이츠는 기술과 농업을 융합하여 이러한 문제를 해결하고자 했을 것입니다. AI, 빅데이터, 로봇 등 첨단 기술을 접목하여 기후 변화에 대응하고, 물 부족 문제를 해결하며, 식량 생산량을 늘리는 것을 목표로 하고 있는 것입니다. 빌 게이츠의 사례에서 알 수 있듯이 농지에 대한 투자는 단순한 부동산 투자를 넘어, 인류의 미래를 위한 중요한 투자입니다. 그리고 기술과 농업의 융합을 통해 우리는 밝은 미래를 기대할 수 있습니다.

'역사를 알아야 미래가 보인다'고 했던가요? 오래전에 만들었던 인터넷 쌀가게 '해드림'에 대해 조금 더 이야기를 해드리도록 하겠습

2-5. **빌 게이츠가 소유한 미국 내 농지 현황**

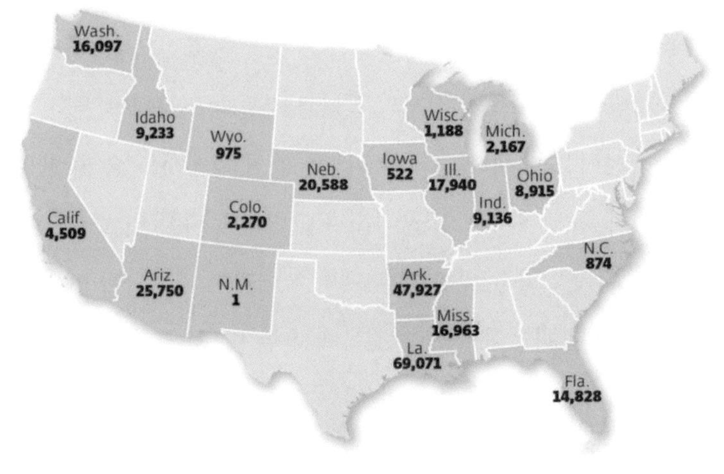

출처: NY Post graphic/Mike Guillen

니다. 농업을 고부가가치의 '그린 오션'으로 탈바꿈시키는 데 성공한 10인의 사업 개척 과정을 담은 〈농자천하지대박〉(2006 농림부, 재정경제부 공동 발행)이라는 책에서는 '해드림'을 세계 최초의 인터넷 쌀가게로 소개하고 있습니다. 단순히 최초라는 이유로 성공할 수 있었던 것은 아닙니다. 홈페이지 메인 배너 광고를 통해 '바로 찧어 바로 드림 해드림'이라는 캐치프레이즈를 내걸고, 주문과 동시에 도정하여 배송하는 즉석 도정 방식을 통해 소비자들이 어느 시기에 주문해도 365일 햅쌀과 같이 신선한 쌀을 받을 수 있게 하였습니다. 그리고 친환경 농법과 농자재 공동 구매와 같이 생산비를 절감한 것도 성공의 중요한 요소입니다. 첨단 기술이 농업에 접목되었음에도 불구하고 여전히 농부가 해야 할 중요한 일들이 있다는 사실에 주목해야 합니다.

산업화 과정에서 기술의 첨단화는 사람이 하던 일들을 인공지능이나 로봇으로 대신하여 무인화로 가는 것을 목표점으로 하는 경우가 많습니다. 실제로 무인 점포의 확산과 자동화 로봇의 실용화 증가 사례에서 인력을 대체하는 첨단 기술들을 주변에서도 쉽게 발견할 수 있습니다. 농업에서도 인구 감소와 고령화에 따른 인력난으로 인하여 자동화, 무인화를 위한 기술 개발 노력들이 가속화되고 있습니다. 하지만 완전 자동화로 가는 길목에서 한 번은 꼭 짚고 싶은 이야기가 있습니다. 농부가 없는 농업, 자연 환경과 동떨어진 공장형 농업이 가장 발전된 농업의 미래 모습일까요? 농촌진흥청에서 연구한 '우리나라 논(쌀) 농업의 다원적 공익 기능'에 따르면, 논은 쌀 생산을 통한 교역 상품으로의 가치 외에도 홍수 방지 효과, 수질 정화 및 지하수 공급 효과, 산사태 방지 효과, 이산화탄소 흡수 및 산소 배출 효과가 있는 것으로 드러났습니다. 계량화해 보면 상품으로서의 평가액 10조 원보다도 훨씬 큰 30조에서 70조 원으로 계측되었습니다. 여기에는 계량화하기 어려운 문화와 전통의 보전 가치, 농촌 지역 사회 발전, 경관의 가치, 식량 안전 및 안보 효과, 관광 및 치유 공간으로서의 가치 등을 포함하지 않았으므로 실제로 농업의 다원적 가치는 무궁무진하다 할 수 있습니다. 단순히 생산성만을 비교하여 완전 자동화 식물 공장을 추구하는 것에 대한 경종이며, 반드시 생각해 봐야 할 대목입니다.

경제협력개발기구OECD는 1993년 우루과이라운드 협상 타결이 임박하자 농·축산업의 중요성을 알리고자 회원국 전원의 이름으로 '농업의 다양한 공익기능Multi-functionality'을 선포하였습니다. 선포문에는 농업이 단지 식량과 작물을 생산해 내는 1차 산업으로서의 기능만 있는 것이 아니고, 생태계 및 전통 문화를 보존하고, 지역 사회 공동체를 형성하며, 식품의 안전성과 국민 생존권을 보장하는 등 다원적인 공익 기능을 수행하는 국가 형성의 기본 산업, 기간 산업, 기초 산업임을 담고 있습니다. 오늘날 대부분의 선진국들이 농업 강국인 이유는 농·축산업의 절대적 중요성을 잘 알고 실천하기 때문입니다. 다른 산업과 달리 첨단 기술이 농업에 접목될 때에는 사람과 자연 환경을 함께 생각해야 합니다.

농부와 자연이 없는 농업은 가능할지 몰라도 농부와 자연이 없는 농업의 다원적 가치는 확산되기 어려울 것이기 때문입니다.

AI 농업과 미래의 일자리

푸르른 들판에 인공지능의 바람이 불어오고 있습니다. 한때 묵묵히 땅을 일구던 농부들의 모습은 하나 둘 사라지고, 자동화 로봇들이 AI 시스템의 명령에 따라 농작업을 수행하고 있습니다. 건물 안에서는 스마트폰을 든 농부들이 게임을 하듯이 농작물을 관리하는 모습이 일상이 되었습니다. AI 기술이 농업에 접목되면서 이처럼 농업의 미래는 급격하게 변화하게 될 것입니다.

2-6. **AI가 그린 미래의 AI 농업 모습**

AI 농업, 그것은 단순한 농사짓기의 자동화를 넘어, 농업의 패러다임을 완전히 뒤집는 혁신입니다. 이러한 변화는 농업 분야의 일자리에도 큰 영향을 미치게 될 것입니다. 과거 단순 노동에 의존했던 농업은 이제 데이터 분석, 인공지능 개발, 로봇 운영 등 고급 기술을 요구하는 분야로 변모하게 될 것입니다. 드론만 하더라도 초기에는 비료와 농약 살포용으로 많이 사용되었지만, 이제는 데이터를 수집하고, 병해충을 예찰하는 목적으로 사용 범위가 넓어졌습니다. 미래에는 드론에서 수집된 정보가 AI를 통해 자동화 로봇들에게 전달되어 병해충 방제, 잡초 제거, 수확과 같은 일들이 가능하게 될 것입니다. 하지만 이러한 변화는 기존 농업 종사자들에게 위기이기도 합니다. 단순 노동에 의존했던 많은 농업 인력들은 새로운 기술에 적응하지 못하고 일자리를 잃을 수 있기 때문입니다. 따라서 AI 농업 시대에 성공적으로 적응하기 위해서는 트렌드에 앞서기 위한 지속적인 학습과 기술 습득 노력이 필수적입니다.

그렇다면 미래의 농부는 어떤 모습일까요? 미래의 농부는 단순한 농작물 생산자를 넘어, 데이터 과학자, 로봇 엔지니어, 농업 경영 전문가 등 다양한 역할을 수행하는 융합형 인재가 될 것입니다. 치유 농업사로서 또다른 형태의 건강 지킴이 역할도 강화될 것이며, 우주 시대를 맞이하여 우주 농업을 가능하게 하는 생명과학자도 생겨날 것입니다. 이처럼 미래의 농부는 첨단 기술을 활용하여 농업 문제를 해결하고, 새로운 가치를 창출하는 역할을 수행할 것입니다.

AI 농업을 통한 새로운 창업 기회

첨단 기술, 그중에서도 AI기술이 농업 분야에 접목되면서 농업의 패러다임이 빠르게 변화하고 있습니다. AI 농업은 기존 농업 방식의 한계를 극복하고 생산성을 높여 농업의 효율성을 극대화하며, 새로운 가치를 창출할 수 있는 가능성을 제시합니다. 이러한 변화는 젊은 스타트업 기업가에게 새로운 기회를 제공하며, 농업 분야의 혁신을 이끌어 낼 수 있는 잠재력을 가지고 있습니다. 유망한 AI 농업 분야 창업 아이템은 크게 소프트웨어 분야와 바이오 분야로 나눌 수 있습니다.

소프트웨어 분야에서 창업 아이템으로서 기대되는 AI 농업 분야는 정밀 농업 플랫폼, 스마트팜 운영 시스템, 농업 데이터 분석 플랫폼,

농업 예측 모델 등이 있습니다.

정밀 농업 플랫폼은 센서 데이터를 기반으로 작물 생육 상태를 실시간 모니터링하고, 최적의 재배 환경을 제공하는 플랫폼을 개발하는 것을 말합니다. 스마트팜 운영 시스템은 스마트팜 내 다양한 장치를 통합 관리하고, 에너지 효율을 극대화하는 시스템을 개발하는 것을 말합니다. 경쟁력이 있기 위해서는 단순히 작물의 생육에 맞는 최적의 조건이 되도록 복합 환경을 제어하는 단계를 뛰어넘어야 합니다. AI를 통해 실시간으로 작물의 생육 현황을 분석하고 앞으로의 환경을 예측하여 최상의 농작물이 생산될 수 있도록 하는 시스템까지 개발하여야 합니다. 현재 AI 기반 스마트팜 자율 제어 시스템을 개발하는 것을 목표로 여러 기업들이 도전하고 있는 분야이기도 합니다. 급격히 변화하는 재배 환경에 잘 대응하여 효율적이고, 생산성이 뛰어난 운영 시스템을 가장 먼저 개발하는 회사에게는 성공의 길이 쉽게 열릴 것입니다. 농업 데이터 분석 플랫폼은 농업 데이터를 수집, 분석하여 농가의 의사 결정을 지원하고, 새로운 사업 모델을 발굴하는 플랫폼을 개발하는 것을 말합니다. 신젠타의 애그리에지AgriEdge, 몬산토 자회사인 클라이밋 코퍼레이션의 클라이밋 필드뷰Climate FieldView, 독일 바스프 자비오의 필드 매니저Field Manager 등이 앞선 기술력으로 해당 서비스를 하고 있습니다. 하지만 서비스되는 소프트웨어 플랫폼의 지원 정보는 현 상황을 분석하여 예측을 위한 정보를 주는 수준에 머무르고 있습니다. 보다 정밀 농업이 시행될 수 있는 세밀한 정보를 줄 수 있는 AI 기술의 접목이 필요한 상황입니다. 농업 예측 모델은 AI 기술을 통해 기상 데이터, 토양 정보 등을 기반으로 농작물 수확량을 예측하고, 가격 변동을 예측하는 모델을 개발하는 것을 말합니다. 예측된 결과를 통해 농부는 현상태로 농사를 지속했을 경우 얻을 수 있는 소득을 예상할 수 있게 되고, 경영 상황을 판단하는 데 필요한 중요한 정보들을 제공받을 수 있게 될 것입니다.

바이오 분야에서 창업 아이템으로서 기대되는 AI 농업 분야는 식물 조직 배양 시스템, 맞춤형 품종 개발, 생물 농약 개발을 꼽을 수 있습니다.

식물 조직 배양 시스템은 AI 기반 자동화 시스템을 활용하여 고품질 묘목을 대량 생산하는 시스템을 개발하는 것을 말합니다. 질병관리본부에 따르면 우리나라 국민 3명 중 1명은 잠복 결핵 보균자라고 합니다. 평소 건강할 때는 증세가 나타나지 않지만, 과로 등으로 몸의 면역력이 떨어지게 되면 몸 속에 잠들어 있던 결핵균이 다시 활동하게 되어 증상이 나타나게 됩니다. 식물도 사람과 마찬가지로 최근 기후 변화 등으로 환경이 변화함에 따라 바이러스에 감염된 묘목들이 약해진 틈을 타서 병이 발생되고 있습니다. 농촌진흥청의 2021년도 발표에 따르면 국내 주요 과수는 품목별로 29~65% 바이러스에 감염되어 있으며, 주요 과수 중 바이러스에 감염된 사과나무와 포도나무의 생산량은 각각 최대 46%, 68% 감소하는 것으로 나타났습니다. 2023년 5대 과수는 무병묘 10%의 보급률을 달성했지만, 사과를 제외한 배, 감귤, 포도 및 복숭아의 보급률은 모두 합쳐 2%에 그치고 말았습니다. 이처럼 무병묘 보급률을 높히는 것은 여전한 숙제이며 한

2-7. **정부의 무병묘 확대 추진 배경**

출처: 국립종자원 종자검정연구센터

편으로는 기회 요소이기도 합니다. 많은 농민들이 무병묘 보급을 희망하고 있으며, 공급이 따라가지 못하는 실정이기 때문입니다. 무병묘 보급을 위한 조직 배양 시스템을 AI를 기반으로 자동화할 수 있다면 생산 기간을 단축하고 보급을 확대할 수 있을 것입니다.

'될성부른 나무는 떡잎부터 다르다.'

조직 배양을 통한 무병묘 보급의 중요성은 선조들도 알고 있었습니다.

맞춤형 품종 개발은 소비자의 요구에 맞는 특성을 가진 품종을 개발하고, 대량 생산하는 시스템을 개발하는 것입니다. 생물 농약 개발은 미생물을 활용한 친환경 농약 개발 및 생산 시스템을 구축하는 것을 말합니다. 두 아이템 모두 대량 생산을 위한 시스템 개발 과정에서 AI가 중요한 역할을 하게 될 것입니다.

우주 시대를 넘어 뉴스페이스 시대의 AI 우주 농업

1969년 7월 20일 인류 역사상 처음으로 미국의 아폴로 우주선을 통해 인간이 달에 발을 디디게 되면서 우주 시대가 열렸습니다. 그리고 현재 이전보다 더욱 쉽게, 더욱 많은 사람들이 우주로 향하는 뉴스페이스 시대를 맞이하여 우주 식량의 중요성이 증대되고 있습니다. 우주 식량은 우주에서 우주인이 먹을 수 있는 식량을 의미합니다. 우주에서 섭취하기 좋은 음식을 지구에서 만들어 내는 것을 넘어서서 우주에서 식량을 생산할 수 있는 기술의 필요성이 더욱 증대되고 있습니다. 우주라는 공간은 기존의 재배 방법으로 해결하기 힘든 어려운 환경을 가지고 있습니다. 하지만 지구보다 상대적으로 약한 중력에서 더 빠른 식물의 생장을 기대할 수 있고, 자연 재해나 병충해로부터도 위험이 덜한 안전한 공간이라는 사실은 우주에서의 식량 생산을 가능하게 하는 긍정적인 요소입니다. 우주에서의 식량 생산을 위하여 디지털 트윈을 활용하여 작물의 생장 가능성을 예측할 수 있게 하거나, 최적의 생장 시스템 구축을 위한 다양한 기술을 개발한다면 미래를 대비하는 새로운 성공 아이템이 될 수 있을 것으로 생각됩니다. 물론 그러한 기술의 중심에는 예측을 가능하게 하는 기술인 AI가 있게 될 것입니다.

AI 농업 국내 창업 사례

고트팜: 농업에 AI 날개를 달고 세계를 향해 날아가다

앞서 살펴본 'AI 농업 분야 창업 아이템 발굴 및 창업 성공을 위한 내용'과 유사한 전략을 가지고 사업을 하고 있는 고트팜㈜ 사례를 소개하도록 하겠습니다. 고트팜은 미래를 선도하는 혁신적인 글로벌 AI 애그테크 기업이 되는 것을 목표로 설립되었습니다. 이제 막 태어난 신생 스타트업이 치열한 AI 개발 경쟁에서 살아남기 위해 어떠한 전략과 기술로 도전하고 있는지 알아보도록 하겠습니다.

고트팜이 수많은 AI 기업들과의 경쟁에서 살아남기 위해 택한 차별화 전략의 핵심은 우수 농가 AI 모델, AI 데이터 학습, 생장 및 에너지 시뮬레이터입니다.

2-8.

작물은 농부의 발자국 소리를 듣고 자란다

데이터를 기반으로 농업을 혁신하는 애그테크 기업 고트팜은 가장 농사를 잘 짓는 농부의 노하우를 시스템 안에 담아 제공하기 위해 우수 농가 AI 모델을 개발하였습니다. 고트팜의 시스템을 사용하면 농사 초보자도 선도 농업인이 재배한 것과 같은 결과물을 얻을 수 있게 하는 것이 목표입니다. 그러한 결과물을 얻기 위해 국내 선도 농가의 영농 데이터를 수집하고, 영농 일지를 분석하여 고품질 데이터를 기반으로 AI 모델을 제작하였습니다. 영농 데이터를 수집하여 최적의 표준화 모델을 만들려는 시도는 이미 과거부터 여러 기업들이 시도해 왔습니다. 그러한 노력들은 대부분 빅데이터에 기반하여 시스템 모델을 개발한 데 반해 고트팜의 데이터는 국가 선정 선도 농업인으로서 차별화된 지식을 바탕으로 고품질, 고수익을 실현하는 농가의 노하우를 데이터화했다는 데 차이가 있습니다. 또한 환경 데이터뿐만 아니라 농부의 발자국 소리라 할 수 있는 영농 활동까지도 시스템 안에 담았습니다. 가장 농사를 잘 짓는 농부의 발자국 소리를 말입니다. 이를 통해 차별화된 AI 학습모델을 적용한 경쟁력 있는 시스템을 개발할 수 있었습니다.

고트팜의 AI 시스템은 검증된 학습 데이터에 기반해 환경을 자동 관리하며 농작물별로 최적의 파종 및 수확 시기를 제안하여 수확량을 최대화할 수 있게 합니다. 또한 데이터를 활용한 자동화 관리와 쉽고 정밀한 제어 시스템을 통해 지역에 상관없이 원격으로 내 손안에서 농장 운영을 가능하게 합니다. 기존의 복합 환경 제어기와 같이 원

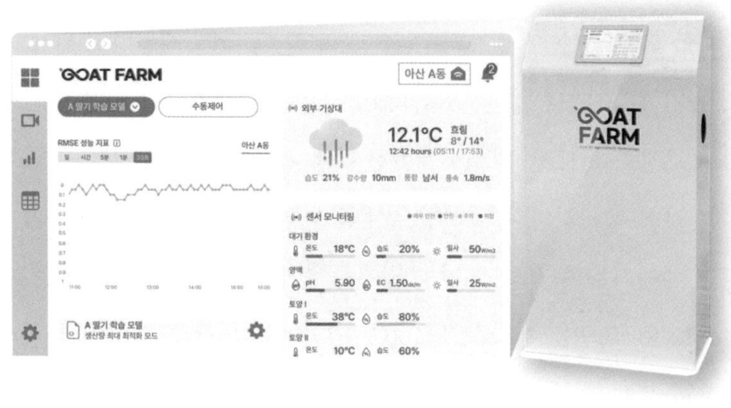

격 제어가 가능한 시스템들과 다른 점은 지정해 놓은 값이나 명령에 의해서만 움직이는 것이 아니라 AI가 학습한 정보를 바탕으로 시스템이 스스로 작동하여 최적의 생육 환경을 만들어 간다는 것입니다.

고트팜의 작물 생장 시뮬레이터인 G-모니터는 실시간으로 온실 원격 제어가 가능하며, 작물 생육 데이터를 기반으로 예상 수확량 및 수익과 비용을 예측할 수 있도록 해줍니다. 또한 디지털 트윈 기법으로 온실을 디지털로 재연하여 예측 불가한 상황들을 가상 공간에서 미리 테스트해 보고 예측 가능한 농사를 할 수 있도록 합니다. 농부는 실제 환경이 아닌 디지털 환경에서의 시뮬레이션을 통해 앞으로 일어날 일들을 예측하여 농사를 미리 지어보고 어떻게 행동해야 하는지를 판단할 수 있습니다. G-모니터를 사용하는 농부는 AI 예측 정보

2-10. **고트팜 디지털 트윈 온실** (좌 디지털 온실, 우 실제 재배 온실)

를 통해 가장 좋은 가격으로 작물을 판매할 수 있는 수확 시기 결정이 가능하게 됩니다. 비용 예측과 관련해서는 스마트 농업에서 가장 큰 비용으로 문제시되고 있는 에너지 관련 기능을 꼽을 수 있습니다. 지속적인 전기료 인상으로 인해 에너지가 차지하는 원가 비중이 점점 커지고 있습니다. G-모니터는 기후 예측 데이터를 기반으로 앞으로 사용될 에너지 비용을 미리 예측할 수 있도록 해줍니다. 농부는 예측된 정보를 기반으로 에너지 절감을 위한 대비를 할 수 있게 되며, 이는 비용 절감으로 이어져서 경영의 효율화를 이룰 수 있게 해줍니다.

현지 최적화를 통해 생산성을 확대

온도, 습도 등 국내 재배 환경과 다른 해외에서도 같은 품질과 생산량이 나올 수 있도록 시스템을 개발하는 것은 가장 큰 숙제였습니다. 문제 해결을 위해 가장 중요한 키워드는 변화된 환경과 상황을 예측하여 미리 가상의 공간에서 시뮬레이션 해보고 대응할 수 있도록 하는 것이었고, 그 답을 AI와 선도 농업인에게서 찾았습니다. AI를 통해서는 디지털 트윈을 통해 실제로 위험 상황을 겪지 않고도 가상 공간에서 변화 상황 예측이 가능했고, 선도 농업인을 통해서는 작물의 생육 조건에 맞는 최적의 하드웨어 시스템 및 생산 노하우를 제공받을 수 있었습니다. 가장 중요하게 생각한 부분 중 하나는 현지화였으며, 가장 적은 비용으로 가장 큰 효율과 가치를 낼 수 있는 스마트팜 모델을 제시할 수 있도록 각 분야 최고의 전문가들이 뭉쳐 한 방향으로 뜻을 같이 했습니다.

고트팜의 스마트팜 AI 시스템은 친환경적인 하드웨어에서 작동합니다. 에너지 사용을 최소화하기 위해 저전력을 사용하여 장비가 작동할 수 있도록 설계하였으며, 농작물을 생산하는 장비들도 친환경적인 신소재를 적용하여 저탄소 농업이 실현될 수 있도록 했습니다.

정리하자면 친환경 신소재 사용과 예측을 통한 에너지 사용 최적화는 저탄소 시대에 부합하고, 생산 예측을 통해 농가 소득을 안정화하는 것은 농업의 지속 가능성을 높이는 것이라 할 수 있습니다. 그러한 첨단 기술의 근간이 되는 데이터가 국내 농업 각 분야별 최고의 농업인인 신지식농업인과 같은 국가 선정 선도 농업인의 노하우로부터 가져왔다는 차별성도 중요한 성공 요소라 할 수 있습니다. 설립한 지 몇 달도 되지 않은 시점에 국내 유관 기관 및 해외 투자자로부터 적극적인 구매 및 투자 의사가 이어지고 있다는 것은 그러한 성공 요소들의 가치가 시장에서도 제대로 평가받고 있음을 의미합니다. 고트팜은 글로벌 시장을 향해 달려가고 있습니다. 대한민국의 앞선 농업 기술을 세계로 수출하여 지식 농업 전파에 앞장 선 농부들에게 부가가치가 돌아갈 수 있도록 최선을 다할 것입니다.

자연과 사람 그리고 AI 농업

'꿀벌이 사라지면 인류는 4년 안에 멸망할 것이다!'

아인슈타인은 꿀벌이 멸종하면 식물들이 제대로 씨와 열매를 맺을 수 없어 생태계가 붕괴할 것을 우려했습니다. 인간이 꿀의 성분을 분석 후 실내 공장에서 똑같이 만들 수 있다고 해서 벌이 없어져도 되는 것은 아닙니다. 벌이 꿀을 생산하는 과정에서 자연 생태계에 미치는 더욱 중요한 기능과 가치가 있기 때문입니다. 유엔UN에 따르면 인류가 먹는 전 세계 100대 작물 가운데 71%가 꿀벌의 수분(꽃가루받이) 활동으로 매개됨을 알 수 있습니다. 우리나라 꿀벌에 의한 양봉 관련 생산품과 생산액은 벌꿀, 프로폴리스, 화분(꽃가루), 봉독, 로열젤리, 밀납 등 연 6,600억 원 정도 됩니다. 농작물 생산액은 연평균 26조 원 정도 되는데, 이 가운데 6조 원 이상이 꿀벌 등의 꽃가루받이에 의해 생산됩니다. 이처럼 중요한 꿀벌이 최근 1년 사이에 60%가 넘게 폐사했습니다. 6조 원이 되는 꿀벌의 가치를 지키기 위해 AI 꿀벌 로봇을 만들어야 할까요? 아니면 환경을 보존하는 노력을 통해서 꿀벌이

2-11. AI가 그린 꿀벌 로봇

잘 살아갈 수 있도록 하는 것이 더 좋은 방법일까요? 인류가 먹는 식량 작물들의 수분 매개를 위해 꿀벌을 대체할 수 있는 기술 개발은 꾸준히 이루어지고 있습니다. 인류의 안정적인 먹거리 생산을 위해 꿀벌의 일부분을 로봇이 대체할 수는 있을 것입니다. 그와 더불어 지구상에서 함께 살아가기 위해서는 자연 생태계를 유지하는 꿀벌들에 대해서도 더욱 적극적인 공존의 노력이 필요한 때입니다.

2-12. 인터넷 쌀집 해드림 캐릭터(쌀집 아저씨)

다시 처음으로 돌아가 해드림 이야기로 마무리를 하겠습니다. 1999년도 해드림을 만들 당시 인터넷이라는 첨단 기술을 농업에 접목하면서 가장 중요하게 생각했던 것이 있습니다. 가상의 공간이지만 '농부가 느껴졌으면 좋겠다', '정이 느껴졌으면 좋겠다'가 그것입니다. 그 어떤 보도에서도 이 부분을 성공의 요소로 다루지는 않았지만 개인적으로는 아직까지도 가장 중요한 성공 요소 중 하나였다고 생각합니다.

이처럼 기술의 발달 과정에서 놓쳐서는 안 되는 중요한 키워드가 있습니다. 바로 사람, 그리고 환경입니다. 때문에 AI가 도입된 미래 농업의 모습에서 농부와 자연이 빠진 그림은 상상하기 힘듭니다. AI 농업은 인간과 기술이 함께 만들어가는 새로운 농업 시대의 시작을 알리는 신호탄입니다. 첨단 기술과 농업이 만나서 지구에서는 안전한 먹거리 생산과 환경 보호가 함께 이루어지고, 우주에서는 새로운 개척의 시대를 가능하게 하는 '융복합 AI 농업 시대'를 꿈꿔 봅니다.

MICE

경험 경제 시대를 리드한다

민환기

인공지능 MICE 기획사 마인즈그라운드(주) 대표이사
인공지능 농업 기술 회사 고트팜(주) 의장
ceo@mindsground.com | www.mindsground.org

2024년 7월, 전 세계인의 축제인 파리 올림픽이 성대하게 개최되었습니다. 이번 올림픽의 큰 특징 중 하나는 역사상 처음으로 'AI 올림픽'이라는 타이틀로 진행되었다는 점입니다.

AI 기술은 이번 올림픽에서 여러 방면으로 활용되었습니다. 예를 들어, 알리바바 클라우드의 AI 기반 컴퓨팅 기술을 통해 실시간 3D 렌더링과 공간 재구성을 구현하여 관객에게 생동감 있는 리플레이 영상을 제공했습니다. 또한 선수 보호를 위해 AI 기술을 도입한 점도 눈에 띕니다. AI 서비스를 통해 선수들의 소셜미디어 계정을 모니터링함으로써 대회 동안 비방글이나 악성 댓글이 자동으로 삭제되어 선수들이 온라인상에서 안전하게 보호받을 수 있었습니다.

3-1. AI 심판 지원 시스템

출처: 후지쯔

특히 일본 후지쯔가 개발한 AI 보조 심판 시스템인 JSS는 선수들의 움직임을 4차원으로 인식하여 더욱 정밀한 판정을 가능하게 했습니다. 이처럼 AI 기술이 심판의 판단을 돕고, 경기를 더욱 공정하고 정확하게 운영하는 데 기여하고 있습니다.

파리 올림픽은 MICE^Meetings, Incentives, Conventions, Exhibitions & Events^ 산업 중에서도 이벤트^Event^ 부문을 대표하는 행사로, MICE 산업이 현대 사회에서 '연결'의 가치를 전달하는 중요한 역할을 하고 있음을 보여줍니다. 이제 MICE 산업에 대한 이해를 돕기 위해 분야별 대표적인 사례를 살펴보겠습니다.

MICE: 세계를 연결하는 혁신의 장

다보스 포럼Davos Forum은 세계 각국의 저명한 기업인, 경제학자, 저널리스트, 정치인들이 모여 글로벌 경제 문제를 토론하고 국제적 실천 과제를 모색하는 MICE 산업의 미팅Meeting과 컨벤션Convention을 대표하는 국제 민간 회의체입니다. 1971년 독일 태생의 유대인 클라우스 슈바프 하버드대 교수가 비영리 재단 형태로 창립한 이 포럼은 매년 초 스위스 다보스에서 열리며, 세계경제포럼World Economic Forum: WEF이라는 정식 명칭으로도 알려져 있습니다. 현재 WEF는 연간 약 7,411억 원의 매출을 기록하며 수익성 있는 비즈니스 모델로 자리 잡았고, 세계 경제의 방향을 제시하는 데 중요한 역할을 하고 있습니다.

3-2. 2024 세계경제포럼(WEF) 4대 의제와 KPMG의 9대 이슈

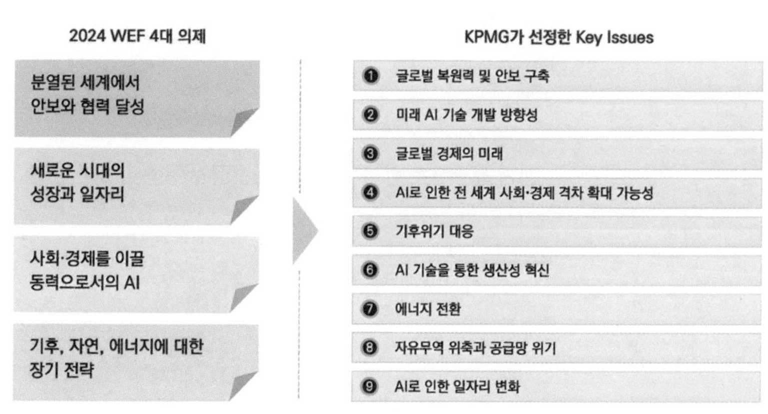

출처: 삼정KPMG 경제연구원

3-3. CES 기술 트렌드

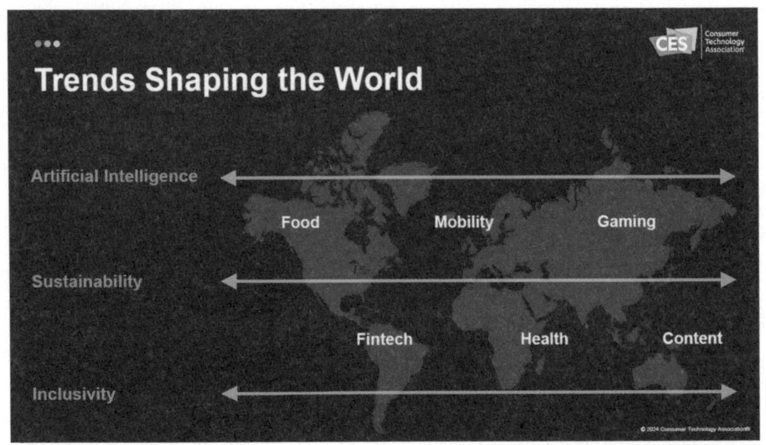

출처: CTA

2024년 다보스 포럼에서도 'AI'는 핵심 키워드로 다루어졌으며, 여러 토론의 중심에 자리 잡았습니다. 이러한 사례는 MICE 산업이 세계 경제 트렌드와 이슈를 끌어내는 출발점에 자리하고 있음을 잘 보여줍니다.

소비자 가전 전시회Consumer Electronics Show, CES는 미국 소비자 기술협회Consumer Technology Association, CTA가 주최하는 세계 최대의 IT 박람회입니다. 초기에는 가전제품에 초점을 맞췄으나, 정보통신 기술의 급속한 발전에 따라 AI, 자동차, 헬스케어, 드론 등 첨단 산업 전반을 아우르는 전시회로 성장했습니다. 이 박람회는 세계 유수 기업들이 혁신적인 제품을 선보이는 장소로 자리매김했습니다. 2024년에는 4,124개 업체가 CES에 참가했으며, 그중 우리나라 기업은 772개로 세계에서 세 번째로 많은 참가 수를 기록했습니다. CES를 통해 지금

3-4. **세계 박람회 주요 유산**

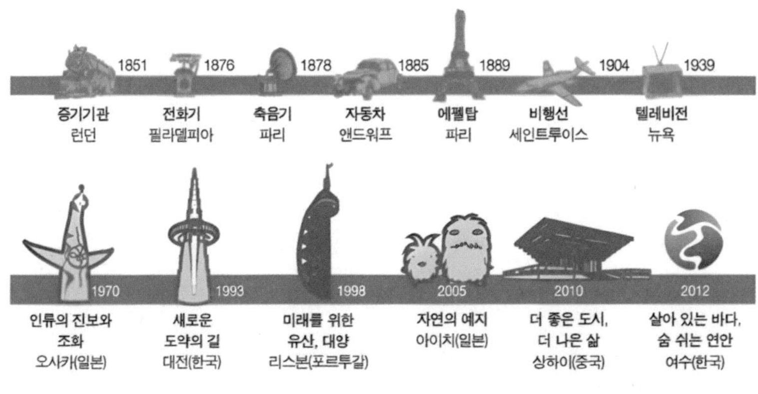

출처: 이웅규 저자의 〈디지털 시대의 MICE산업론〉

까지 라스베이거스를 찾은 방문객 수는 약 500만 명에 달하며, 경제 효과는 약 8조 원으로 추산됩니다. 이는 네바다주 사막 한가운데 위치한 인구 66만 명의 대도시 라스베이거스가 지속해서 성장할 수 있었던 중요한 이유입니다.

세계 IT 트렌드를 선도하는 CES에서도 'AI'는 빠지지 않는 핵심 키워드로 큰 비중을 차지하고 있습니다. 이러한 사례들은 MICE 산업이 글로벌 기술 트렌드의 최전선에서 중요한 역할을 하고 있음을 보여줍니다.

MICE 산업은 과거부터 현재까지 인류 역사에 위대한 유산들을 남겨왔습니다. 1851년 '수정궁 박람회'로 알려진 런던박람회에서 증기기관차가 전시되어 유럽 전역에 보급되는 계기가 되었고, 1876년 필라델피아 박람회에서는 전화기가 처음으로 선보여 전 세계로 확산하였습니다. 그 외에도 축음기, 자동차, 에펠탑, 비행기 등 중요한 발명품들이 MICE 산업의 박람회를 통해 소개되었습니다.

이와 같은 혁신의 중심에 있는 MICE 산업은 단순히 제품과 기술을 소개하는 차원을 넘어, 인류의 삶을 변화시키고 경제적 가치를 창출하는 데 중요한 역할을 해왔습니다. 특히 AI 시대에 접어들면서, MICE 산업은 더욱더 중요한 역할을 수행하게 될 것입니다. AI 기술을 활용한 MICE 플랫폼은 더욱 정교한 데이터 분석을 통해 참가자와 주최자 모두에게 맞춤형 경험을 제공할 수 있습니다. 또한 AI 기반의 예측 모델과 최적화 알고리즘을 통해 더 큰 경제적 가치를 창출할 수 있습니다.

미래의 MICE 산업은 단순히 전시회나 회의의 주최를 넘어, 인공지능을 통한 새로운 형태의 연결과 협력을 촉진하는 데 중심적인 역할을 할 것입니다. 이는 AI 기술이 MICE 산업의 가치 사슬 전반에 걸쳐 혁신을 가져올 것이며, 글로벌 경제에 큰 영향을 미칠 것임을 의미합니다. 따라서 MICE 산업은 AI 시대에서도 여전히 세계 경제의 중요한 축으로 자리 잡게 될 것입니다.

돈만 쓰는 MICE

국내에도 MICE 산업을 활성화하기 위해 많은 전시장이 건설되고 있으며, 정부 주도로 다양한 산업 지원책이 마련되고 있습니다. 그런

3-5. 지방 자치 단체가 운영하는 서울 외 지역 주요 전시컨벤션센터 현황

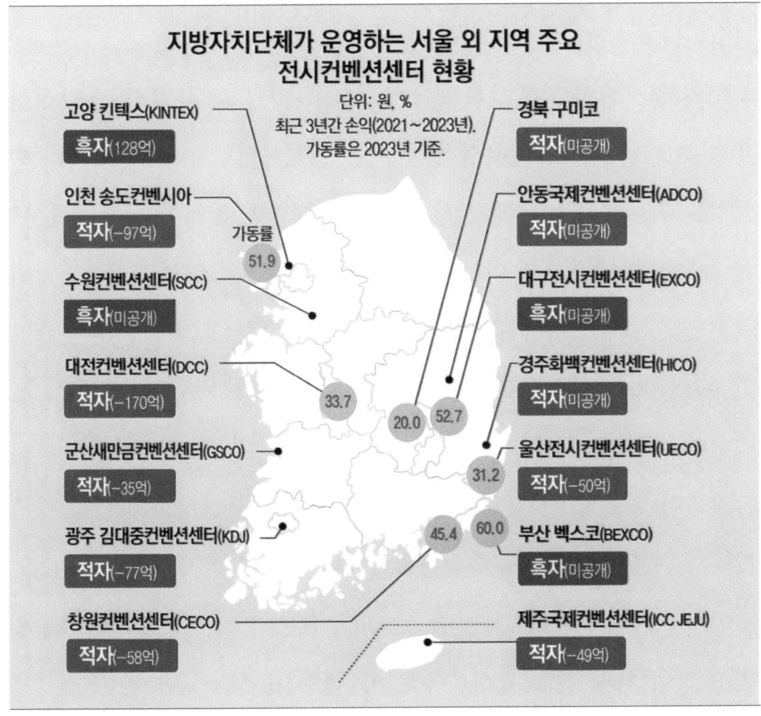

출처: 〈동아일보〉

데도 MICE 산업은 여전히 해결해야 할 여러 현실적인 문제들에 직면해 있습니다.

국내 전시 산업의 현황을 살펴보기 위해 주요 전시 시설의 매출 현황을 분석해 보았습니다. 지방 자치 단체가 운영하는 서울 외 지역 10~20곳에 이르는 대표적인 전시 시설들의 매출을 분석한 결과, 수도권 전시장을 제외한 지방 전시 시설들은 코로나19 이후 MICE 시장이 회복세를 보이고 있음에도 불구하고 여전히 적자를 면치 못하

는 상황입니다. 이러한 현상은 전시회의 본질적인 문제와 연결되어 있습니다.

국내 전시회의 근본적인 문제 중 하나는 많은 전시회가 정부 예산을 이용해 명분을 유지하며 생존하고 있다는 점입니다. 이에 따라 수익성보다는 예산 집행에 초점을 맞춘 전시회가 많아지고 있으며, 정치적 목적을 위해 활용되는 전시 행사들도 적지 않습니다. 이 전시회들은 실제 시장 수요와 관람객의 관심을 충분히 고려하지 않고 개최되는 경우가 많아 '고객 없는 전시회'가 잇따르는 한계를 초래하고 있습니다.

이러한 문제로 인해 고객의 니즈에 맞는 신규 전시회 발굴이 부족하며, 새로운 시장의 요구나 변화하는 트렌드를 반영하지 못하고 있습니다. 특히 지방 전시장들은 이러한 이유로 매출 확보에 어려움을 겪고 있어 지방 경제 활성화에도 기여하지 못하는 결과를 초래하고 있습니다. 이런 이유로 우리나라에서는 다보스 포럼이나 CES와 같은 글로벌을 대표하는 전시회가 나오지 못하고 있습니다.

결국 MICE 산업이 '본질'에 집중하지 못하면서 전시회 시장 자체에 대한 규모 확대도 제대로 이루어지지 않고 있습니다. 글로벌 시장에서 성공적인 전시회들은 콘텐츠의 질과 참가자의 경험을 최우선으로 고려하여 매력적인 프로그램과 혁신적인 아이디어를 제공하고 있습니다. 그러나 국내 전시회의 상당수는 이러한 요소를 제대로 반영하지 못하고 있습니다.

이러한 문제를 해결하기 위해서는 데이터 기반의 MICE 시장으로의 전환이 필요합니다. 고객 데이터와 업체 데이터를 기반으로 하여 수익성과 효과성을 동시에 지닌 전시 사업을 발굴하고, 고객의 니즈를 반영한 맞춤형 서비스를 제공할 수 있어야 합니다. 또한 AI와 빅데이터 등 혁신 기술을 도입한 MICE 산업으로의 전환이 필요합니다. 이를 통해 전시회 운영의 효율성을 높이고, 참가자 경험을 개선하며, 보다 정교한 마케팅 전략을 수립할 수 있습니다.

AI 기술은 예측 분석을 통해 참가자 수요를 정확히 파악하고, 맞춤형 콘텐츠 제공을 가능하게 하며, 전시회의 전반적인 성과를 극대화할 수 있는 잠재력을 가지고 있습니다. 이러한 혁신적 접근은 MICE 산업의 발전을 촉진할 뿐만 아니라 국내 전반의 산업 경쟁력을 높이고, 글로벌 시장에서의 입지를 강화하는 데 기여할 것입니다.

경험 경제의 혁신: 전시회를 돕는 AI

전시 분야에서 AI 기반으로 우리나라 전시 문화를 혁신하고 있는 사례들을 살펴보겠습니다. 전시 행사의 성공적인 개최의 핵심은 많은 기업들의 참여와 참가자들의 관심을 끌어내는 데 있습니다. 이를 위해 주최사들은 철저한 전략 수립과 함께 모객을 위한 많은 자원을 투입합니다. 이러한 과정의 효율을 극대화하기 위해 국내 전시 행사를 통합하고 AI 기술을 활용해 모객 활동을 돕는 서비스들이 등장하고 있습니다.

3-6. 마이스메이트 이미지

출처: 마인즈그라운드(주)

이 서비스들은 AI 알고리즘을 통해 참가자와 기업의 데이터를 분석하여 보다 정밀한 타겟 마케팅과 맞춤형 홍보를 가능하게 합니다. 예를 들어 참가자들의 관심사나 참여 이력을 기반으로 추천 전시회를 제공하거나, 기업의 제품군과 가장 관련성이 높은 잠재 고객을 대상으로 집중적인 마케팅을 펼치는 방식입니다. 이를 통해 주최사와 참가 기업은 보다 적은 비용으로 높은 효과를 얻을 수 있으며, 참관객은 자신에게 가장 유용한 정보를 쉽게 접할 수 있게 됩니다.

결국 AI 기술의 도입은 전시 행사의 성공 가능성을 높일 뿐만 아니라, 전체 MICE 산업의 경쟁력을 강화하는 데 중요한 역할을 하고 있습니다.

마이스메이트는 국내에서 이루어지는 모든 전시 행사를 통합하여 전시 정보를 시장에 효과적으로 전달하는 플랫폼입니다. 기존의 전

3-7. **마이스메이트 기능 1 - AI 행사 추천**

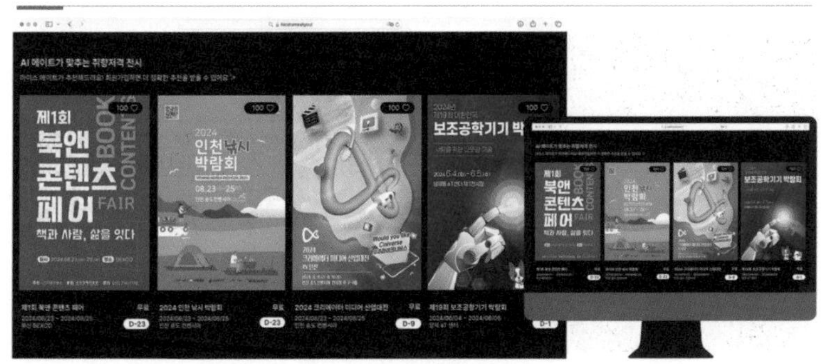

출처: 마인즈그라운드(주)

시 참관객들이 주로 주변의 추천을 받거나 여러 사이트를 검색하여 전시회를 방문했다면, 이제는 마이스메이트를 통해 모든 전시회 정보에 쉽게 접근할 수 있게 되었습니다.

마이스메이트는 각종 행사 정보를 빅데이터화하고, 전시에 관심 있는 참관객들의 전시회 참여 기록 등 다양한 정보를 데이터베이스DB로 관리합니다. 이를 바탕으로 마이스메이트의 AI 기술은 여러 가지 맞춤형 서비스를 제공합니다. 예를 들어 고객 맞춤 행사 및 부스를 추천하는 기능, 고객 DB를 기반으로 한 타겟 마케팅, 관람객 인사이트 및 통계 서비스, 그리고 챗GPT 기반의 FAQ 응답 서비스 등이 있습니다. 이러한 기능들은 전시회 주최 측과 참가자 모두에게 더 효율적이고 개인화된 경험을 제공하며, 전시 행사 전반의 성공 가능성을 높이는 데 기여하고 있습니다.

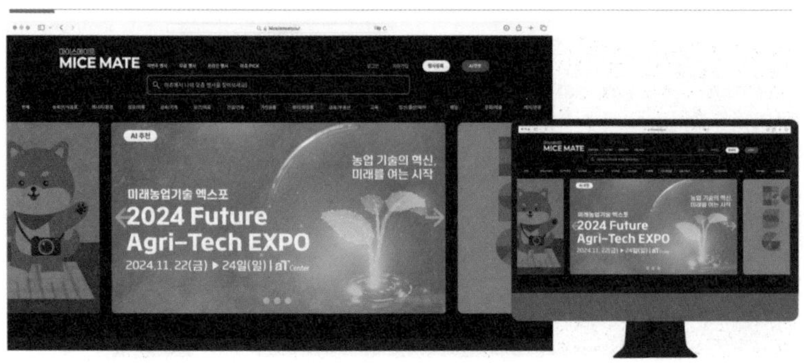

출처: 마인즈그라운드(주)

마이스메이트 플랫폼에서는 국내에서 진행되는 모든 전시회에 대한 정보를 한눈에 파악할 수 있으며, 회원 가입 시 입력한 관심 분야 등의 데이터를 기반으로 맞춤형 전시회를 추천받을 수 있습니다. 기존에는 전시회 정보를 특정 전시장 사이트나 지인 소개, 특정 관심 전시회 주최사의 홍보를 통해 얻었다면, 이제 마이스메이트를 통해 언제든지 관심 분야의 전시회 정보를 손쉽게 확인할 수 있으며, 문화 생활을 즐기는 차원에서 전시회 참관을 즐길 수 있게 되었습니다. 또한 특정 전시회 내에서도 복잡하고 많은 전시 부스를 모두 둘러보는 대신, 개인의 취향을 고려한 부스 추천으로 더욱 효율적으로 전시회를 관람할 수 있게 되었습니다.

마이스메이트는 전시회에 참여했던 고객들의 데이터를 바탕으로 관련 전시회 및 추가 정보를 지속해서 전달하여, 전시회에 대한 관심

3-9. **마이스메이트 기능 3 - AI 통계**

출처: 마인즈그라운드(주)

을 높이고 재참여를 유도합니다. 이러한 기능은 전시회 주최사들이 보다 효율적으로 모객 활동을 할 수 있도록 돕습니다. 전시회에 참여하는 기업들도 자체 고객 DB와 마이스메이트 플랫폼의 고객 DB를 활용하여 맞춤 알림, 맞춤 광고를 집행합니다. AI 기술을 활용한 맞춤형 추천과 지속적인 정보 제공은 전시회의 홍보 효과를 극대화하고, 주최사들이 목표 고객층을 더욱 효과적으로 타겟팅할 수 있도록 지원하여, 전체 MICE 산업의 경쟁력을 강화하는 역할을 합니다.

전시회 활성화는 주최사들이 행사를 통해 매출을 발생시키거나, 지속적인 매출을 기대할 수 있을 때 비로소 시작됩니다. 마이스메이트의 AI 인사이트 기능은 이러한 주최사들의 요구에 부응하여 전시회별로 방문자 수, 관심도, 행사 노출 수, 전체 참관객 수, 참관객 연령 분석 등의 데이터를 분석하여 제공합니다. 이를 통해 주최사들은 각

3-10. 마이스메이트 기능 4 - AI 챗봇

출처: 마인즈그라운드(주)

행사 유형별로 얻은 인사이트를 분석하고, 이를 바탕으로 다음 행사에 대한 효과적인 추진 전략을 세울 수 있습니다. 전시회 참여에 대한 국민적인 관심도가 높아질수록 주최사들은 데이터 기반으로 시장에 맞춘 전시회를 개발하는 데 더 큰 노력을 기울일 수 있게 되며, 공공기관 주도로 이루어지는 많은 전시회도 실효성 있는 개최가 가능할 것입니다.

방문객들의 지속적인 행동을 분석하기 위해 AI 챗봇 서비스를 도입하여 실시간으로 질의응답을 진행하고 데이터를 축적합니다. 전시장에 방문하면 많은 인파와 복잡한 현장 구조로 인해 종종 정보 파악에 어려움을 겪는 일이 있습니다. 이러한 상황에 대응하기 위해 AI 챗봇 서비스가 도입되었습니다. 각 행사 유형별 기본 사항에 대한 정보를 미리 입력해 두고, 행사 맞춤형 질문에도 AI 챗봇이 효율적으로 대응할 수 있도록 설계되었습니다. 이를 통해 방문객의 경험을 개선하고, 참가자와 주최사 간의 상호 작용을 강화합니다.

마이스메이트는 '체류 시간 연장', 'ROI 극대화'의 목적을 가지고 기능 고도화 작업을 이어갈 계획입니다. 체류 시간 연장을 위해 AI를 활용하여 참가자들의 실시간 행동 데이터를 분석하고, 그들이 관심을 가질 만한 부스나 프로그램을 추천하여 현장에서 더 오래 머물도록 유도할 수 있습니다. 이는 참가자에게는 더욱 풍부한 경험을 제공함으로써 전시회의 가치를 높이고, 참가자의 만족도를 증대시킬 수 있습니다. 또한 ROI 극대화를 위해서 AI 기반의 예측 분석과 맞춤형 마케팅 전략을 통해 참가자와 전시업체 간의 비즈니스 기회를 최적화할 수 있습니다. 이를 통해 전시회 주최사와 참가 기업 모두가 더 큰 경제적 가치를 창출할 수 있으며, 전시회의 전체적인 성공률을 높일 수 있게 될 것입니다.

MICE 분야에서 AI의 도입은 전시회의 모객 효율과 매출 증대의 효과를 넘어, 각 산업에 유용한 데이터를 축적하는 중요한 출발점이 될 것입니다. 산업 정보의 데이터화는 MICE 산업의 활성화뿐만 아니라 각 산업 내의 교류 활성화와 신규 사업 개발로 이어질 수 있는 긍정적인 효과를 기대할 수 있습니다. 대한민국에서 시작하는 데이터 기반 MICE 시장의 발전은 앞으로 대한민국이 개척해야 할 신규 산업에서, 혹은 초격차를 이루어야 하는 산업 분야에서 중요한 역할로 확장될 것입니다. 이것이 바로 MICE 분야에서 AI가 지닌 비전이며, 미래를 향한 혁신적인 도약을 의미합니다.

이미 시작된 초격차를 향한 전쟁

국내 MICE 행사 대행 시장에서 빠른 성장세를 보이는 디노마드는 AI 기획 서비스를 제공하고 있습니다. 국내 MICE 시장에서는 대부분의 행사가 공공 입찰을 통해 정보를 공개하고, 제안서 평가 과정을 거쳐 수주로 이어지는 구조를 가지고 있습니다. 디노마드는 이러한 공공 입찰 시장에서 지난 5년간 수많은 제안 작업을 수행해 왔으며, 7,600건 이상의 누적 프로젝트와 8천여 명의 분야별 전문가들의 빅데이터와 제안 경험을 바탕으로 AI 기획 서비스를 기획자들에게 제공하고 있습니다.

이 서비스는 다양한 프로젝트 데이터를 분석하여 성공적인 제안서를 작성하는 데 필요한 통찰을 제공하며, 제안서의 효율성을 높이고 수주 가능성을 극대화하는 데 도움을 줍니다. 이를 통해 디노마드는 MICE 시장에서의 경쟁력을 강화하고, 보다 혁신적인 기획 솔루션을 제공하여 고객의 다양한 요구를 충족시키고 있습니다. AI 기술의 도입은 MICE 산업 내 기획 단계의 효율성을 높이는 중요한 역할을 하며, 이를 통해 MICE 행사의 전반적인 성공 가능성을 높이는 데 기여하고 있습니다.

WWWOW 서비스는 프로젝트 매칭, 기획 생산성 향상 도구, 파트 및 파트너 매칭, 데이터 솔루션 기능을 갖춘 종합 플랫폼입니다. 이 서비스는 AI 분석을 통해 기획자의 역량과 경험에 맞는 프로젝트를 추천해 줌으로써 프리랜서 기획자들에게 적절한 프로젝트 수행 기회

3-11. AI 기획 서비스 WWWOW

출처: 주식회사 디노마드

를 제공합니다. 기획자가 작업을 진행하는 과정에서는 AI 기술을 적용하여 디자인 작업, 제안서 작성 등의 다양한 업무를 더욱 효율적으로 수행할 수 있도록 지원합니다.

또한 행사 진행에 있어 중요한 요소 중 하나인 전문가, 장소 등의 섭외 작업에서도 강점을 보입니다. WWWOW 서비스는 분야별 빅데이터를 활용해 AI 분석을 통해 최적의 매칭을 지원하며, 이를 통해 보다 정교하고 효과적인 행사 준비가 가능하게 합니다. 이러한 기능들은 전시 기획자들이 프로젝트를 더욱 효율적으로 관리하고 성공적인 행사를 개최할 수 있도록 돕는 중요한 도구가 되고 있습니다.

한편, 전시 분야에서 최초로 코스닥에 상장한 메쎄이상은 데이터 기반의 전시회 운영에 박차를 가하고 있습니다. 메쎄이상은 전시 업계에서 가장 많은 전시회를 성공적으로 운영하는 것으로 정평이 난 회사입니다. 메쎄이상의 성공적인 경영의 비결은 바로 빅데이터 활용에 있습니다.

메쎄이상은 방대한 데이터를 분석하여 전시회 참가자들의 선호도, 관심사, 방문 패턴 등을 파악하고, 이를 바탕으로 보다 정교한 맞춤형 전시회 기획을 진행합니다. 빅데이터를 통해 얻은 인사이트는 전시회의 기획 단계부터 마케팅, 운영, 사후 관리에 이르기까지 전 과정에서 중요한 역할을 하며, 참가자와 출품 업체 모두의 만족도를 높이는데 기여하고 있습니다. 이러한 데이터 기반 접근은 메쎄이상이 경쟁이 치열한 전시업계에서 지속해서 성공을 거두는 핵심 요소로 작용하고 있습니다.

메쎄이상은 전시 주최를 통해 다양하게 파생되는 데이터를 효과적으로 관리하고 있습니다. 업체 데이터, 고객 데이터 등을 활용하여 마케팅 및 영업 관리를 내부의 CRM 프로그램을 통해 효율적으로 운영하고 있으며, 전시회 경험을 통해 축적한 산업별 데이터를 관리하는 시스템인 FMS[Fair data Management System]를 개발하여 이를 체계적으로 관리하고 있습니다. 이 데이터 분석을 기반으로 다음 전시회 기획을 진행하며, 특히 중요한 모객 활동에서 이러한 데이터가 큰 효율을 발휘하고 있습니다.

데이터 기반의 전시회 운영 관리를 통해 메쎄이상은 지속적으로 매출과 관람객 수를 증대시켜 오고 있습니다. 이러한 사례를 통해 빅데이터 활용도가 높은 MICE 회사들이 시장에서 우위를 점하고 있다

3-12. **메쎄이상의 데이터 기반 전시회**

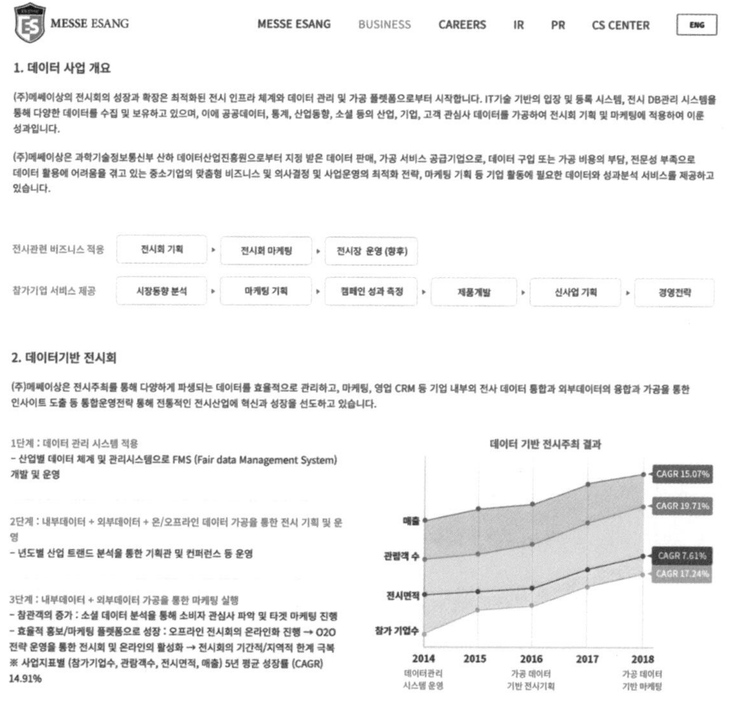

출처: 주식회사 메쎄이상

는 사실을 확인할 수 있습니다. 앞으로의 시장은 얼마나 고도화된 AI 서비스를 통해 고객들에게 경험 경제의 가치를 제공하느냐의 경쟁으로 흘러갈 것입니다.

현재 MICE 산업은 단순한 대행과 주최로 이루어진 전통적인 모델을 넘어 AI와 빅데이터를 통해 새로운 기회의 산업으로 전환되는 중요한 시점에 있습니다. 이러한 변화는 MICE 산업이 고객 경험을 중심으로 한 경험 경제 시대에 발맞춰 나가고 있음을 보여주며, 데이터와 AI 기술을 결합한 혁신적인 접근이 앞으로의 산업 성장을 주도할 것입니다.

AI 시대에서의 MICE 산업 발전 방향

현대에는 대중화된 챗봇 서비스와 자연어 처리 기술NLP: Natural Language Processing을 활용한 MICE AI 챗봇 서비스가 빠르게 확대되고 있으며, 궁극적으로는 대중화될 것입니다. 국제적인 MICE 행사는 평균적으로 참가자가 1만 명이 넘고, 참가 업체가 500개 이상입니다. 이렇게 규모 있는 행사에서 주최사는 수많은 이메일과 문자, 전화에 대응해야 합니다. 행사에서 진행되는 소규모 부대 행사까지 안내의 범위가 넓고 복잡한 MICE 행사에서는 AI 챗봇 서비스의 도입이 선택이 아닌 필수 사항으로 자리 잡고 있습니다. 신속하고 정확한 응답을 원하는 고객들을 위해 MICE 분야에서의 AI 챗봇은 더욱 고도화되고 대중화될 것입니다.

AI 챗봇은 자연어 처리 기술을 통해 참가자와 실시간으로 소통하며, 반복적이고 간단한 질문에 자동으로 응답할 수 있습니다. 이를 통해 참가자들은 필요한 정보를 신속하게 얻을 수 있으며, 주최사는 인력을 절감하고 운영 효율성을 높일 수 있습니다. 앞으로 AI 챗봇은 더욱 발전하여 복잡한 문의에도 자연스럽고 유연하게 대응할 수 있는 기능을 갖추게 될 것입니다.

3-13. 자연어 처리 기술을 활용한 MICE 사례

출처: 챗GPT

최근 공항을 비롯한 여러 공공장소에서 안내를 도와주는 로봇을 본 적이 있을 것입니다. MICE 산업에서도 AI 안내원의 활용도는 점차 증가하고 있습니다. 1만 명 이상이 참가하는 복잡한 현장에서는 구역별로 안내용 AI 로봇을 설치하여 고객들의 문의 사항에 신속하게 대응할 수 있어야 합니다. 로봇은 NLP 기술로 인간의 언어를 이해하며, 텍스트와 음성, 영상 등의 다양한 콘텐츠를 활용하여 고객들의

3-14. **기조연설 중인 LG전자의 클로이 가이드봇**

출처: LG전자

문의에 응대할 수 있습니다.

또한 MICE 행사에서 중요한 부분 중 하나인 '섭외'의 변수에 대응하기 위해 AI 로봇이 활용됩니다. 예를 들어 해외에서 연사가 참석하지 못하는 경우 로봇이 직접 무대에 올라 연설을 진행함으로써 기존의 섭외 문제를 보다 원활하게 해결할 수 있습니다. 그뿐만 아니라 로봇 기술은 AI를 통해 행사장에서 사람들의 이상한 움직임, 화재 연기, 체온 등의 데이터를 실시간으로 분석하여 질병 예방, 화재 및 테러 대응 등 안전 관리에도 큰 기여를 할 수 있습니다.

코로나19 시기에는 대부분의 행사가 온라인으로 진행되었으며, 메타버스와 가상 현실 기술을 활용한 행사도 주목받았습니다. 인공지능 MICE 기획사인 마인즈그라운드(주)는 공공기관을 대상으로 실제

3-15. **가상 현실 행사**

출처: 마인즈그라운드(주)

무대와 유사한 무대를 게임 엔진인 언리얼 엔진Unreal Engine을 활용하여 가상 현실 공간에 구현했습니다. 연사들은 모션 캡처를 통해 가상 공간에서 발표를 시연하고, 참가자들은 온라인 송출 채널을 통해 행사를 시청할 수 있었습니다.

이러한 가상 현실 행사는 AI 기술과 접목되어 더욱 다양한 방면으로 개발되고 확장되고 있습니다. 이를 통해 물리적인 이동 없이도 효과적인 행사를 진행할 수 있는 시대가 도래하고 있습니다. 앞으로는 더욱 진보된 AI 기술이 가상 현실 행사의 몰입감을 높이고, 참가자들에게 현실과 유사한 경험을 제공할 수 있을 것으로 기대됩니다.

현재 MICE 산업은 단순한 대행과 주최로 이루어진 전통적인 모델을 넘어 AI와 빅데이터를 통해 새로운 기회의 산업으로 전환되는 중요한 시점에 있습니다. 이러한 변화는 MICE 산업이 고객 경험을 중심으로 한 경험 경제 시대에 발맞춰 나가고 있음을 보여주며, 데이터와 AI 기술을 결합한 혁신적인 접근이 앞으로의 산업 성장을 주도할 것입니다.

AI 기술이 더 고도화됨에 따라 MICE 산업은 고객에게 더 나은 경험을 제공하고, 운영 효율성을 높이며, 새로운 비즈니스 기회를 창출하는 방향으로 나아갈 것입니다. 이러한 혁신적 변화는 MICE 산업이 글로벌 시장에서 경쟁력을 갖추고, 지속해서 성장할 수 있는 중요한 기반이 될 것입니다.

AI 시대의 새로운 블루오션, MICE

코로나19 이후 세계 경제는 새로운 국면을 맞이하게 되었습니다. 디지털 세계로의 확장은 산업 간 교류를 더욱 활발하게 만들었고, AI 기술과 같은 기술 혁신의 등장으로 변화의 속도는 더욱 가속화되고 있습니다. 이러한 변화는 '연결'을 주된 가치로 삼는 MICE 시장에서 특히 중요한 의미를 가집니다. MICE 산업은 디지털 혁신과 AI 기술의 도입을 통해 투자, 취업, 창업 등 다양한 새로운 기회를 창출하며, 글로벌 비즈니스와의 연계를 더욱 강화하고 있습니다. 이러한 기회들은 MICE 산업이 단순한 행사 개최를 넘어, 미래의 성장 가능성을 열어가는 중요한 동력으로 작용하고 있습니다.

AI 트렌드를 주도하고 있는 국내 전시회로 AI EXPO KOREA를 예로 들 수 있습니다. 2018년에 처음 개최된 이 전시회는 2024년에는

3-16. **AI EXPO KOREA**

출처: AI EXPO KOREA 사무국

미국, 캐나다 등 13개국의 260여 개 기업 및 기관이 480여 부스 규모로 참가할 정도로 성장했으며, 사흘 동안 약 4만 명의 참관객과 바이어가 방문하는 행사로 자리매김했습니다. 이는 (사)한국인공지능협회, (주)서울메쎄, 〈인공지능신문〉이 공동 주최하고 주관한 행사로 협회, 대행사, 언론사가 함께 발굴하여 만들어낸 성공적인 투자 사례로 평가받고 있습니다.

이러한 트렌드에 맞춰, 현재 다양한 언론사들도 기존의 광고 거래처 네트워크와 독자들의 구매력을 활용하여 새로운 MICE 행사를 발굴하거나 투자하는 방식으로 매출을 증대시키고 있습니다. 이는 MICE 산업에서의 투자와 창업이 고객이 모일 수 있는 '연결'의 가치를 창출할 수 있는 모든 곳에서 가능하다는 점을 잘 보여줍니다. MICE 산업은 다양한 이해 관계자가 모여 새로운 기회를 창출하고 시너지를 발휘할 수 있는 플랫폼 역할을 하고 있으며, 이는 AI 시대의

MICE 산업이 블루오션의 장이라는 것을 의미합니다.

MICE 시장은 취업의 기회에서도 중요한 의미를 지니고 있습니다. 빠르게 변화하는 세상 속에서 기존의 기득권을 쥐고 있던 많은 기업이 몰락하고, 신규 기업들이 등장하는 현상은 당연하게 다가옵니다. 이러한 상황에서 신규 취업 시장에서 '내가 머무를 적절한 곳'을 정확히 정의하지 못한다면, 나의 커리어 또한 AI 시대의 변화와 함께 사라질 수 있다는 점을 간과해서는 안 됩니다. 따라서 자신에게 적합한 무대를 찾는 것이 가장 멀리, 오래갈 수 있는 지름길이라 할 수 있습니다.

이러한 맥락에서 정보가 모이는 특성을 지닌 MICE 대행 산업에서의 취업은 다양한 산업에 대한 이해를 넓히고, AI 시대에서 살아남을 유망한 산업 분야를 모색하는 출발점이 될 수 있습니다. MICE 산업은 단순히 행사를 기획하고 운영하는 것을 넘어, 변화의 중심에서 새로운 기회를 창출하고 자신만의 길을 개척할 수 있는 중요한 플랫폼 역할을 하고 있습니다.

결국 AI 시대의 MICE 산업은 전통적인 역할을 뛰어넘어 혁신의 중심이 되어가고 있습니다. MICE 산업은 다양한 산업의 교차점에서 새로운 기회를 발굴하고, 이를 통해 블루오션을 개척할 수 있는 가능성을 지닌 분야로 자리매김하고 있습니다. 앞으로 MICE 산업의 발전은 AI 기술과 디지털 혁신에 힘입어 더욱 가속화될 것이며, 이는 새로운 경제적 기회를 창출하는 중요한 원동력이 될 것입니다.

MICE, 국가 핵심 산업으로의 여정

전 세계 MICE 산업 시장 규모는 1조 6,000억 달러에 달한다고 한국관광공사는 발표했습니다. 글로벌 MICE 시장을 살펴보면, 인포마Informa, 리드 엑시비션스Reed Exhibitions, 메쎄 프랑크푸르트Messe Frankfurt와 같은 기업들이 수조 원 단위의 매출을 기록하며 활발히 활동하고 있습니다. 반면 한국의 MICE 산업은 현재 1천억 원대의 매출을 넘는 몇몇 대기업 기반의 기획사들에 의존하고 있습니다.

대한민국에서 MICE 유니콘 기업의 탄생은 MICE 강국으로 자리 잡기 위한 중요한 이정표가 될 것입니다. 글로벌 시장에서 경쟁력을 갖춘 대형 MICE 기업의 성장은 대한민국이 MICE 산업에서 영향력 있는 국가로 도약하는 명확한 신호가 될 것이며, 이를 통해 더욱 활발한 국제 교류와 경제적 성과를 이루어 낼 수 있을 것입니다.

대한민국은 MICE 유니콘 기업이 탄생할 수 있는 잠재력을 충분히 지닌 국가입니다. 2016년부터 2019년까지 3년간 대한민국은 국제 회의 개최 건수에서 세계 1~2위를 차지하며 MICE 산업의 강국으로 자리매김했습니다. 2020년 코로나19 팬데믹으로 인해 잠시 주춤했으나, 2023년부터 다시 활기를 되찾고 있습니다. 이를 바탕으로 대한민국 정부는 '2024년 제1차 한국 마이스 산업 발전 협의회'를 개최하여, 2028년까지 국제 회의 건수 1위, 외국인 참가자 수 130만 명, 외화 획득액 30억 달러 달성이라는 3대 목표를 설정하고 공개했습니다.

또한 정부는 지역 및 민관 협력Collaboration, 더 큰 마이스를 위한 융

3-17. **우리나라 국제 회의 개최 현황**

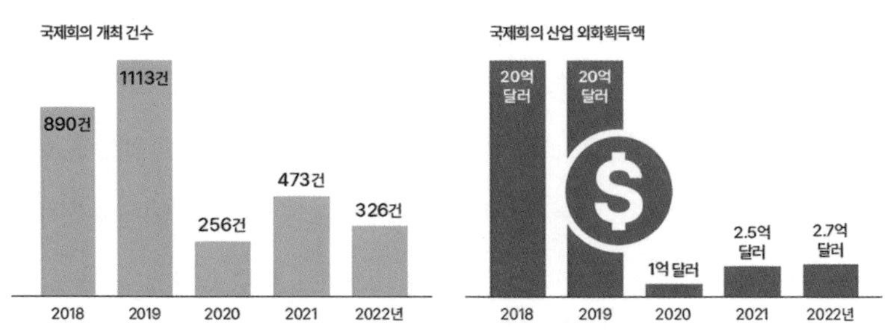

출처: 한국관광공사

합Convergence, 혁신 지속력을 위한 경쟁력Competitiveness이라는 '3C 전략'을 발표하며, MICE 산업의 지속적인 성장을 위한 로드맵을 제시했습니다. 이러한 전략은 MICE 산업의 글로벌 경쟁력을 강화하고, AI 시대에 맞춘 혁신적 접근을 통해 시장에서의 입지를 확대하려는 대한민국의 의지를 담고 있습니다.

MICE 산업은 단순한 행사 개최를 넘어 국가 브랜드를 강화하고, 국제적 위상을 높이며, 경제적 가치를 창출하는 중요한 산업으로 자리매김하고 있습니다. 대한민국은 이러한 기회를 바탕으로 MICE 산업의 글로벌 리더로 자리매김하며, AI 시대를 선도하는 핵심 국가로 도약할 수 있을 것입니다. 이 과정에서 정부와 기업, 국민이 협력하여 MICE 산업의 미래를 함께 만들어 나가는 것이 중요합니다.

정부, 기업, 국민이 함께 만드는 AI 시대의 MICE

대한민국이 MICE 강국으로 자리 잡기 위해서는 정부의 역할이 절대적입니다. 지금은 AI와 디지털 전환이 이끄는 새로운 시대에 발맞춰 MICE 산업의 경쟁력을 강화할 때입니다. 정부는 라스베이거스의 CES나 바르셀로나의 MWC처럼 대한민국을 대표할 수 있는 글로벌 행사를 육성하고 지원해야 합니다. 또한 국가 핵심 산업과 연계된 맞춤형 MICE 사업을 추진하여 글로벌 네트워크를 확장하고 대한민국의 MICE 위상을 높이는 데 기여해야 합니다. 대한민국 정부는 MICE 산업의 성장 잠재력을 인식하고 이를 국가 경제 발전의 동력으로 활용할 수 있는 전략적 비전을 제시해야 합니다.

MICE 기업들은 혁신의 선두에 서야 합니다. 이제는 단순한 대행 서비스에 머무르지 않고, K-뷰티, K-푸드, K-팝과 같은 강력한 K-브랜드를 기반으로 글로벌 시장에 새로운 IP를 제안하고 그 가치를 확산시켜야 합니다. 빅데이터와 AI 기술을 적극 도입하여 고객 맞춤형 서비스를 제공하고 시장의 트렌드를 선도하는 전략적 접근이 필요합니다. MICE 기업들의 도전이 바로 K-MICE 산업을 글로벌 무대에서 더욱 빛나게 할 것입니다.

MICE 산업의 미래는 국민들의 관심과 참여에 달려 있습니다. MICE 산업은 정보와 기회가 모이는 중심입니다. 투자, 취업, 창업의 기회가 있는 곳에 우리의 미래가 있습니다. 국민들의 적극적인 참여가 MICE 산업을 활성화하고, 대한민국을 AI 시대를 선도하는 국가로 이끌어 갈 것입니다. '마이스메이트'와 같은 플랫폼을 통해 각종 전시회 정보를 탐색하고, 관심 있는 분야의 전시회, 박람회, 포럼에 적극 참여하는 국민들의 발걸음이 MICE 산업의 성장을 촉진하고, 대한민국의 미래를 밝히는 힘이 될 것입니다.

MICE 산업의 활성화는 정부, 기업, 국민이 함께 만들어 가는 여정입니다. 정부의 적극적인 지원과 정책적 리더십, MICE 기업들의 혁신적 전략과 글로벌 시장 개척, 국민들의 관심과 참여가 결합할 때 대한민국은 MICE 강국으로 자리매김할 것입니다. 더 나아가 AI 시대를 선도하는 국가로 발돋움할 수 있을 것입니다.

철강

탄소 산업에서 디지털 산업으로

신민호
디지털혁신실 리더, 포스코
smarty210@posco.com

철강 산업은 오랜 역사와 함께 발전해 온 전통적인 산업입니다. 철기 시대부터 시작된 철강의 중요성은 오늘날에도 여전히 크지만, 현대 사회에서 철강 산업이 우리 일상에 얼마나 깊숙이 자리 잡고 있는지는 많은 이들이 실감하지 못하고 있습니다. 철강은 건축, 자동차, 가전제품 등 여러 산업에 필수적인 재료로 사용되지만, 철강을 생산하는 과정과 그 기술은 대중에게 잘 알려져 있지 않기 때문입니다.

그렇다면 철강 산업이 이렇게 대중에게 낯선 이유는 무엇일까요? 첫 번째 이유는 철강이 직접 소비되는 제품이 아닌, 다른 기업들이 생산하는 최종 제품에 사용되기 때문입니다. 예를 들어, 우리가 일상에서 접하는 자동차나 건물은 철강으로 만들어지지만, 철강 자체는 눈에 보이지 않습니다. 두 번째로는 철강 생산 과정이 복잡하고 전문적인 기술을 요구하기 때문에 일반인들이 쉽게 접근하기 어려운 분야라는 점입니다. 고온 처리, 합금 기술, 재료 공학 등은 전문가가 아닌 이들에게는 이해하기 어려운 개념입니다. 마지막으로 철강 산업은 언론이나 미디어에서 상대적으로 주목을 덜 받는 경향이 있습니다. 기술 혁신이나 환경 문제와 같은 특별한 이슈가 있을 때만 관심을 끌기 때문입니다.

그렇다면 철강 산업은 전통에만 머물고 있을까요? 결코 그렇지 않습니다. 오히려 이 산업은 지속적인 기술 혁신을 통해 첨단 산업으로 진화하고 있습니다. 특히 최근에는 AI와 자동화 기술이 도입되며 스마트 공장Smart Factory 개념이 현실화되고 있습니다. AI와 빅데이터를 활용한 생산 관리 시스템은 철강 산업을 더욱 효율적이고 정밀하게 만들어주고 있습니다.

철강 산업에서 AI 기술의 도입은 얼마나 이루어지고 있을까요? 2023년 한국철강협회의 조사에 따르면 70개의 철강 기업 중 절반에 가까운 34개 사(48.6%)가 AI 도입을 아직 결정하지 않은 상태입니다. 반면 AI 도입을 준비하거나 기획 중인 기업은 23개 사(32.9%)에 달합니다. 실제로 AI 기술을 개발 중인 기업은 4개 사(5.7%)에 불과하지만, 내부 프로세스에 AI를 적용하고 있는 기업은 6개 사(8.6%)이며, 이미 이를 확장하여 적용 범위를 넓히고 있는 기업도 3개 사(4.3%)로 나타났습니다.

이러한 수치는 철강 산업에서 AI 기술이 아직 초기 단계에 있지만, 점차 그 중요성이 인식되고 있음을 보여줍니다. 특히 스마트 공장과

4-1. **철강 기업의 DX 단계 현황**

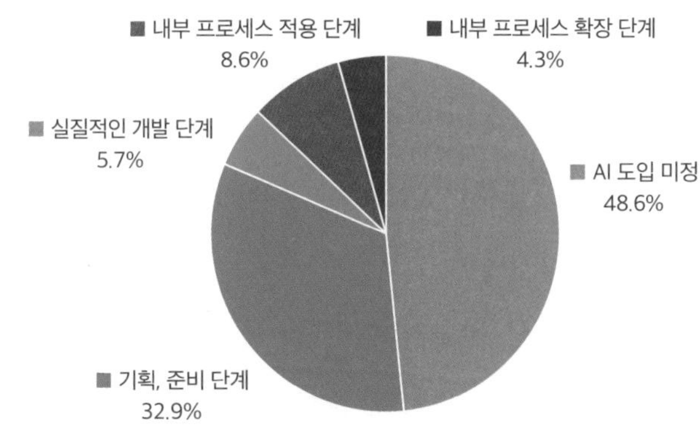

출처: 한국철강협회(2023.5), 〈Metal-DX/AI 융합 교육 수요 조사 용역 보고서〉

같은 첨단 시스템 도입이 경쟁력을 좌우할 중요한 요소로 떠오르고 있으며, 철강 산업의 미래를 견인할 핵심 기술로 자리매김하고 있습니다.

사람을 보호하는 AI, 안전을 책임지는 AI

제조업의 발전은 자동화와 기계화를 통해 인간의 수작업을 대체하며 대량 생산과 원가 절감을 이루어 왔습니다. 그러나 대규모 설비가 많은 제조업 현장, 특히 제철소와 같은 곳에서는 여전히 안전 문제가 끊임없이 제기되고 있습니다. 유해 물질 노출과 고소 작업이 많은 제철소 작업 환경에서 AI를 활용해 안전을 보장하려는 시도는 점점 더 활발하게 이루어지고 있습니다. 그렇다면 AI로 어떻게 안전 문제를 해결하고 있을까요?

포스코는 코크스 오븐의 가스 막이 작업을 AI와 로봇으로 대체하는 시도를 성공적으로 진행하였습니다. 철강 생산 공정에서 석탄을 코크스로 변환하는 과정에서는 고온과 고압 환경이 필수적입니다. 이로 인해 오븐의 도어는 쉽게 변형되거나 이물질이 쌓여 지속적인 유지 보수가 필요합니다. 특히 이 과정에서 발생하는 가스와 먼지는 환경과 인체에 유해하므로 철저한 관리가 요구됩니다. 전통적으로 이 작업은 사람이 방독면과 방열복을 착용하고 위험한 환경에서 수행하던 고위험 작업이었습니다.

이러한 문제를 해결하기 위해 포스코는 다관절 로봇에 AI 기술을 결합하여 가스 막이 작업을 자동화했습니다. 다관절 로봇은 사람처럼 자유롭게 움직이며, 복잡한 작업 환경에서도 효율적으로 작업을 수행할 수 있습니다. 작업자는 운전실에서 AI로 제어된 로봇에게 명령을 내리고, 로봇은 지정된 위치로 이동한 후 내장된 AI 영상 인식 기술을 이용해 가스 누출 여부를 감지합니다. 이후 레이저 센서를 활용하여 누출 부위를 정확하게 확인하고, 실링 알고리즘을 통해 가스 누출을 차단하는 실링재를 도포합니다.

AI 기술의 적용으로 다관절 로봇은 단순 반복 작업을 넘어 복잡한 비정형 작업까지 수행할 수 있게 되었습니다. 이는 고위험 작업에서 인간의 안전을 보장하는 중요한 진전이라 할 수 있습니다.

AI와 로봇 기술의 결합은 다관절 로봇 외에도 4족 보행 로봇을 통해 더 다양한 형태로 발전하고 있습니다. 대표적인 예로 보스턴 다이나믹스의 로봇견 '스팟'이 있습니다. 이 로봇은 험난한 지형을 자유롭게 이동하며 장애물을 회피할 수 있는 능력을 갖추고 있어 위험한 지역의 탐사나 경비, 순찰 업무에 매우 적합합니다. 특히 철강 현장과 같은 복잡한 환경에서 4족 보행 로봇의 활용도가 높아지고 있습니다.

현대제철은 산소 밸브 개폐 작업에 4족 보행 로봇을 도입해 사고 위험을 줄였으며, 이로 인해 세계철강협회 공정 안전 부문 최우수상을 받았습니다.

포스코는 고온, 압력, 진동으로 인해 사고 위험이 높은 고로 설비 점검에 4족 보행 로봇을 도입하였습니다. 고로는 1200℃에 달하는 고온의 공기를 내부로 불어넣는 송풍지관 설비를 갖추고 있으며, 고온, 압력, 진동으로 인해 설비 손상이나 가스, 냉각수 누출 등의 사고 위험이 있습니다. 설비 상태를 모니터링하기 위해 여러 곳에 센서와 CCTV가 설치되어 있지만 고정식이기 때문에 감시 영역이 제한적입니다. 또한 공간 제약으로 더 많은 센서와 CCTV를 설치하는 데에도 한계가 있습니다. 이 때문에 작업자가 설비에 직접 접근해 측정 기구를 사용하거나 육안으로 점검해야 하는 상황입니다. 그러나 설비 사이 공간이 협소할 경우 접근이 어려울 뿐만 아니라 작업자는 고온 가스와 분진, 화상 등 다양한 위험에 노출될 수 있습니다. 이에 사람의 위험 작업을 줄이면서 설비 점검을 수행하기 위해 4족 보행 로봇 솔루션을 개발했습니다. 이 로봇은 미리 설정된 경로를 따라 이동하

4-2. 4족 보행 로봇이 광양제철소 1고로 풍구 설비를 점검하는 사진

출처: 포스코 뉴스룸

며 실시간으로 설비를 점검합니다. 열화상 카메라를 장착해 데이터를 수집하고, AI 분석을 통해 가스나 냉각수 누출 여부를 판단합니다. 2022년 광양 1고로에서 첫 테스트를 마친 후, 2023년에는 무인 자율

점검 시스템을 개발해 안정화 단계를 거쳤으며, 2024년 6월부터 본격적인 현장 활동을 시작했습니다. 이러한 AI 기술은 작업자의 안전을 확보하면서 설비 점검을 더욱 정밀하게 수행할 수 있도록 돕고 있습니다.

AI는 철강 제조 현장에서 작업자의 안전을 확보하는 또 다른 방법으로 이동 설비와 작업자 간의 충돌 사고 예방에도 활용되고 있습니다. 포스코 광양제철소는 AI 기반의 이동 기기 자동 제어 시스템인 스마트 풀 프루프Smart Fool Proof(사람이 실수를 하더라도 그로 인해 문제가 발생하지 않도록 시스템 자체가 안전하게 동작되도록 만든다는 의미)를 개발하여 작업자의 실수로 발생할 수 있는 사고를 방지하고 있습니다. 이 시스템은 공장에 설치된 CCTV와 AI 영상 인식 기술을 결합하여 작업자가 이동 기기에 접근할 경우 자동으로 감지하고, 즉각적으로 이동 설비에 비상 정지 명령을 내립니다. 과거에는 이러한 작업을 위해 고사양의 CCTV 카메라가 필요했지만, AI 기술의 발전 덕분에 기존의 CCTV 영상만으로도 학습과 인식이 가능해졌습니다. 덕분에 다양한 공장에서 신속하게 안전 시스템을 도입할 수 있게 되었습니다.

이렇게 AI는 제철소와 같은 위험한 작업 현장에서 인간의 역할을 대신하여 안전을 보장하며, 점점 더 다양한 산업 분야에서 그 활용 가능성을 확대하고 있습니다.

AI가 에너지 먹는 하마라고? AI로 에너지 사용을 줄인다

AI 데이터센터는 막대한 전력을 소비하는 것으로 알려져 있습니다. 그렇다면 AI는 실제로 얼마나 많은 에너지를 사용할까요? 미국 전력연구소EPRI가 지난 5월 발표한 보고서에 따르면, AI 기반 검색 쿼리는 전통적인 검색 쿼리보다 기하급수적으로 더 많은 전력을 필요로 합니다. 예를 들어 챗GPT 쿼리당 약 2.9Wh의 전력을 소모하는 반면, 전통적인 구글 검색 쿼리는 약 0.3Wh를 소모하여 10배의 차이가 납니다. 이 보고서는 2030년까지 미국 전력 생산량의 9%가 데이터센터에 의해 소비될 것으로 예상하고 있습니다. 이는 현재 소비량의 두 배에 해당하는 규모입니다.

마이크로소프트(MS)는 5월 15일 발표한 연례 지속 가능성 보고서에서 AI와 클라우드 컴퓨팅 시스템 운영을 위한 데이터센터 구축으로 인해 자사의 탄소 배출량이 30% 증가했다고 밝혔습니다. 구글 역시 7월 발표에서 2022년 온실가스 배출량이 전년 대비 13% 증가한 1,430만 톤에 이르렀으며, AI 관련 사업 성장으로 데이터센터 의존도가 증가했다고 발표했습니다. 또한 5년 내에 온실가스 배출이 48% 더 증가할 것이라고 예상하면서, 2030년까지 탄소 중립을 달성하는 것이 쉽지 않을 것이라고 밝혔습니다. 구글은 AI가 미래 환경에 미칠 영향이 매우 복잡하고 예측이 어렵다는 점에서 불확실성이 있다고 덧붙였습니다.

4-3. 2023년부터 2030년까지 미국의 데이터센터 전력 소비량 예측치

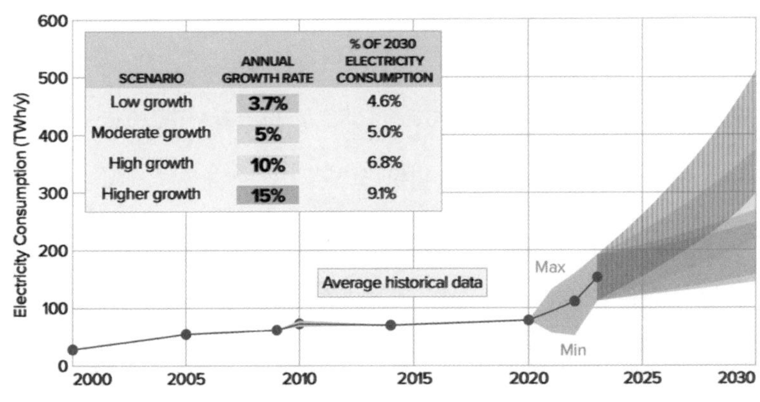

출처: 미국 전력연구소(EPRI)

그러나 제조업에서는 AI를 이용하여 에너지 소비를 줄이고 환경 규제에 대응하는 움직임이 활발하게 진행되고 있습니다. 특히 제조업은 탄소국경조정제도CBAM와 같은 규제를 준수하며 동시에 생산성과 품질을 높여야 하는 과제에 직면해 있습니다. AI 기술을 통해 제조 공정의 에너지 소비를 줄이고 생산성과 품질을 향상시키며 탄소 중립 목표를 달성하는 것이 필수적입니다.

AI는 제조 공정에서 에너지 사용을 효율적으로 관리하는 데 중요한 역할을 합니다. 예를 들어 스마트 팩토리 기술을 도입하면 철강 제조 시 수율을 향상시켜 원자재와 에너지를 절감할 수 있습니다. 이를 통해 불량률 감소, 의사 결정 시간 단축, 불필요한 재고 축소, 설비 장애 발생 감소, 사고 발생 건수 감소, 이상 대응 시간 단축 등 다양한 효

과를 기대할 수 있습니다.

포스코는 AI를 통해 공정 효율을 크게 향상시켰습니다. 제강 공정에서는 용선의 온도와 성분이 다르더라도 AI가 조건에 맞춰 학습해 온도 적중률을 80%에서 90% 이상으로 높였습니다. 이를 통해 원료 사용량을 60% 감소시켰습니다. 또한 연주 공정에서는 AI 기반 표면 품질 예측 모델을 도입해 결함을 분석하고, 이를 통해 연간 6억 원의 원가를 절감했습니다. 도금 공정에서도 AI를 활용하여 제품의 강종, 두께, 폭, 조업 조건 등을 학습하여 도금 제어 적중률을 89%에서 99% 이상으로 끌어올렸습니다.

현대제철은 제강 부문에서 AI 기반 온도 예측 모델을 도입하여 대형 압연 소재의 추출 목표 온도를 최적화하고 후판 품질을 예측하는 데 성공했습니다. 현대제철은 2025년까지 AI를 모든 시스템과 인프라에 적용하여 스마트 엔터프라이즈 체제를 구축할 계획입니다. 또한 알파고 알고리즘을 활용해 15억 개의 경우의 수에서 최적의 합금 비율을 빠르게 계산함으로써 기존에 수개월 걸리던 실험 시간을 10일로 단축하는 데 성공했습니다.

KG스틸은 인이지, KG ICT와 협업해 AI를 활용하여 CGL Continuous Galvanizing Line(연속 아연 도금 라인) 가열로의 최적 제어 기술을 개발하고 에너지 사용을 최적화했습니다. AI는 숙련된 작업자의 행동을 학습하여 가열로 8개 구간의 온도를 정확하게 제어함으로써 생산 품질을 향상시키고 LNG(액화천연가스) 사용량을 줄였습니다. 이를 통해 연간 4억 5천만 원의 비용을 절감하였습니다. AI 기술 도입으로 온도 전

4-4. **KG스틸 AI 자동 제어 HMI 화면**

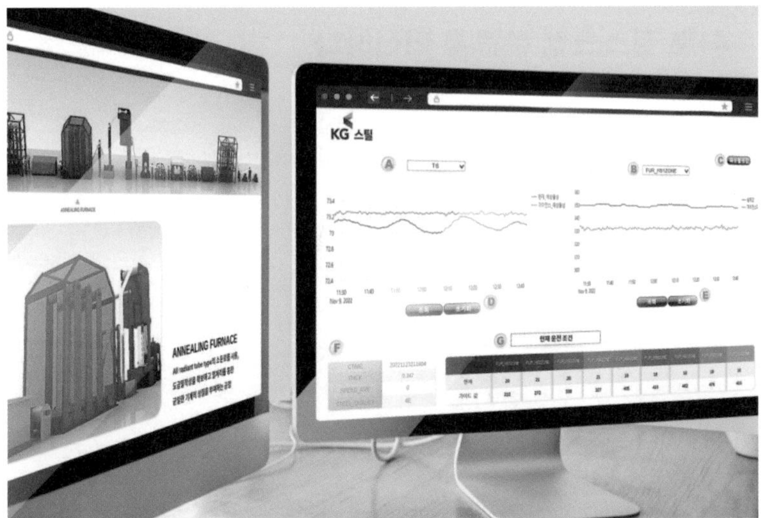

출처: KG스틸

환으로 인한 수율 하락과 에너지 초과 사용을 방지하여 비용 절감과 품질 향상을 동시에 이루었습니다.

철강업계는 탄소 중립을 위한 수소 환원 제철 기술 상용화는 오랜 시간이 걸릴 것으로 예상하고 있습니다. 그래서 중·단기적으로는 기존 고로 설비의 에너지 절감 기술 개발에도 집중하고 있습니다. 제조업 전반에서 에너지 절감과 공정 최적화를 통해 지속 가능성을 강화하는 데 AI가 중요한 역할을 할 것으로 예상됩니다.

고철로 그린 스틸을 꿈꾸다:
AI로 철스크랩 분류를 혁신하다

환경 규제가 강화됨에 따라 철강업계는 탄소 배출을 줄이기 위한 다양한 노력을 기울이고 있습니다. 철강 생산 방식은 크게 고로법과 전기로법으로 나뉩니다. 고로법은 철광석, 코크스, 석회석을 고온의 용광로에서 녹여 철을 만드는 전통적인 방식으로, 대량 생산이 가능하지만 높은 탄소 배출량과 에너지 소비가 단점으로 꼽힙니다. 반면 전기로법은 고철을 주원료로 하여 전기 에너지를 이용해 철을 녹이는 방식으로, 고철을 재활용함으로써 탄소 배출을 줄이고 에너지를 절감할 수 있습니다.

이러한 상황에서 철강업계는 고로법에서 벗어나 전기로법으로 전환하거나, 기존 고로법에서도 철스크랩 사용량을 늘려 탄소 배출을 줄이기 위해 노력을 기울이고 있습니다. 그러나 고철의 품질이 낮거나 불순물이 포함되어 있으면 철강 제품의 품질을 저하시킬 수 있기 때문에 철스크랩의 품질 관리가 중요해지고 있습니다.

철스크랩 분류와 검사는 숙련된 작업자가 육안으로 진행하고 있습니다. 하지만 이 방식에는 여러가지 문제점이 존재합니다. 첫째, 시간 소모가 큽니다. 대규모 생산 시설에서 하루에 처리해야 하는 수천 톤의 철스크랩을 사람이 일일이 검사하는 데는 시간이 지나치게 많이 소요됩니다. 둘째, 작업자의 숙련도에 따른 일관성 부족이 문제입니다. 숙련된 작업자가 고령화되고 인력 부족이 심하기도 하고, 작업자별 스크랩 분류, 품질 평가 기준이 일관되지 않아 철강 제품의 품질에 영향을 미칠 수 있습니다. 셋째, 작업자가 실수로 위험 물질을 거르지 못하면 대형 사고로 이어질 수 있습니다. 실제로 수작업 검사에서 폭발성 물질을 놓쳐 사고로 이어질 뻔한 사례가 있었습니다.

이러한 한계를 극복하기 위해 AI 기반 철스크랩 분류 시스템이 대안으로 떠오르고 있습니다. AI 기술은 고화질 카메라와 알고리즘을 이용해 스크랩의 크기, 재질, 불순물을 빠르고 정확하게 분류할 수 있으며, 인간이 놓칠 수 있는 위험 물질도 감지할 수 있습니다. 최신 이미지 분류, 인식 AI 기술은 스크랩 이미지를 분석해 불순물을 픽셀 단위로 구분할 수 있습니다. 이는 철강 제품의 품질을 유지하면서도 탄소 배출을 줄이는 데 필수적인 기술로, 환경 규제를 준수하는 동시에 생산 효율성을 높일 수 있습니다.

한국은 산업부 주관으로 2025년까지 철스크랩 AI 화상 검수 시스템을 철스크랩 유통업체까지 보급할 계획입니다. 이 계획은 철강사와 정부가 협력하여 추진 중이며, AI 기반 철스크랩 선별 데이터 수집 및 분석 기술 개발이 핵심 과제입니다. 보고넷이 이 연구 과제의 일환으로 기술 개발을 완료했으며, 현대제철과 동국제강 등 일부 철강사에서 AI 스크랩 영상 분석 시스템을 도입해 운영 중입니다. 또한 DX 전문 기업 LG CNS와 대한제강이 손잡고 설립한 합작법인 아이모스 Aimos도 AI 철스크랩 판정 솔루션을 개발하였습니다. 아이모스는 향후 국내 최대 철스크랩 유통사인 에스피네이처와 협력해 철스크랩 판정 솔루션을 고도화할 계획이라고 합니다.

4-5. **아이모스의 'AI 철스크랩 판정 솔루션'**

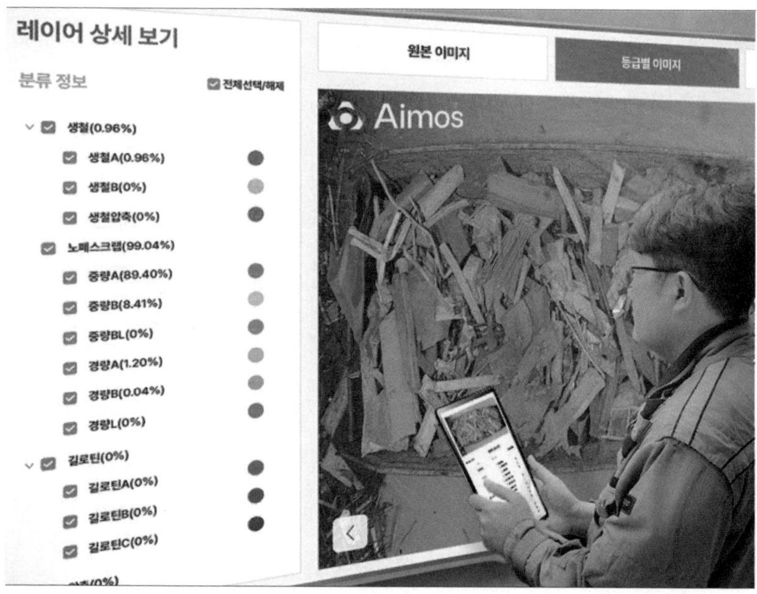

* AI 비전 카메라가 철스크랩을 인식한 뒤 주요 등급 분류에 따라 다른 색상으로 구분하여 표시

출처: LG CNS

사실 한국보다는 일본과 중국에서 AI 기반 철스크랩 분류 기술이 활발히 개발되고 적용되고 있습니다. 일본의 도쿄대학에서 시작된 스타트업인 에버스틸Eversteel에서 철스크랩 이미지 분석 AI 시스템인 '철나비' 가 대표적입니다. 이미 일본의 여러 철강 기업에 도입되어 실제 현장에서 성과가 입증되고 있습니다. 에버스틸은 스크랩의 등급 판정 정밀도는 검수원의 평균적인 정밀도에 도달하였으며, 철스크랩의 자동 배합 크레인 시스템으로 확대를 목표로 하고 있다고 합니다.

중국의 대표적인 AI 스크랩 검수 시스템 개발 기업 라몬Ramon은 이미 100여 개의 중국 철강사에서 AI 시스템을 적용했고, 일본으로도 기술을 수출했습니다. 라몬사는 올해 1월 원립금속제품사와 공동 연구하여 이동식 스크랩 판정 시스템을 개발 완료했다고 발표했습니다. 기존 스크랩 촬영 설비는 고정형으로 스크랩 운송 차량이 지정된 위치에서만 촬영이 가능했으나, 이동식 스크랩 판정 시스템은 레일 설치를 통해 촬영 장비가 레일을 통해 움직이며 촬영하여 인식하는 방식입니다. 스크랩 두께 식별 정확률은 94.5%, 200여 종 이상의 스크랩 유형 분류에서도 종합 판정 정확률이 90% 이상이라고 합니다.

철강업계는 AI 기술을 통해 철스크랩 분류의 정확성과 효율성을 크게 개선할 수 있는 기회를 맞이하고 있습니다. AI 기반 검수 시스템은 기존의 사람 중심 작업 방식이 갖는 한계를 극복하며, 환경적 지속 가능성, 생산 효율성, 품질 관리 모두에서 긍정적인 변화를 가져올 것입니다. 2025년까지 AI 시스템이 유통업체까지 확산되면 철강 제조 공정에서 더욱 투명하고 일관된 품질 관리가 가능해질 것으로 기대됩니다.

숙련된 작업자의 새로운 이름, AI

오늘날 AI는 단순히 반복적인 작업을 수행하는 것을 넘어 숙련된 작업자의 기술까지 학습하고 있습니다. AI는 어떻게 제조 현장에서 사람의 기술을 배우고, 더 나아가 이를 개선할 수 있을까요?

이를 설명하기 위해 먼저 올해 초 스탠퍼드대학에서 발표한 '모바일 알로하ALOHA' 양팔 로봇 기술을 살펴보겠습니다. 이 로봇은 주방에서 음식 준비와 빨래 같은 다양한 작업을 수행하며, 사람의 행동을 관찰해 학습하는 기술이 적용되었습니다. 기존 로봇의 동작 학습 방식은 조이스틱이나 키보드를 이용해 각 부위를 개별적으로 움직이는 비효율적인 방법이었으나, 알로하는 로봇이 사람과 동기화된 움직임을 통해 직관적이고 정교한 작업을 수행할 수 있게 합니다. 이 기술을 통해 학습 지도자는 로봇이 마치 자신의 몸인 것처럼 움직이며 동작을 가르치고, 로봇은 이를 정확하게 모방해 복잡한 작업을 수행할 수 있습니다. 모방 학습은 로봇, 자율 주행, 언어 처리, 게임 플레이 등 다양한 분야에서 활용되고 있습니다.

이러한 기술의 산업적 적용 사례로 포스코의 제철 공정을 들 수 있습니다. 포스코는 쇳물에서 불순물을 제거하는 과정에 AI와 영상 인식 기술을 도입했습니다. 작업자는 모니터를 보며 조이스틱으로 '스키머'라는 설비를 조작해 슬래그를 제거합니다. 이 방식은 작업자의 숙련도에 따라 품질 차이가 발생하는 문제가 있었습니다.

포스코는 이러한 문제를 해결하기 위해 AI에 숙련된 작업자의 행동 패턴을 학습시켜 스키머 제어를 자동화했습니다. AI는 수많은 작업자의 노하우를 바탕으로 슬래그를 보다 정확하고 효율적으로 제거할 수 있게 되었으며, 이를 통해 작업의 일관성과 품질이 크게 개선되었습니다. 구체적으로 AI는 모니터 화면에서 실시간으로 상황을 분석하고, 숙련자가 가장 효율적으로 작업하던 방식에 맞추어 제어 패턴을 선택합니다. 이 과정에서 AI는 복잡한 연산을 처리하면서도 작업을 매끄럽게 진행하며, 연산 부하를 최소화하여 더욱 신속하게 작업을 완료할 수 있도록 구축한 기술이 핵심이라 할 수 있습니다.

철강 제조업에서 또 다른 흥미로운 AI 적용 사례는 산업 AI 전문기업 인이지INEEJI에서 개발한 설명 가능 인공지능Explainable AI, XAI 기반 예측 솔루션입니다. 이 회사는 제조 공정의 데이터를 분석해 공정 최적화와 예측 제어를 가능하게 하는 기술을 제공하고 있습니다. 여기서 중요한 것은 AI가 숙련된 작업자의 지식을 데이터로 분석해, 그 지식이 공정에 적용될 수 있도록 돕는다는 점입니다.

인이지의 대표적인 솔루션인 '인피니트 옵티멀 시리즈INFINITE OPTIMAL SERIES'는 다변수 데이터를 분석하여 제조 공정을 최적화하는 데 사용됩니다. 예를 들어 철강, 시멘트, 화학과 같은 복잡한 제조 공정에서는 수많은 변수가 영향을 미칩니다. 이 솔루션은 숙련된 작업자의 작업 패턴을 학습해 중요한 변수들을 실시간으로 예측하고, AI가 실시간 가이던스를 제공함으로써 공정 운영의 효율성을 높였습니다. 실제 사례로는 철강의 냉연 공정에서 AI가 제품의 물성을 예측해 최적의 제어값을 제공함으로써 품질을 향상시킨 예가 있습니다. 이전에는 작업자가 제품의 물성을 실시간으로 확인할 수 없어 보수적으로 공정을 운영하는 경향이 있었으나, AI는 이를 보다 정확하게 예측해 작업자의 부담을 줄여주었습니다.

철강업은 본래 오랜 시간 동안 축적된 숙련된 기술을 필요로 했습니다. 그러나 AI 기술의 발전은 이러한 기술을 AI 시스템으로 전환하고, 더 나아가 자동화할 수 있는 기회를 제공합니다. 숙련된 작업자의 지식과 경험을 AI에게 학습시키면 이를 바탕으로 AI는 더 높은 수준의 작업 자동화와 생산성 향상을 끌어냅니다. 이는 결국 제조업의 경쟁력을 강화하고, 작업의 품질을 일정하게 유지하는 데 필수적인 요소가 될 것입니다.

여러분께 묻고 싶습니다. AI가 숙련된 작업자의 기술을 완벽하게 대체할 수 있을까요? 저는 AI는 계속해서 진화하고 있지만 인간의 판단력과 경험을 대체하기에는 아직 많은 과제가 남아있다고 보고 있습니다. 그러나 분명한 것은 AI가 숙련된 작업자의 역할을 보조하거나 강화하는 데 중요한 역할을 하고 있다는 점입니다. AI와 인간이 협력하는 제조 현장은 더욱 고도화되고 효율적인 생산성을 달성하게 될 것입니다.

완벽함을 향한 도전: 더 빠르게, 더 정확하게

철강 제조 공정에서 품질 관리는 매우 중요합니다. 하지만 숙련된 작업자라도 실수를 피하기 어렵죠. 이런 실수가 품질 문제로 이어질 수 있기 때문에 AI 기술이 적극적으로 도입되고 있습니다. 특히 Vision AI 기술은 사람의 눈을 보완하여 품질 점검의 정확도를 높이고 있습니다.

포스코의 다양한 사례를 통해 품질 분야 영상 인식 AI가 어떻게 활용되는지 알아보겠습니다.

첫째는 표면 결함 검출 사례입니다. 철강 생산의 중요한 중간 소재인 슬래브를 아시나요? 슬래브는 평평하고 직사각형 모양의 거대한 철판 형태의 반제품으로, 이후 다양한 철강 제품으로 가공되는 기초 소재입니다. 슬래브의 표면 품질은 최종 제품의 품질을 좌우하는 중요한 요소로, 작은 흠집이나 결함이 이후 제조 과정에서 더 큰 문제로 확대될 수 있기 때문에 철저한 관리가 필요합니다.

슬래브는 고온의 불꽃을 사용해 표면의 흠집을 제거하는 '스카핑' 작업을 거치지만, 이후에도 작업자의 육안 검사가 이뤄집니다. 그러나 육안 검사는 여러 가지 어려움을 동반합니다. 슬래브의 크기가 매우 크고 무거워 전체 표면을 꼼꼼히 살피기 어렵고, 고온의 작업 환경에서 장시간 집중력을 유지하기 힘들어 작은 결함을 놓치기 쉽습니다.

이러한 문제를 해결하기 위해 포스코는 AI 기반의 표면 결함 검출 시스템인 DIS[Defect Inspection System]를 개발했습니다. 이 시스템은 사람의 정확도를 상회하는 95% 이상의 성능으로 거의 모든 결함을 찾아낼 수 있습니다. 슬래브 표면의 흠은 대부분 길이가 2mm에 불과할 정도로 미세하지만, DIS는 이를 정확하게 탐지하여 실시간으로 결함 여부를 알려줍니다. DIS의 도입으로 인간의 눈으로 놓치기 쉬운 미세한 결함까지 검출하여 제품 품질이 크게 향상되었고, 검사 시간 단축으로 생산성이 증가했으며, 작업자의 안전성도 개선되었습니다.

DIS는 현재까지 1,000만 건 이상의 결함 데이터를 수집하고 그중

30만 건의 유의미한 데이터를 AI 학습에 활용하고 있습니다. 실제 생산 라인에 적용하며 지속적인 피드백과 개선을 통해 성능을 향상시키고 있습니다. 또한 수집된 결함 데이터를 분석하여 생산 공정 전반의 개선점을 도출하는 데 이용하고 있습니다.

둘째는 출하 전 '이재異材' 검수 사례입니다. 철강 산업에서 이재란 고객이 주문한 제품의 규격이나 사양과 실제 생산된 제품이 일치하지 않는 상황을 의미합니다. 이는 잘못된 제품이 출하될 경우 반품, 재작업, 납기 지연 등 다양한 문제가 발생할 수 있어, 경제적 손실뿐 아니라 고객과의 신뢰에 큰 영향을 미칩니다. 철강 제품은 대부분 고객의 구체적인 요구에 맞춰 맞춤형으로 제작되기 때문에 출하 전에 철저한 검수 과정을 통해 이재를 방지하는 것이 필수적입니다.

이러한 문제를 예방하기 위해 AI 기반의 검수 시스템을 도입하였습니다. 기존에는 작업자가 육안으로 제품 상태를 확인했지만, 이제는 AI가 제품의 라벨, 바코드, 포장 재질 등을 인식하여 실시간으로 이재 여부를 판정합니다. 이 시스템은 수동 검수보다 더 신속하고 정확하게 작동하며, 잘못된 제품이 출하되는 문제를 미리 차단할 수 있습니다. 또한 기존의 CCTV 장비를 활용하여 추가적인 고가의 계측 장비 없이도 검수 작업을 자동화할 수 있어, 비용 절감과 작업 안전성을 동시에 확보할 수 있었습니다.

마지막으로 선재 제품의 출하 상차 라벨 검사 사례입니다. 철강 제품이 고객사로 출하되는 과정에서 선재, 코일, 후판 등의 제품 정보와 차량에 상차된 실제 제품 정보의 일치를 검수하는 작업이 있습니

4-6. 포스코 선재 제품 검수 작업 자동화 프로세스

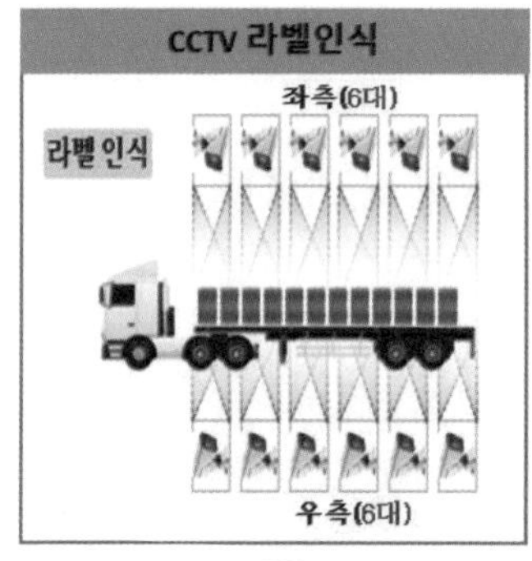

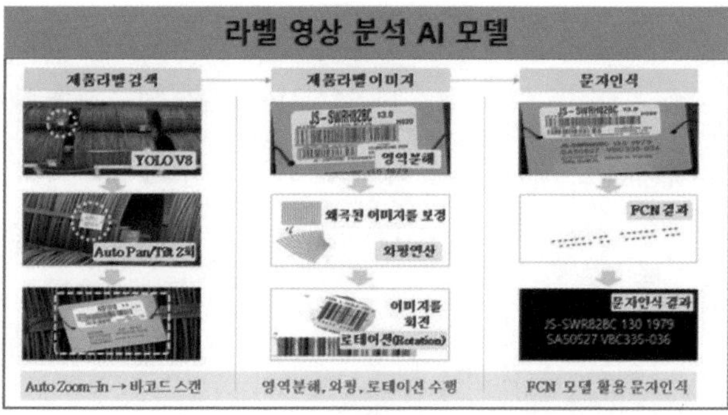

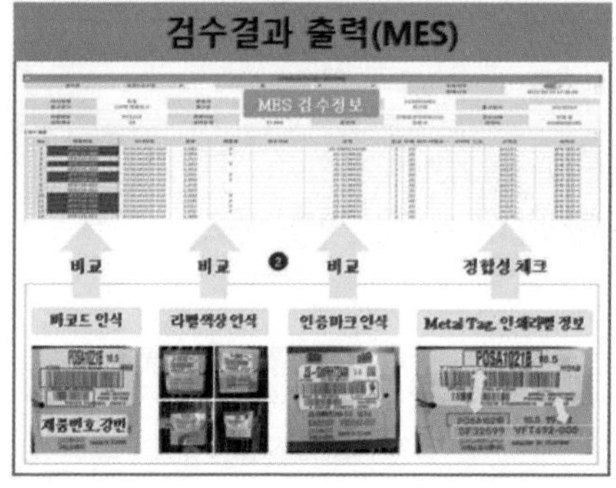

출처: 포스코 뉴스룸

다. 현재의 검수 방식은 제품 라벨이 검수 위치와 반대편에 부착될 경우, 검수자가 직접 차량에 올라 육안으로 제품 라벨과 MES Manufacturing Execution System 송장 정보를 대조해야 하는 불편함이 있습니다. 코드형으로 된 제품 번호, 인증 마크등 여러 정보를 육안으로 비교하다 보면 시각적인 혼돈이 발생하기도 하고, 검수자가 차량 위에서 작업할 때 안전사고의 위험도 존재합니다. 이러한 수작업 검수 방식은 효율성 저하뿐만 아니라 품질 관리에도 문제를 일으킬 수 있습니다.

이 과정을 자동화하기 위해, Smart CCTV를 활용한 '선재 제품 라벨 검수 자동화' 기술을 개발했습니다. 12대의 CCTV 카메라는 회전과 줌 기능을 제어하는 '추적 좌표 영상 분석' 모델을 통해 차량에 불규칙하게 적재된 선재 제품의 라벨 위치를 자동으로 추적하고 문자를 인식합니다. 인식된 문자는 MES 데이터와 비교한 뒤 그 결과를 관제실 화면에 출력합니다. 이 시스템을 통해 검수자는 더는 차량에 직접 올라갈 필요가 없으며, AI가 CCTV의 각도와 줌을 자동으로 조정해 정확한 검수가 가능해졌습니다.

AI 모델, 현장에서 직접 개발하다

2021년 영국 데이터 분석업체 토터스 인텔리전스가 발표한 자료에 따르면, 전 세계 62개국 중 인공지능 기술 준비도에서 미국과 중국이 각각 1위와 2위를 차지했습니다. 한국은 종합 7위로 나타났으며,

4-7. **글로벌 인공지능 지수에 따른 국가 순위**

국가 순위	인재	인프라	작동 환경	연구	개발	정부 전략	상업화
미국	1	4	35	1	1	17	1
중국	24	1	6	2	2	2	2
영국	3	23	24	5	11	11	4
캐나다	7	15	5	10	10	1	6
이스라엘	5	29	14	7	9	45	3
싱가포르	4	8	55	4	14	15	5
한국	28	6	32	12	3	7	15
네덜란드	6	9	10	15	8	33	18
독일	11	13	30	6	12	10	8
프랑스	9	14	17	16	15	5	10
호주	15	38	41	8	4	12	13
아일랜드	8	5	31	28	7	25	25
핀란드	16	22	18	17	20	8	21
덴마크	13	18	11	13	32	18	26
룩셈부르크	18	3	33	23	17	30	20
일본	26	7	48	19	5	21	12
인도	2	59	19	25	6	38	11
스위스	14	11	54	3	13	58	9
스웨덴	10	17	34	11	22	47	22
홍콩	22	2	44	9	33	50	17

출처: Tortoise Intelligence(2021. 12). Global AI Index.

인공지능 인재 부문에서는 OECD 국가 중 최하위인 28위를 기록하고 있습니다. 이처럼 한국은 인공지능 인재 확보에서 어려움을 겪고 있는 상황입니다.

그렇다면 해외 빅테크 기업들은 인공지능 인재를 얼마나 확보하고 있을까요? 아마존Amazon은 1만 명 이상의 AI 인력을 보유하고 있고, 마이크로소프트Microsoft와 오픈AI는 약 7,000명, 메타Meta는 5,000명 이상의 인력을 가지고 있습니다. 반면 한국의 대표 기업인 카카오는 자회사 카카오브레인의 200명을 포함해도 그 수가 매우 적으며, 네이버 역시 퓨처AI센터 직원과 본사 직원을 모두 포함해 약 1,000명에 불과합니다. 한국은 아직도 AI 전문 인력이 크게 부족한 상황입니다.

이러한 인재 부족 상황에서 기업들은 AI 모델을 어떻게 개발하고 있을까요? 과거에는 AI 전문가가 모델을 개발하거나 외부 기업에 의존하는 방식이 주를 이루었지만, 이제는 GitHub, Hugging Face를 통해 성능 좋은 AI 모델들이 공유되고 있고, 개발툴의 발전으로 현업 담당자들이 이를 응용하여 직접 AI 모델을 개발하기 편한 환경이 만들어졌습니다. 그리고 철강 산업과 같이 복잡한 제조 공정을 가진 분야에서는 업무 지식을 갖고 있는 현업 담당자가 AI 기술을 배워 적용하는 것이 더 유리하다는 의견이 많습니다.

지난 6월 현대제철은 사내 인재들의 AI 활용 능력을 증진하고, 동기 부여를 위해 'AI·빅데이터 페스티벌'을 개최했습니다. 이 행사는 AI와 빅데이터를 활용한 우수 과제를 발표하고 공유하는 자리로, 직원들이 직접 수행한 성과를 발표하면서 AI 기술에 대한 이해도를 높이고 실질적인 적용 방안을 배울 수 있는 기회를 제공했습니다. 그중 주목할 만한 성과는 '제강 전로 시뮬레이션 기반 질소 거동 예측 모델 개발'입니다. 이 모델은 빅데이터를 활용해 제강 공정에서 질소 성분의 적중률을 향상시켰으며, 이를 통해 공정의 효율성과 품질을 개선했습니다. 또 다른 사례로는 '후판 설계 최적화' 프로젝트가 있습니다. 이 프로젝트는 고객의 주문에 맞춘 최적의 주조 폭 조합을 도출함으로써 생산 원가를 절감하는 성과를 거뒀습니다.

이러한 성과들은 직원들이 개발한 AI가 제조 공정에 직접적인 영향을 미치며, 실질적인 비용 절감과 품질 향상으로 이어진다는 점에서 중요한 의미를 지닙니다. 직원들이 직접 프로젝트를 수행하고 성과를 공유하는 과정을 통해 AI 기술이 실제로 어떤 문제를 해결할 수 있는지 체감하게 되었으며, 이는 사내 AI 인재 양성과 기술 적용에 대한 의욕을 높이는 동기 부여 요소로 작용합니다.

포스코는 2017년부터 Smart Factory를 추진하며 AI·Big Data를 포함한 머신 러닝과 공정 자동화 등 다양한 분야에서 스마트 기술의 성과를 공유하고 엔지니어 기술 역량을 강화하기 위해 매년 스마트 기술 경진 대회를 진행하고 있습니다. 이와 함께 AI 인재 육성 프로그램인 '뉴칼라New Collar' 제도를 통해 직원들이 IT 기초부터 AI 알고리즘 프로그래밍까지 폭넓게 학습할 수 있는 체계적인 교육을 제공하고 있습니다. 특히 '뉴칼라 레벨 인증제'를 도입하여 직원들이 자신의 수준에 맞는 교육을 받고 이를 실제 업무에 효과적으로 적용할 수 있도록 지원하고 있습니다.

포스코는 또한 AI 모델 개발과 관리 효율성을 높이기 위해 Dataiku라는 MLOps 플랫폼을 도입했습니다. Dataiku는 기존에 복잡한 코딩 방식으로만 가능했던 AI 모델 개발을 시각적인 인터페이스를 통해 단순화하여, AI 경험이 부족한 직원도 쉽게 모델을 개발할 수 있도록 돕고 있습니다. 이로 인해 과거에는 다른 직원이 개발한 AI 모델을 이해하고 성능을 개선하는 데 어려움이 있었지만 Dataiku를 통해 이러한 문제점이 개선되었습니다. 이제는 모델의 성능이 떨어지더라도 처음 개발한 직원이 아니더라도 다른 직원들이 시각적으로 모델을 분석하고 개선할 수 있는 환경이 마련되었습니다.

또한 Dataiku는 여러 명의 직원이 공동으로 프로젝트에 참여할 수 있는 협업 환경을 제공합니다. 이를 통해 대규모 AI 모델을 개발하거나 유지·보수하는 과정이 훨씬 더 수월해졌으며, 여러 팀이 동시에 작업하면서 더 빠르고 효율적으로 AI 모델의 성능을 개선할 수 있습니다. 이러한 협업 기능은 대규모 AI 프로젝트를 효율적으로 수행하는 데 도움이 되고 있습니다.

생성형 AI는 코딩에 능숙한 것으로 잘 알려져 있습니다. 생성형 AI를 통해 AI 모델 개발 효율을 높인 직원의 사례를 소개합니다.

이 직원은 AI 모델을 개발할 때 관련 문제를 해결하기 위해 인터넷 검색이나 논문을 참고하는 데 많은 시간을 들였습니다. 하지만 사내에서 사용하는 생성형 AI 플랫폼인 P-GPT[Private-GPT]를 통해 이 과정이 훨씬 간편해졌습니다. P-GPT는 맞춤형 모델 추천, 개발 중 발생하는 오류 해결, 모델의 신규 기능 추가 시 코드 작성, 코드 알고리즘 효율화 등 다양한 부분에서 도움을 줍니다.

특히 코드 오류를 해결하는 데 매우 유용한데, 이전에는 오류 하나를 해결하기 위해 인터넷을 검색하고 해결 방법을 찾는 데 평균 30분

정도가 걸렸습니다. 이제는 P-GPT에게 오류 내용을 질문하기만 하면 즉시 답변을 얻을 수 있어 개발 속도가 크게 향상되었습니다. 최근에 RPA(로봇 프로세스 자동화) 기술을 활용한 업무 개선 과제를 진행하면서, 기존에 3개월이 걸리던 개발 작업을 P-GPT의 도움으로 1개월 만에 완료할 수 있었습니다.

철강 산업을 비롯한 다양한 분야에서 AI 모델을 직접 개발하고 적용하는 사례가 증가하고 있으며, 생성형 AI는 이러한 과정에서 중요한 역할을 하고 있습니다. 앞으로도 AI 기술과 현업의 융합이 더욱 가속화될 것으로 예상되며, 이를 통해 기업의 경쟁력 또한 강화될 것입니다.

나의 업무 선배는 AI

회사에서는 신입 사원이나 다른 부서에서 전입한 직원들이 빠르게 업무에 적응할 수 있도록 다양한 프로그램을 운영합니다. 보통은 선배 직원이 멘토가 되어 업무와 회사 생활 전반에 도움을 주고, OJT On-the-Job-Training를 통해 상사나 동료가 업무를 직접 지도하며 회사의 프로세스를 익히도록 돕습니다. 각 부서에서는 OJT 자료를 만들어 업무 개요, 프로세스, 내부 정책 및 규정, 부서에서 사용하는 시스템과 도구의 사용법 등을 안내하곤 했습니다. 하지만 이러한 정보만으로는 업무를 능숙하게 처리하기 어려운 경우가 많습니다. 실제 업무를 수행하기 위해서는 관련 전문 지식과 과거의 사례를 파악해야 하는데, 부서 내에 쌓여있는 방대한 자료 속에서 필요한 정보를 찾기가 쉽지 않기 때문입니다. 결국 많은 경우 선배 직원에게 직접 물어보는 것이 더 효율적인 방법이었습니다.

철강 제조업은 복잡한 공정에서 원료의 화학적 조성, 열역학, 그리고 금속 가공에 대한 지식을 요구하며, 고온·고압 작업 환경에서 안전 관리 및 대형 설비의 효율적 운영에 대한 기술적 이해가 필요합니다. 이러한 이유로 업무를 배우고 숙련되기까지 상당한 시간이 소요됩니다. 또한 직원들의 고령화로 인해 중요한 기술과 노하우를 가진 직원들이 퇴직하면서 암묵적인 지식이 전수되지 않는 문제가 발생하고 있습니다. 실제로 철강 산업에서는 30대 미만 직원 비율이 11.6%로 제조업 평균(15%)에 비해 낮고, 50대 이상 비율은 34%로 높은 비중을 차지하고 있습니다.

기업들은 이러한 문제를 해결하기 위해 지식 자료를 체계적으로 축적하려고 많은 노력을 기울였지만, 키워드 검색만으로는 여전히 필요한 정보를 찾는 데 한계가 있었습니다. 그러나 최근 생성형 AI 기술이 나오고, 이와 관련하여 RAG[Retrieval-Augmented Generation] 기술이 결합되면서 이러한 문제를 해결할 수 있게 되었습니다. 이 기술은 선배 사원을 대신하여 업무에 필요한 정보를 효율적으로 제공하며, 철강 분야에도 관련 사례들이 발표되고 있습니다.

미국의 철강 제조업체인 US 스틸은 2023년 9월, 구글 클라우드와의 협력을 통해 개발한 MineMind라는 생성형 AI 기반 시스템을 개발했습니다. 이 시스템은 정비팀원들이 장비 유지 보수를 원활하게 수행할 수 있도록 지원합니다. MineMind는 구글 클라우드의 문서 AI와 버텍스 AI 기술을 기반으로 설계되었습니다. 예를 들어 타이로드를 고정하는 방법이나 특정 장비의 서스펜션 수리 방법 등을 묻는 질문에 AI가 명확한 요약본을 제공하고, 신뢰성 있는 출처를 통해 답변의 정확성을 보장합니다. AI는 표준 운영 절차 문서를 불러와 작업 방법과 필요한 도구를 제시하며, 복잡한 다이어그램도 생성하여 작업 이해를 돕습니다. 이를 통해 수천 페이지에 달하는 매뉴얼을 일일이 뒤지지 않고도 신속하게 필요한 정보를 얻을 수 있게 되었습니다.

국내 철강사인 포스코 역시 2023년 P-GPT라는 자체 AI 플랫폼을 개발하여 사내 지식 정보를 효율적으로 활용하고 있습니다. P-GPT는 사내 보안 규정을 준수하며 ChatGPT의 다양한 기능을 사내 환경에서 활용할 수 있게 설계되었습니다. 이를 통해 직원들은 방대한 사내 지식 정보를 바탕으로 업무와 관련된 질문에 대한 답변을 즉각적으로 제공받을 수 있습니다. 예를 들어, 법무실에서 매년 배포하는 공정거래법 관련 자료는 700쪽에 달하는 방대한 분량으로, 과거에는 활용도가 낮았지만 이제는 생성형 AI를 통해 쉽게 필요한 법률 정보를 검색할 수 있게 되었습니다. 포스코는 향후 이 AI를 설비 정비, 작업 표준, 안전 관리 등 다양한 업무 영역으로 확장할 계획입니다. 그리고 P-GPT 개발과 더불어 대화형으로 정보를 탐색하는 방식에 익숙하지 않은 직원들도 새로운 시스템을 원활하게 사용할 수 있도록 이러닝 및 실습형 웨비나 강의를 제공하고 있습니다.

4-8. **포스코 생성형 AI 플랫폼 P-GPT 소개**

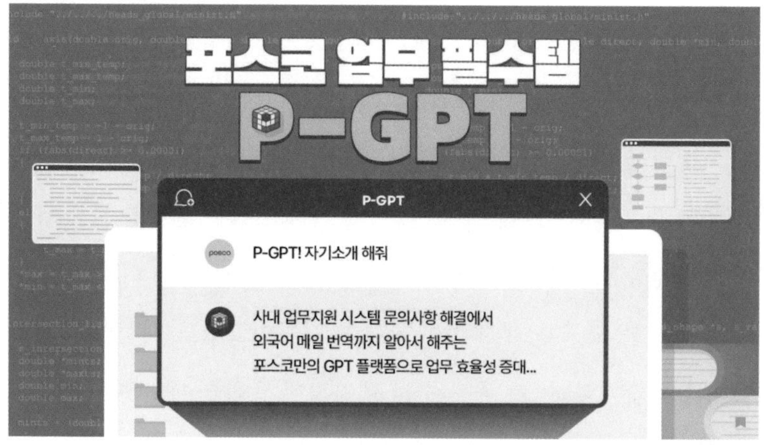

출처: 포스코 페이스북 공식 계정

현대제철은 2024년 5월, 내부에 축적된 지식을 효과적으로 관리하기 위한 HIP Hyundai-steel Intelligence Platform를 구축했습니다. 이 시스템은 S2W사의 SAIP 플랫폼을 활용하여 한국어에 특화된 오픈소스 LLM을 적용한 맞춤형 AI 서비스입니다. 설비, 엔지니어링, 품질, 관리, 마케팅 등 9개 분야에 걸친 13만 건 이상의 문서를 학습시키며 철강 분야의 지식 노하우를 가이드해 줍니다. 추가로 현대제철은 그동안 철강 산업의 인수 합병으로 인해 업무 관련 자료들이 분리되고 데이터 사일로 현상의 문제를 해결할 수 있었다고 합니다.

이제는 생성형 AI 덕분에 설비 엔지니어들이 과거의 고장 리포트를 찾기 위해 담당자나 선배 사원에게 묻기보다는 AI에게 질문하는 것이 자연스러운 시대가 열리고 있습니다.

여러분은 이제 철강 산업이 어떻게 보이시나요? 단순히 철광석을 녹여 쇠를 만드는 오래된 산업이 아니라, 첨단 기술과 융합해 끊임없이 진화하는 미래 산업으로 보이지 않나요?

그리고 AI 기술을 적용하고 있는 철강 산업의 변화는 우리에게는 어떤 의미가 있을까요? 더 강하고 가벼운 자동차, 더 안전하고 효율적인 건물, 더 친환경적인 생산 공정 등 AI 기술은 우리 삶의 질을 높이는 데 기여할 것입니다.

문턱이 낮아진 AI, 시작이 반이다

여러 기관에서 발표된 기업의 AI 활용 현황 조사에 따르면, 80% 이상의 경영자들이 AI 기술이 기업의 경쟁력에 큰 역할을 할 것이라고 믿고 있습니다. 그럼에도 불구하고, 실제로 AI를 도입한 국내 기업은 30%에 불과합니다. 이러한 낮은 도입률의 원인 중 하나는 AI 도입에 필요한 전략 수립, 전문 인력 확보, 투자비 부담 등이 만만치 않기 때문입니다. 또 다른 이유는 AI의 비용 대비 효과에 대한 불확실성으로, 많은 기업들이 기술이 더 발전한 이후에 도입하려는 경향을 보이고 있습니다.

AI 도입에서 중요한 점은 비용만이 아니라 시간의 투자입니다. AI 기술의 적용은 단순히 좋은 기술만으로 이루어지지 않습니다. 데이터 분석을 통해 현재 상황을 파악하고, 어떤 분야에서 강점을 발휘할 수 있을지 선택한 후, 기술을 적용해 경험을 쌓고 지속적으로 개선해

나가야 합니다. 이는 맛있는 음식을 만들기 위해 좋은 재료와 잘 알려진 레시피만으로는 부족하고, 다양한 시도를 통해 사람들의 기억에 남는 메뉴가 탄생하듯, AI 적용에도 유사한 접근이 필요합니다.

AI의 도입도 비슷합니다. 단기간에 큰 비용을 투자하여 성과를 얻기보다는 작은 시도를 통해 경험을 쌓고, 이를 통해 경쟁력을 확보하는 것이 효과적입니다. 특히 제조업에서는 AI 기술이 실용적으로 적용되기까지 2~3년의 시간이 걸릴 수 있습니다. 그러나 최근에는 클라우드 인프라와 오픈 소스 AI 도구들 덕분에 AI의 가능성을 빠르게 확인하고 도입을 시작할 수 있는 환경이 마련되었습니다. 또한 다양한 온라인 교육 과정이 제공되어 직원들의 역량을 높일 수 있는 기회도 늘어나고 있습니다.

기업이 AI를 도입하려면 대개 도입 전략을 수립하고 예산을 확보하여 프로젝트를 시작합니다. 물론 이런 방식이 좋지만 전략 수립 단계에서 포기하는 경우도 많습니다. 이제는 거대한 마스터 플랜을 세우기보다는 방향성과 비전을 설정하고, 작은 시도부터 시작하여 지속적으로 계획을 발전시켜 나가는 것이 중요합니다. 기술이 빠르게 발전하므로 미래를 예측하며 고정적인 계획을 세우기보다는 현재의 작은 분야에서 효과를 검증하고, 이를 바탕으로 비즈니스에 큰 영향을 줄 수 있는 분야를 탐색하며 점진적으로 확대해 나가는 전략이 더 적합합니다.

AI 도입은 기술적 측면뿐만 아니라 조직 문화와 프로세스에도 영향을 미칩니다. 작은 프로젝트를 통해 AI 도입의 변화를 관리하고, 이를 기반으로 더 큰 계획을 세우는 것이 효율적입니다. 초기에는 적은 자원으로 AI의 효과를 측정하고, 성공 사례를 바탕으로 자원을 추가 투자하는 방법이 비용을 절감하고 효율적인 투자 전략을 구현하는 데 도움이 됩니다. 작은 성공 사례를 통해 고객이나 사용자에게 AI의 가치를 입증하고, 이를 바탕으로 신뢰를 쌓아 큰 프로젝트를 추진하는 데 도움을 받을 수 있습니다.

계획이 아무리 멋지다고 하더라도 그것이 반드시 성공으로 이어지는 것은 아닙니다. 작은 시도와 적은 비용으로 시작하더라도 시간이 지나면서 그 효과는 눈덩이처럼 커질 수 있습니다. AI를 적용하다 보면 어떤 데이터가 필요한지, 어떤 부분에서 성과를 낼 수 있는지 점차 명확해지게 됩니다. 이러한 과정은 단시일에 이뤄지지 않습니다. AI 도입의 시작 자체가 경쟁력으로 작용할 수 있습니다. 작은 시작이 큰 시너지를 낼 수 있음을 기억하시기 바랍니다.

AI 도입을 위한 두 가지 열쇠: 데이터와 역량

실제로 AI를 도입하는 과정은 생각보다 복잡하고 도전적입니다. 많은 기업들이 AI의 잠재력을 인식하고 있지만, 이를 실제로 구현하기 위해서는 다양한 장애물을 극복해야 합니다. 저에게 무엇이 가장 중요하냐고 물어보신다면 데이터의 확보 및 품질 관리와 사내 AI 역량 확보 두 가지가 핵심이라고 말씀드리고 싶습니다. AI 도입 과정에서 제조업에서 겪게 되는 현실적인 어려움과 이를 어떻게 극복할 수 있는지에 대해 공유하고자 합니다.

데이터의 확보 및 품질 관리:
기초가 탄탄해야 모든 것이 견고해집니다

AI 도입에서 가장 큰 도전 중 하나는 데이터 확보와 관리입니다. AI의 성능은 데이터의 질에 따라 달라지며, 이는 AI 도입의 성공 여부를 결정짓는 중요한 요소입니다. 제조업에서는 온도, 압력, 속도와 같은 공정 데이터부터 품질 데이터, 장비 상태 데이터까지 다양한 데이터가 생성되지만, 이를 일관되게 관리하는 일은 생각보다 훨씬 어렵습니다.

일반적으로 각 설비와 시스템의 도입 시기와 제품이 다르다 보니 생성되는 데이터의 형식과 단위가 제각각인 경우가 많습니다. 이로 인해 데이터를 통합하고 분석하는 과정이 상당히 복잡해질 수 있습니다. 이를 해결하기 위해 많은 기업들이 별도의 데이터 수집 플랫폼을 개발하고, 데이터를 정제하고 표준화하는 작업을 지속적으로 진행하고 있습니다. 이 과정은 단순한 기술적 문제 해결에 그치지 않고 조직 차원의 데이터 관리에 대한 인식 변화를 요구합니다.

또한, 데이터의 양과 더불어 품질과 세밀함도 중요한 요소로 작용합니다. 예를 들어 에너지 절감을 목표로 하는 경우, 각 설비의 전력 소모량을 정확히 파악하는 것이 필수적입니다. 그러나 데이터가 충분히 세밀하지 않거나 불완전하면 AI 모델이 올바른 결론을 도출하기 어려워집니다. 이를 해결하기 위해 제조업체들은 기존 설비에 IoT 센서를 추가하거나, 데이터 수집 기준을 명확히 설정하는 등의 노력을 기울입니다.

이 과정에서 얻을 수 있는 중요한 교훈은 데이터 관리에 대한 투자가 필수적이라는 점입니다. 데이터는 그저 존재하는 것이 아니라, 품질을 높이고 일관성을 유지하기 위해 지속적인 관리와 투자가 필요합니다. 많은 기업이 데이터를 이미 가지고 있다고 생각하고 이를 기반으로 성과를 기대하기만 하지만, 이는 마치 모래 위에 성을 쌓는 것과 다름없습니다. 데이터의 품질을 높이고 관리하는 데 드는 비용과 노력을 절대 아끼지 말아야 합니다. 이 작업은 성과가 즉각적으로 드러나지 않으며, 오랜 기간에 걸쳐 꾸준히 이루어져야 하는 지루한 작업입니다. 그러나 데이터 관리는 AI 도입의 성공을 좌우하는 결정적 요소이므로 이를 소홀히 해서는 안 됩니다.

사내 AI 역량 확보: 기술만으로는 성공할 수 없습니다

두 번째로 중요한 과제는 사내 AI 역량의 확보입니다. AI 도입은 단순히 기술을 도입하는 것만으로는 성공할 수 없습니다. AI 모델은 변화하는 환경에 맞춰 지속적으로 학습하고 개선되어야 하며, 이를 담당할 사내 인력이 반드시 필요합니다.

AI 도입 초기에는 외부 전문가에 의존하는 경우가 많습니다. 그러나 시간이 지나면서 AI 모델을 유지하고 개선하는 작업은 결국 내부 인력이 수행해야 합니다. AI 모델이 초기에는 효과를 내다가도 시간이 지남에 따라 조업 조건이 변화하면 성능이 저하될 수 있습니다. 이를 방지하려면 AI 모델을 재학습시키고 유지 관리하는 작업이 필수적입니다. 만약 사내에 이러한 작업을 담당할 인력이 없다면 초기 투자로 얻은 성과가 무용지물이 될 위험이 큽니다.

특히 제조업에서는 AI의 판단만으로 설비에 바로 적용하여 조업을 진행하기에는 위험이 따릅니다. 제조업에서 안전은 최우선이며, AI 도입 초기에는 새로운 시스템의 안정성이나 신뢰성에 대한 우려가 존재할 수 있습니다. AI가 기계나 로봇을 제어하는 경우 시스템 오류나 오작동이 안전 사고로 이어질 위험이 있습니다. 그래서 현재는 AI가 주로 사람이 판단할 수 있도록 가이드 역할을 하는 용도로 많이 사용됩니다. 그러나 이렇게 가이드로 제공되는 AI 모델이 조업 상황 변화를 감지하고 학습하지 못한다면, 모델의 정확도는 시간이 지날수록 떨어지게 되어 결국 사용되지 않게 될 것입니다.

이러한 문제를 해결하기 위해 포스코는 사내 AI 전문 인력을 양성하고 있습니다. 신입 사원을 채용하여 AI 관련 업무와 기술을 교육하며, 사내 AI 역량을 강화하는 데 주력하고 있습니다. AI는 기술만큼이나 이를 다룰 인재가 중요합니다. 기술 투자뿐만 아니라 인재 양성에도 충분한 관심과 자원을 할애해야 합니다. 그렇지 않으면 AI 도입의 성과를 유지하기 어렵습니다.

AI 도입의 성공은 디테일에서 결정됩니다

AI 도입은 단순한 기술 투자가 아닙니다. 성공적인 AI 도입을 위해서는 데이터 관리와 사내 AI 역량 확보라는 두 가지 핵심 요소를 반드시 해결해야 합니다. 데이터 관리의 중요성을 인식하고, 사내 인력을 양성하는 데 투자하는 것이 AI 도입의 성패를 좌우할 것입니다. 이 과정은 단순하지 않으며 많은 노력이 필요하지만, 이 두 가지 과제를 잘 해결한다면 AI 도입의 성공 가능성은 크게 높아질 것입니다.

의료

100세 시대를 앞당긴다

장정권

인공지능 스타트업 (주)일릭서 대표이사
통계&인공지능 연구원, 보건의료 국가고시 강사, IT & AI 강사
shj04126@naver.com | sequencetosequence.github.io

AI가 우리 일상에 깊숙이 자리 잡은 지 불과 몇 년이 지났을 뿐이지만 그 영향력은 상상 이상입니다. AI는 이제 더는 먼 미래의 이야기가 아닌 우리가 매일 접하는 현실이 되었습니다. 특히 의료 분야에서 AI의 도입은 100세 시대를 현실로 앞당기고 있습니다. 그렇다면 AI가 어떻게 의료를 혁신하고 있는지, 이를 통해 우리가 어떻게 더 오래, 건강하게 살 수 있게 되는 것일까요?

우선 AI는 방대한 양의 의료 데이터를 분석하여 질병을 조기에 진단하고 예측하는 데 탁월한 능력을 발휘하고 있습니다. 예를 들어, AI 알고리즘은 수많은 환자의 의료 기록을 바탕으로 특정 질병의 발병 가능성을 미리 예측할 수 있습니다. 이는 환자들이 증상이 나타나기 전에 예방 조치를 취할 수 있도록 도와줍니다. 특히 암과 같은 심각한

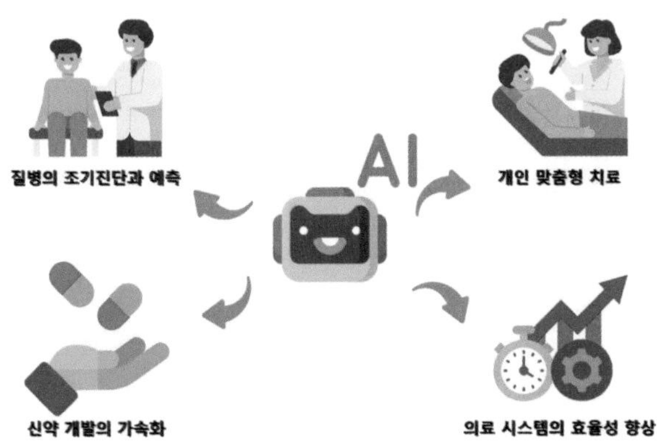

출처: Designed by Freepik

질병의 경우, 조기 진단이 생존율을 크게 높이기 때문에 AI의 역할은 매우 중요합니다.

또한 AI는 환자 개개인의 유전 정보, 생활 습관, 의료 기록 등을 분석하여 맞춤형 치료를 제안합니다. 이를 통해 환자는 자신의 상태에 가장 적합한 치료를 받을 수 있으며, 이는 치료의 성공 확률을 높이고 부작용을 최소화하는 데 기여합니다. 개인화된 치료는 특히 만성 질환 관리에 효과적이며, 환자들의 삶의 질을 크게 향상시킵니다.

신약 개발 과정에서도 AI는 큰 변화를 일으키고 있습니다. 전통적으로 신약 개발은 오랜 시간과 막대한 비용이 소요되었지만, AI는 이 과정을 혁신적으로 단축시킵니다. 수백만 가지 화합물을 분석해 그 중에서 가장 유망한 후보를 찾아내어 신약 개발의 속도를 크게 앞당깁니다. 이를 통해 더 빠르고 효과적인 치료제가 환자들에게 제공될 수 있으며, 이는 결과적으로 인류의 건강 수명을 연장하는 데 중요한 역할을 합니다.

더 나아가 AI는 의료 시스템의 효율성을 크게 개선하고 있습니다. AI는 병원의 환자 관리 시스템을 최적화하여 의료 자원을 효과적으로 배분하고, 환자들이 적시에 적절한 치료를 받을 수 있도록 돕습니다. 또한 AI를 활용한 가상 의료 상담은 환자들이 병원에 방문하지 않고도 정확한 진단과 처방을 받을 수 있게 하여, 의료 접근성을 높이고 의료 비용을 절감하는 데 기여하고 있습니다.

이처럼 AI는 우리가 더 오래, 건강하게 살 수 있도록 돕는 강력한 도구입니다. 질병의 조기 진단, 개인 맞춤형 치료, 신약 개발의 가속화, 의료 시스템의 효율성 향상 등 AI가 의료에 적용된 다양한 사례들은 100세 시대를 앞당기고 있습니다. AI 기술이 더욱 발전함에 따라 우리는 더욱 건강하고 활기찬 노후를 맞이할 수 있을 것입니다. AI와 함께하는 미래, 그 중심에는 건강한 100세 시대가 자리 잡고 있습니다.

일릭서: 함께 연구하고 진단하는 AI 연구원, 스탯업에이아이StatUpAI

"일릭서는 AI 기술을 활용해 의료 데이터를 분석하고 신약 개발을 가속화하여, 환자들이 더 빠르고 효과적인 치료와 진단을 받을 수 있도록 돕는 혁신적인 솔루션을 제공합니다."

5-2. StatUpAI 데이터 분석 자동화 솔루션

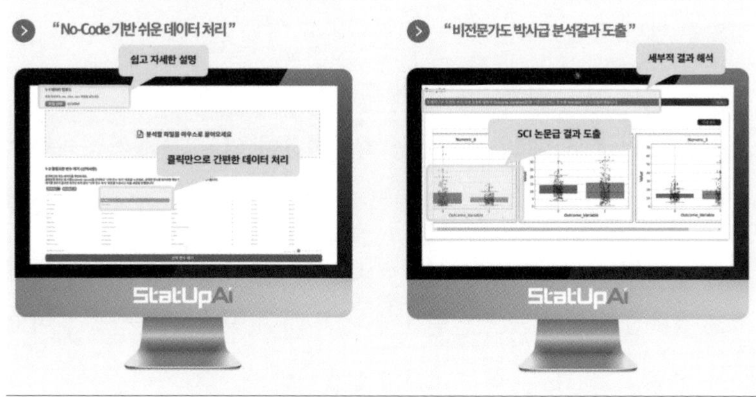

AI 기술의 발전은 의료업계에 혁신적인 변화를 가져오고 있습니다. 과거에는 의사들이 진단을 내릴 때 인공지능[AI]이 단순한 보조 도구로만 여겨졌지만, 이제는 그 역할이 훨씬 더 확장되었습니다. AI는 단순히 사람의 역할을 대신하는 것이 아니라 의료진의 진단 과정을 보조하고, 신약 개발의 초기 단계에서 중요한 역할을 담당하며, 환자 개개인에게 맞춤형 치료법을 제공하는 데까지 그 영역을 넓히고 있습니다.

예를 들어 AI는 방대한 양의 의료 데이터를 분석해 질병의 초기 징후를 발견하거나, 환자의 유전자 정보를 바탕으로 특정 질병에 대한 발병 가능성을 예측하는 데 탁월한 능력을 발휘하고 있습니다. 이러한 AI 기술 덕분에 의료진은 보다 신속하고 정확한 진단을 내릴 수 있게 되었으며, 이는 환자의 생존율을 크게 높이는 데 기여하고 있습니다.

이러한 혁신적인 AI 기술은 인공지능 스타트업들에 의해 더욱 가속화되고 있으며, 그 대표적인 예가 일릭서Elixir Corp.라는 AI 스타트업입니다. 일릭서의 AI 기술은 국내 1위 병원인 서울아산병원에서 이미 활용되고 있습니다. 서울아산병원은 첨단 의료 기술을 선도하는 곳으로, 일릭서의 AI 기술을 통해 의료진이 더 정밀하고 신속하게 진단을 내릴 수 있도록 지원하고 있습니다. 이로 인해 병원 내 진료의 질이 향상되고, 환자들은 더욱 정확한 진단과 치료를 받을 수 있게 될 것입니다.

더 나아가 일릭서의 AI 기술은 단순히 진단 보조에 그치지 않고, 진단 및 신약 후보 물질을 발견하는 연구 영역까지도 그 역할을 확장하고 있습니다. 특히 신약 개발은 그 자체로 매우 복잡하고 까다로운 과정이지만, AI는 이 과정에서 유전자 및 화합물 데이터의 분석을 통해 가능성이 높은 신약 후보를 찾아냅니다. 이는 연구자들이 더 적은 시간과 자원으로도 혁신적인 치료제를 개발할 수 있도록 돕고 있으며, 이는 결국 환자들에게 더 나은 치료 옵션을 제공하게 되는 것입니다.

현대 의료 기술은 질병을 진단하고 치료하는 데 매우 정교한 과정들을 요구합니다. 그 과정의 첫 단계는 실험실에서 후보 물질의 효과를 검증하는 것입니다. 실험실에서 검증된 후보 물질은 이후 임상 실험을 통해 실제 환자에게 적용 가능한지 평가되며, 이 과정에서 엄청난 양의 데이터가 생성됩니다. 이러한 데이터는 질병 치료의 유의성을 검증하거나, 진단 모델을 개발하는 데 중요한 역할을 합니다.

그러나 임상 실험에서 도출된 데이터를 곧바로 분석에 사용할 수는 없습니다. 여기서 필요한 것이 바로 데이터 전처리입니다. 데이터 전처리는 단순히 데이터를 정리하는 작업이 아닙니다. 수집된 원시 데이터raw data는 종종 불완전하거나 부정확하며, 잡음noise이나 결측값missing values을 포함하고 있습니다. 이러한 데이터를 그대로 분석에 사용하면 잘못된 결론을 도출할 수 있습니다. 따라서 데이터를 분석하기 전에 반드시 데이터를 정제cleaning하고, 필요한 부분만을 추출하는 등 여러 전처리 과정을 거쳐야 합니다.

데이터 전처리 과정	설명
데이터 정제 (Cleaning)	잘못 입력된 값, 결측값을 찾아내고 수정하거나 제거하는 과정입니다. 예를 들어, 환자의 나이가 비정상적으로 입력되었거나, 실험 데이터에 누락된 값이 있을 경우 이를 처리하는 단계입니다.
데이터 통합 (Integration)	여러 소스에서 수집된 데이터를 하나의 통합된 데이터 세트로 결합하는 과정입니다. 이는 각기 다른 병원이나 실험실에서 수집된 데이터를 결합할 때 특히 중요합니다.
데이터 변환 (Transformation)	데이터를 분석하기 적합한 형태로 변환하는 단계입니다. 예를 들어 데이터 포맷을 통일하거나, 특정 변수를 로그 변환(log transformation)하여 분포를 정규화하는 등의 작업이 포함됩니다.

이러한 전처리 과정을 수작업으로 수행하는 데는 시간과 노력이 많이 소요될 수 있습니다. 하지만 일릭서의 AI 기술은 데이터 전처리 자동화 기술을 통해 이 복잡한 과정을 신속하고 정확하게 수행할 수 있게 도와줍니다. 자동화된 전처리 도구는 대규모 데이터를 빠르게 정제하고, 일관성 있게 통합하며, 분석에 적합한 형태로 변환하는 데 큰 도움을 줍니다. 이를 통해 연구자와 의료진은 더 효율적으로 데이터를 분석하고, 더 신뢰할 수 있는 결과를 도출할 수 있게 됩니다.

현대 의료의 중요한 발전 중 하나는 빅데이터를 활용한 진단 및 신약 후보 물질 발견입니다. 의료 분야에서 생성되는 데이터의 양은 매년 기하급수적으로 증가하고 있으며, 이를 효과적으로 분석하고 활용하는 것이 의료 혁신의 핵심이 되고 있습니다. 이때 중요한 역할을 하는 것이 빅데이터 자동화 분석 기술입니다.

빅데이터 자동화 분석 기술은 방대한 데이터를 빠르고 정확하게 분석하여, 의료 분야에서 혁신적인 역할을 하고 있습니다. 예를 들어 이 기술은 환자들의 유전자 정보, 임상 실험 데이터, 환자 기록 등을 분석해 질병과 연관된 패턴을 발견하거나 신약 후보 물질을 탐색하는 데 활용됩니다. 이를 통해 연구자들은 이전에는 발견하지 못했던 질병의 원인이나 새로운 치료법을 밝혀내어 환자들에게 더 나은 치료 옵션을 제공합니다.

특히 신약 개발 과정에서 빅데이터 분석 기술은 잠재적인 신약 후보 물질을 빠르게 발견하는 데 중요한 역할을 합니다. 전통적인 신약 개발에 비해 빅데이터 분석은 수천 가지 화합물 중 가장 유망한 후보를 선별하여 신약 개발 속도를 크게 앞당깁니다. 이로 인해 환자들은 새로운 치료제를 더 빨리 접할 수 있으며, 이는 의료 분야 전체에 긍정적인 영향을 미칩니다.

정확한 진단 모델 제작도 이 기술의 중요한 활용 사례입니다. 진단 모델은 다양한 데이터를 바탕으로 질병을 예측하거나 확인하는 알고리즘으로, 환자의 건강 기록, 유전자 정보, 생체 신호 등을 활용해 개발됩니다. 고품질의 데이터를 기반으로 기계 학습과 AI 기술을 적용

5-3. 일릭서의 자동화 분석 기술 활용

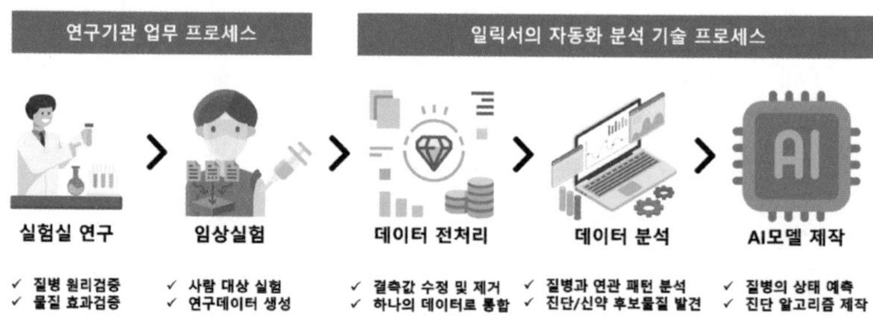

출처: Designed by Freepik

하여 훈련된 모델은 점점 더 정확해지며, 질병의 조기 발견과 보다 정확한 진단을 가능하게 합니다. 이는 특히 드문 질병이나 복잡한 질병의 진단에 유용합니다.

결론적으로, 빅데이터 자동화 분석 기술은 진단의 정확성을 높이고, 신약 개발을 가속화하는 필수적인 도구로, 의료 분야의 정교하고 개인화된 치료를 제공하는 데 중요한 역할을 하고 있습니다. 이 기술의 발전은 환자 중심의 의료 서비스 구현에 큰 기여를 하고 있습니다.

결국 AI 기술의 발전은 의료 업계 전반에 걸쳐 깊은 영향을 미치고 있으며, 서울아산병원과 같은 선도적인 의료 기관에서는 이미 이러한 기술을 적극적으로 도입해 환자 진료와 연구에 활용하고 있습니다. 현재 본 기술을 활용하여 PCT 특허 출원 진행 및 질병을 진단할 수 있는 후보 물질을 발견하여 다수의 SCI급 논문 게재가 진행되고 있습니다. AI가 연구진과 의료진의 손과 눈이 되어 보다 나은 연구 결과와 의료 서비스를 제공하는 시대가 도래한 것입니다.

❶ 데이터 전처리

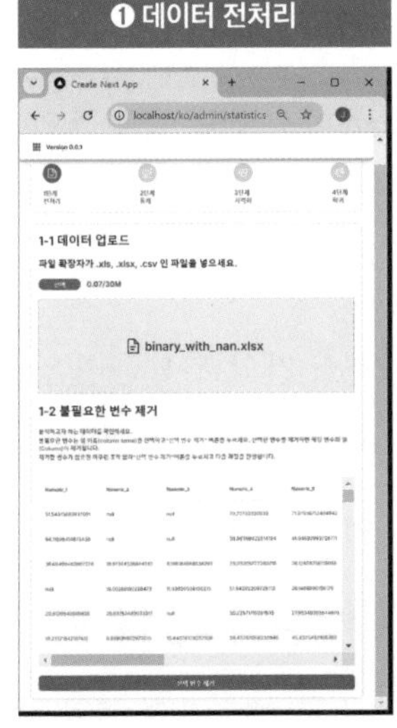

❷ 통계분석

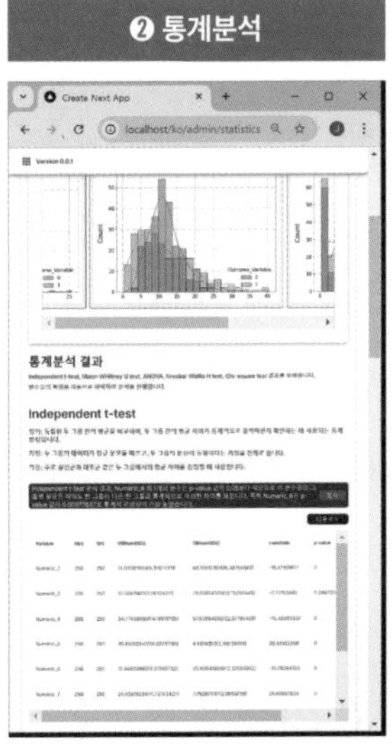

❸ 결과 시각화

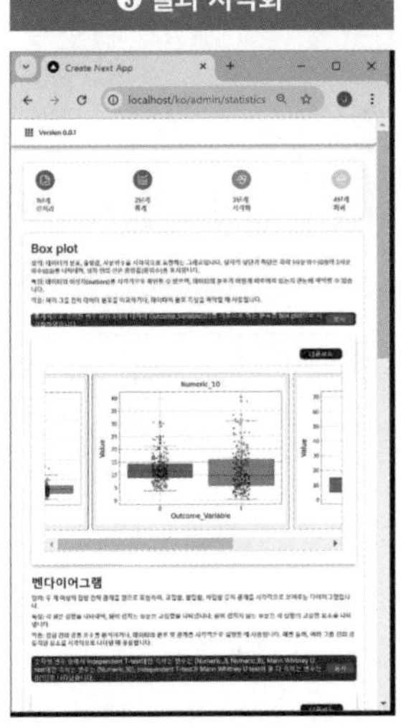

❹ 진단 모델링

덴티큐브: 치과 기공 의뢰서 데이터 분석을 통한 디지털 덴탈 솔루션

"덴티큐브는 치과와 기공소를 위한 스마트 덴탈 솔루션으로, 최신 AI 기술을 통해 종이 의뢰서를 디지털화하고, 더 효율적이고 정확한 작업을 가능하게 합니다."

덴티큐브DentiQube는 치과와 치과 기공소 간의 원활한 협업을 촉진하기 위해 개발된 혁신적인 솔루션으로, 임플란트, 교정, 라미네이트 등 환자의 보철 치료 과정에서 중요한 역할을 합니다. 이 솔루션은 단순히 종이 의뢰서를 디지털 문서로 변환하는 것을 넘어서, AI 기반의 데이터 분석을 통해 덴탈 업계 전반의 운영 효율성을 크게 향상시키고 있습니다.

덴티큐브의 핵심 기술은 OCR(광학 문자 인식) AI와 생성형 AI입니다. 전통적으로 치과 기공 의뢰서는 수작업으로 작성되고 관리되었으며, 이로 인해 정보의 일관성을 유지하고 데이터를 체계적으로 관리하는 데 많은 어려움이 있었습니다. 덴티큐브는 이러한 문제를 해결하기 위해 다음과 같은 기술적 접근을 도입했습니다.

먼저, OCR AI 기술을 통해 종이 의뢰서에 수기로 작성된 텍스트, 도표, 이미지 등을 정확하게 디지털 데이터로 변환합니다. 이 기술은 다양한 필체와 형식을 인식할 수 있어, 모든 유형의 종이 의뢰서를 디지털화하는 데 매우 유용합니다. 디지털화 과정에서 정보의 손실 없이 원본 그대로의 데이터를 유지할 수 있어, 치과와 기공소 간의 정보

5-5. **덴티큐브**

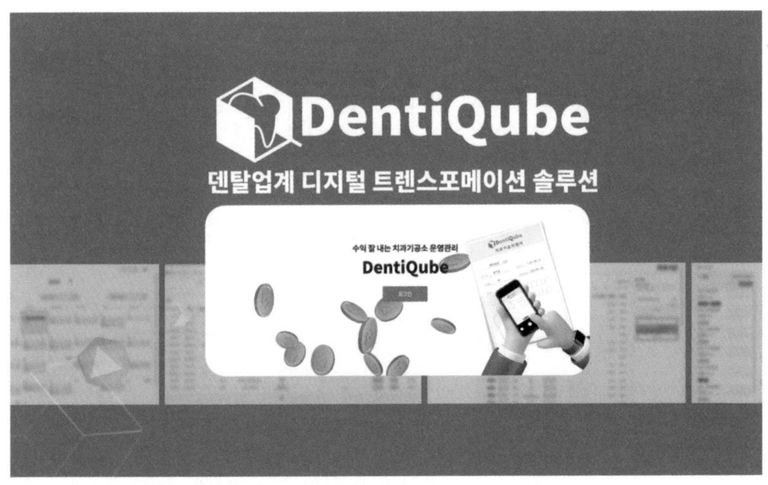

전달이 더욱 정확해집니다.

이후, 생성형 AI가 디지털화된 의뢰서 데이터를 분석하고 자동으로 정리합니다. 이 AI는 데이터를 구조화하고, 필요에 따라 자동으로 보고서를 생성하거나, 특정 패턴을 인식하여 실시간으로 유의미한 인사이트를 제공합니다. 이를 통해 치과와 기공소는 데이터를 기반으로 더 정확한 판단을 내리고, 최적의 치료 및 기공 작업을 계획할 수 있습니다. 이 과정은 단순히 데이터 처리의 효율성을 높이는 것에 그치지 않고, 전체적인 작업의 품질과 정확성을 향상시키는 데 기여합니다.

덴티큐브는 또한 데이터 통합 및 관리 기능을 제공합니다. 클라우드 기반의 데이터 관리 시스템을 통해 디지털화된 치과 기공 의뢰서 데이터를 안전하게 저장하고, 언제 어디서나 실시간으로 접근할 수 있도록 합니다. 이를 통해 치과와 기공소는 협업을 강화하고, 업무의 효율성을 극대화할 수 있습니다. 덴티큐브의 시스템은 데이터의 무결성을 보장하며, 규제 준수 및 보안 요구 사항을 충족하기 위해 설계되었습니다.

덴티큐브는 덴탈 업계의 디지털 전환을 촉진하는 중요한 솔루션으로, 치과 기공소에 실질적인 혜택을 제공합니다.

첫째, 효율성 향상입니다. OCR AI와 생성형 AI의 결합으로 의뢰서 처리 속도가 크게 개선되어, 기공소는 더 많은 주문을 빠르고 정확하게 처리할 수 있게 되었습니다. 이는 생산성 증가와 운영 효율성 향상으로 이어집니다.

둘째, 비용 절감입니다. 종이 의뢰서 처리의 자동화로 인건비와 오류로 인한 비용이 감소하였으며, 디지털화된 데이터의 검색과 분석이 용이해져 운영의 투명성이 높아졌습니다. 이는 기공소가 더 경쟁력 있는 가격으로 서비스를 제공할 수 있게 합니다.

셋째, 스마트 팩토리 구현입니다. 덴티큐브는 중앙화된 데이터 관리와 자동화된 생산 및 재고 관리를 통해 기공소가 생산 계획을 최적화하고 낭비를 줄이며 효율적인 운영을 실현할 수 있도록 돕습니다.

또한, 확장성도 덴티큐브의 강점입니다. 1인 기공소부터 대형 기공소까지 모든 규모에 적합한 솔루션을 제공하며, 국내 여러 기공소에서 이미 성공적으로 도입되어 운영 중입니다. 향후 치과 버전 출시와 해외 시장 진출도 계획하고 있습니다.

덴티큐브는 덴탈 업계의 디지털 혁신을 이끄는 강력한 도구로, 치과와 기공소 간의 협업을 강화하고, 전체적인 생산성과 효율성을 크게 향상시키고 있습니다. 앞으로도 덴티큐브는 덴탈 업계의 발전을 주도하며, 더욱 정교하고 효율적인 디지털 덴티스트리 시대를 열어가기 위해 전진할 것입니다.

인파이니: 로봇형 재활 의료기기와 재활 의료 솔루션

"최신 로봇 기술과 인공지능 기반 소프트웨어를 결합한 혁신적인 재활 의료 솔루션으로, 모든 연령대의 환자들이 저렴하고 효과적인 재활 치료를 받을 수 있도록 돕습니다."

인파이니INFYNI는 최신 로봇 기술과 AI 기반 소프트웨어를 결합한 혁신적인 재활 의료 솔루션을 제공합니다. 이 솔루션은 모든 연령대의 환자들이 저렴하면서도 효과적인 재활 치료를 받을 수 있도록 돕는 것을 목표로 하고 있습니다. 현대 재활 치료에서 가장 큰 도전 과제 중 하나는 환자 개개인의 상태와 회복 속도에 맞춘 맞춤형 재활을 제공하는 것입니다. 인파이니의 로봇형 재활 의료기기는 이러한 필요를 충족시키기 위해 설계되었습니다. 이 기기는 특히 뇌졸중이나 외상으로 인해 하체 기능이 약화된 환자들에게 최적화된 솔루션을 제공합니다.

인파이니의 로봇형 재활 의료기기는 정밀한 센서와 인공지능을 통해 환자의 움직임을 실시간으로 분석하고, 최적의 재활 운동을 제안

5-6. 인파이니의 로봇형 재활 의료기기 3D 구상

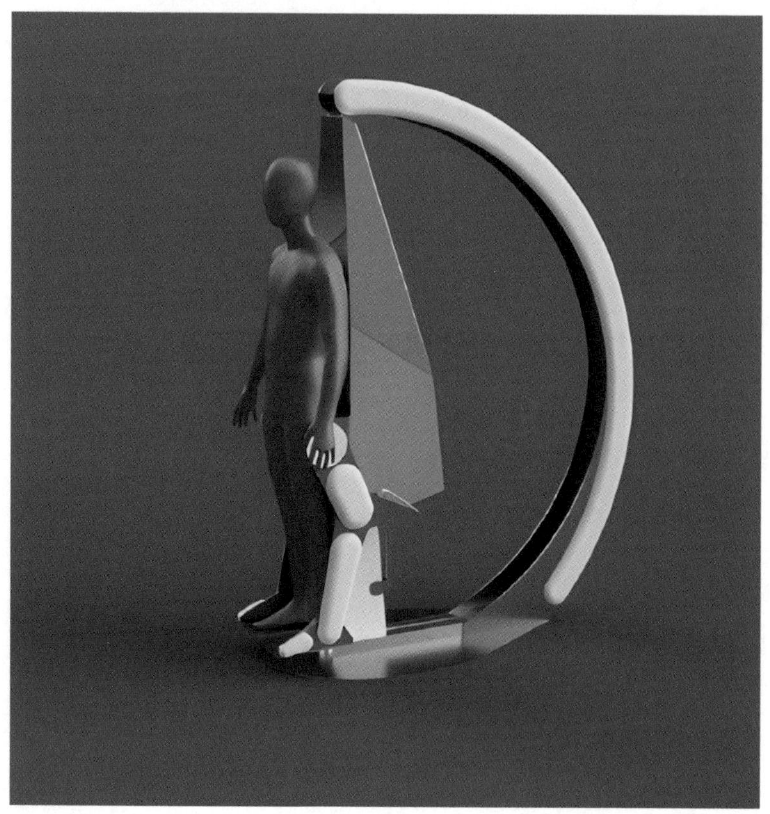

합니다. 이 기기는 환자의 근력과 균형을 모니터링하며, 올바른 자세와 움직임을 학습하도록 돕습니다. 또한 물리 치료와 결합해 재활 성과를 극대화하고, 초기 회복 단계부터 독립 보행에 이르기까지 맞춤형 지원을 제공합니다.

인파이니는 노인의 인지 기능 저하 문제를 해결하기 위한 인지 재활 소프트웨어도 제공합니다. 이 소프트웨어는 기억력, 주의력, 문제 해결 능력을 향상시키는 프로그램으로, 상호 작용적인 게임을 통해 즐겁게 참여할 수 있도록 하며, 치매 예방과 인지 기능 유지를 목표로 합니다.

이 소프트웨어는 발달 장애 아동을 위한 프로그램에도 적용되어, 집중력과 문제 해결 능력을 강화하며 학습을 자연스럽게 유도합니다. 또한 보행 분석 소프트웨어를 통해 환자의 걸음걸이를 정밀하게 분석하여 건강한 보행 패턴을 유지하고 교정할 수 있습니다.

이러한 재활 솔루션은 다양한 환자군에게 맞춤형 접근을 제공하며, 재활 과정의 효율성을 높이고 환자의 삶의 질을 향상시키는 데 기여하고 있습니다. 인파이니의 기술은 국내 여러 재활 병원, 노인 요양 시설, 특수 교육 기관에서 사용되며 그 효용성이 입증되고 있습니다.

본 인파이니의 기술은 재활 치료의 접근성을 높이고, 환자들이 저렴하면서도 효과적인 치료를 받을 수 있도록 돕고 있습니다. 앞으로도 더 많은 환자들이 이 기술의 혜택을 받을 수 있도록 연구와 개발을 지속해 나가고 있습니다.

지킴: AI-OCR 기반 의료 문서 자동 입력 솔루션

"지킴은 종이 문서(처방전, 진단서 등)를 AI로 디지털화하여 병원, 약국, 환자 모두가 편리하게 의료 정보를 관리할 수 있도록 돕습니다."

지킴은 AI와 OCR 기술을 결합하여 의료 문서를 자동으로 처리하

5-7. **문자 인식 결과 이미지**

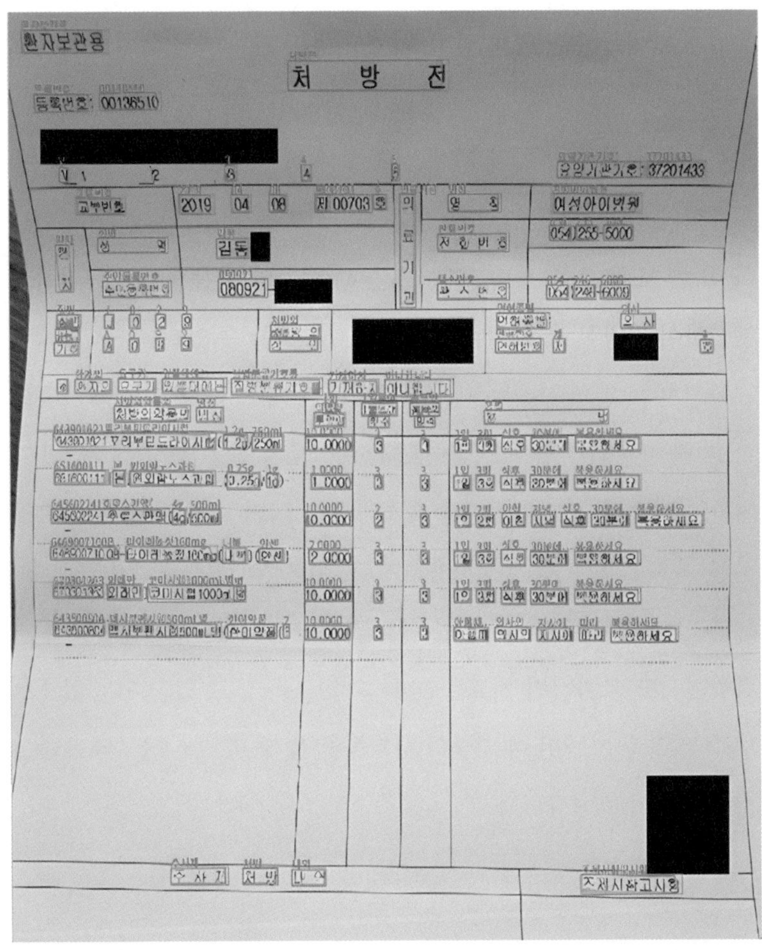

환자보관용

처 방 전

등록번호: 00136510

요양기관기호: 37201433

교부번호 2019 04 08 제 00703 호

의료기관 명칭 여성아이병원

전화번호 054)255-5000

팩스번호 054 248-6009

성명 김동

주민등록번호 080921-

처방의약품의 명칭

의사서명 처방 내역

조제시참고사항

고 디지털화하는 혁신적인 솔루션을 제공합니다. 이 기술은 의료 환경에서 발생하는 다양한 비정형 문서를 효율적으로 분석하고 정형화하여 병원, 약국, 환자 모두에게 실질적인 혜택을 제공합니다. 지킴은 의료 문서 처리의 모든 단계를 자동화함으로써 기존의 수작업을 대체하고 정확성을 크게 향상시킵니다.

지킴 솔루션의 프로세스는 다음과 같이 이루어집니다. 먼저 사용자는 스마트폰 앱 또는 전용 카메라를 통해 처방전, 진단서 등과 같은 의료 문서를 촬영합니다. 촬영된 이미지 데이터는 클라우드 기반의 AI 모델로 전송되며, 이 모델은 OCR 기술을 사용해 이미지를 분석하고 텍스트를 추출합니다. 일반적인 OCR 솔루션과 달리 지킴의 AI는 비정형화된 문서 구조에서도 높은 정확도를 유지할 수 있도록 설계되었습니다.

의료 문서는 병원이나 약국의 시스템에 따라 다양한 형식으로 존재합니다. 이러한 문제를 해결하기 위해 지킴의 AI는 고도화된 문서 분석 기술을 도입하였습니다. 먼저 문서 내의 표 구조를 자동으로 인식하고 각 셀 간의 관계를 파악합니다. 예를 들어 환자의 이름이 문서의 좌상단이나 우하단에 위치하든, 약품 코드가 약품명 뒤에 인쇄되든, AI는 이를 정확하게 분석하여 데이터를 정형화합니다. 또한 AI는 셀 간의 관계를 유추하여 문서의 각 항목을 적절한 위치에 배치합니다. 이 과정에서 머신 러닝 모델은 다양한 양식을 학습하며, 모든 문서가 정확하게 분석되고 처리될 수 있도록 지속적으로 개선됩니다.

지킴의 솔루션은 단순히 텍스트를 추출하는 것을 넘어서 데이터의 정확성을 보장하기 위한 자동 검증 시스템을 갖추고 있습니다. AI는 인식된 데이터에서 발생할 수 있는 오류를 사전에 예측하고 이를 자동으로 수정합니다. 예를 들어 잘못된 약품 코드나 오타를 검출하여 올바르게 수정합니다. 또한 AI는 인식된 텍스트가 실제로 존재하는

5-8. 지킴 기술 프로세스

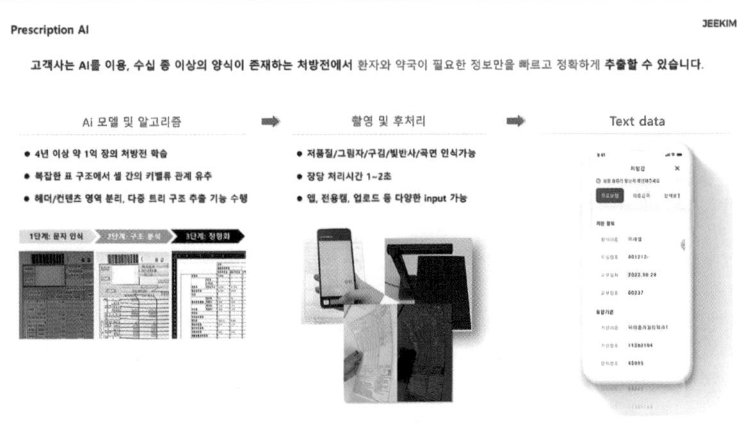

의료 용어인지 해당 문서에 적합한 표현인지를 검토합니다. 이 검증 과정에서 AI는 의료 데이터베이스를 참고하여 정확한 용어 사용을 보장하며, 문서 내 데이터 간의 일관성을 확인합니다. 예를 들어 약품 코드와 약품명이 일치하지 않는 경우 이를 감지하고 자동으로 수정하는 과정을 수행합니다.

지킴 솔루션은 병원, 약국, 환자 등 모든 의료 프로세스 참여자들에게 실질적인 효용을 제공합니다. 약국에서는 바코드가 없거나 리더기와 호환되지 않는 처방전을 AI가 자동으로 디지털화하여 수작업 입력의 번거로움을 줄이고 입력 오류를 최소화하며 업무 효율성을 높입니다. 병원에서는 입원 환자의 의약품 식별 보고서 작성이 자동화되어 의료진의 업무 부담을 줄이고, 정확한 기록 관리가 가능해집니다. 이를 통해 병원은 더 많은 환자에게 질 높은 의료 서비스를 제공할 수 있습니다. 환자에게는 처방전을 촬영해 약국에 조제를 예약하고, 앱을 통해 약값을 결제하며 처방전을 관리할 수 있는 편의를 제공합니다. 이는 불필요한 병원 방문을 줄이고 약물 관리의 편리성을 크게 증대시킵니다.

결국 본 솔루션은 비대면 진료의 운영 효율성을 개선하는 데 핵심적인 기술을 가지고 있습니다. 특정 약국의 조제 이력을 활용해 비대면 진료에 필요한 정보를 제공함으로써 환자와 의료진 간의 원활한 소통을 지원하고, 원격 진료 및 모바일 건강 관리에서 중요한 역할을 합니다. 지킴은 AI 기술을 통해 의료 문서 처리의 디지털 전환을 가속화하고, 의료 프로세스 전반의 효율성을 높이며, 궁극적으로 의료 서비스의 질을 향상시키고 환자의 건강과 복지를 증진하는 데 기여하고 있습니다.

서호임팩트:
맞춤형 노인 요양 서비스 제공을 위한 복지원큐

"서호임팩트는 AI와 빅데이터를 활용해 노인 요양 서비스를 개인 맞춤형으로 제공하는 혁신적인 플랫폼을 제공합니다."

복지원큐는 노인 요양 서비스의 패러다임을 변화시키는 혁신적인 플랫폼으로, 빅데이터와 AI 알고리즘을 활용해 개인 맞춤형 요양 서비스를 제공합니다. 이 서비스는 노인의 건강 상태, 장기 요양 등급,

기존 질환, 생활 습관과 패턴 등을 면밀히 분석하여 수급자에게 최적의 요양보호사를 추천합니다. 복지원큐의 고도화된 매칭 알고리즘은 요양 서비스의 질을 향상시키고, 수급자와 보호자 모두에게 높은 만족도를 제공합니다. 이 모든 과정은 전문 사회복지사의 상담을 통해 더욱 세밀하게 조정되어 최종적으로 맞춤형 요양 서비스로 연결됩니다.

본 서비스는 데이터를 기반으로 한 맞춤형 접근 방식을 채택하고 있습니다. 첫 단계로, 수급자의 건강 상태, 장기 요양 등급, 기존 질환, 생활 습관, 가족 환경, 심리 상태 등 중요한 요소를 포함한 방대한 데이터를 수집합니다. 이 데이터는 플랫폼의 핵심 자산으로, 인공지능 알고리즘을 통해 분석되어 수급자에게 가장 적합한 요양 서비스를 제공할 수 있는 인사이트를 도출합니다. 데이터의 양과 질이 증가함에 따라, 복지원큐의 매칭 알고리즘은 더욱 정교해져 개별 수급자의 요구를 정확히 반영할 수 있게 됩니다.

수집된 데이터를 바탕으로 AI 기반의 고도화된 매칭 알고리즘이 수급자와 요양보호사 간 최적의 매칭을 수행합니다. 이 알고리즘은 수급자의 건강 상태뿐만 아니라 요양보호사의 전문성, 경험, 성격, 지역적 접근성 등을 종합적으로 고려하여 상호 간의 호환성을 최적화합니다. 이 과정에서 수급자는 자신에게 가장 적합한 요양보호사를 만나고, 요양보호사 역시 자신의 역량을 최대한 발휘할 수 있는 환경에서 일할 수 있게 됩니다.

매칭된 요양보호사와 수급자는 이후 전문 사회복지사의 심층 상담을 통해 최종 연결됩니다. 사회복지사는 수급자의 세부 요구 사항과 요양보호사의 능력 및 성향을 조정하여, 최적의 맞춤형 서비스를 제공할 수 있도록 합니다. 이로써 수급자는 상황에 가장 적합한 요양 서비스를 받게 되며, 요양보호사는 최상의 환경에서 일할 수 있습니다. 실제 서비스가 시작된 후에도 복지원큐는 지속적으로 서비스를 모니터링하며, 필요에 따라 조정과 개선을 이어갑니다.

이렇게 데이터 중심의 맞춤형 접근을 통해, 요양 서비스의 질을 지속적으로 향상시키고 있으며, 수급자, 보호자, 요양보호사 모두에게 혁신적인 요양 서비스를 제공하고 있습니다. 복지원큐는 데이터 기반의 맞춤형 요양 서비스를 통해 노인 요양 서비스의 새로운 표준을 제시하며, 기술 발전과 고객 피드백을 반영해 노인 요양 서비스의 혁신을 선도하고자 지속적으로 노력하고 있습니다.

타이렐: AI 육성을 통한 마인드 케어 서비스

"타이렐은 AI를 활용해 사용자와의 대화를 통해 정신 건강을 케어하고, 개인 맞춤형 정신 의료 서비스를 제공합니다."

타이렐Tyrell은 AI 육성을 통한 마인드 케어 서비스를 제공하는 혁신적인 플랫폼으로, 사용자와 AI 간의 일상적인 상호 작용을 통해 AI가 점진적으로 진화하는 독특한 경험을 제공합니다. 이 서비스는 사용자가 AI와 매일 대화를 나누며, 그 과정에서 AI의 성격과 가치관이 사용자와 함께 발전하도록 설계되었습니다. 타이렐의 기술은 AI 개인화와 능동화, 그리고 연합 학습을 결합하여 사용자의 정신적 건강과 정서적 지지를 지속적으로 강화합니다.

타이렐의 핵심 기술 중 하나는 AI 개인화 기술입니다. 이 기술은 RAG(재조합된 질문-응답) 방식을 활용하여 사용자와 AI 간의 상호 작용을 최적화합니다. RAG 방식은 사용자의 과거 대화, 성격, 관심사 등 개인화된 정보를 저장하는 저장소에서 데이터를 요청한 후, 이를 바탕으로 AI가 개인화된 응답을 생성합니다. 이를 통해 AI는 사용자의 특성을 이해하고, 더 개인적인 대응을 제공하여 단순한 반응형 도구를 넘어 사용자와 깊이 연결된 조언자 역할을 수행하게 됩니다.

또한 타이렐은 AI 능동화 기술을 통해 AI와 사용자의 상호 작용을 자연스럽고 일상적인 것으로 만듭니다. AI는 사용자의 최근 관심사와 스케줄을 예측하여 능동적으로 메시지를 전송하며, 예를 들어 카카오톡의 선톡처럼 먼저 대화를 유도합니다. 이를 통해 AI는 사용자

5-10. 타이렐 기술 프로세스

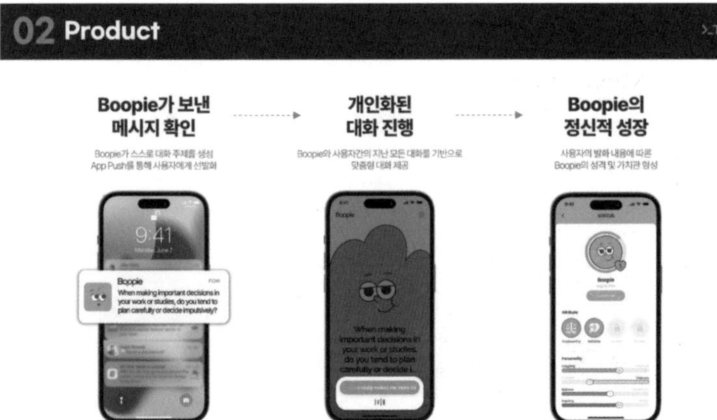

에게 지속적인 정서적 지지를 제공하고, 일상 속 동반자로서의 역할을 강화합니다.

마지막으로 타이렐의 AI 육성 기술은 연합 학습과 RAG 방식을 결합하여 사용자가 AI와의 대화를 통해 AI의 성격과 가치관을 변화시키는 기술입니다. 이 과정에서 AI는 사용자의 성향에 맞춰 진화하며, 시간이 지남에 따라 더욱 개인화된 조언자이자 친구로 발전합니다. 이를 통해 AI는 단순한 프로그래밍된 도구를 넘어 사용자에게 깊이 연결된 정서적 지원을 제공하는 존재로 성장합니다.

타이렐의 AI 기술은 다양한 분야에서 효과적으로 활용되고 있습니다. 2024년 3월부터 남양주시 정신건강복지센터에서는 타이렐의 AI가 자살 고위험군을 대상으로 시범 운영 중이며, 초기 결과는 긍정적입니다. 대상자들은 주 평균 3.7일 AI와 대화를 나누었고, 대화의

5-11. **타이렐 기술 활용 사례**

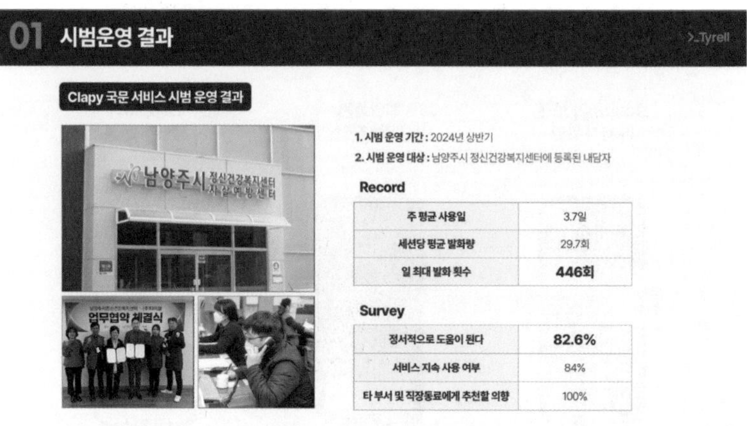
01 시범운영 결과
>_Tyrell
Clapy 국문 서비스 시범 운영 결과
남양주시 정신건강복지센터
자살예방센터
업무협약 체결식
1. 시범 운영 기간 : 2024년 상반기
2. 시범 운영 대상 : 남양주시 정신건강복지센터에 등록된 내담자
Record
주 평균 사용일 3.7일
세션당 평균 발화량 29.7회
일 최대 발화 횟수 446회
Survey
정서적으로 도움이 된다 82.6%
서비스 지속 사용 여부 84%
타 부서 및 직장동료에게 추천할 의향 100%
24

87.7%는 AI가 먼저 시작했습니다. 이는 AI가 적극적으로 사용자와 상호 작용하며 정신적 지지를 제공하고 있음을 보여줍니다. 또한 프로그램 참가자 중 80% 이상이 서비스를 계속 사용하고 싶다고 응답해, 타이렐의 AI가 정신 건강 관리에 효과적임을 입증했습니다.

2024년 10월부터는 부산 게임과몰입상담치료센터에서 디지털 중독 치료를 위한 상담 보조 도구로도 시범 운영될 예정입니다. 여기서 AI는 내담자에게 매일 동기 부여를 제공하고, 상담사의 과제 수행을 도와 치료의 효과를 극대화할 것입니다. AI는 상담사와 내담자 간의 연결 고리 역할을 하며, 디지털 중독 치료에서 중요한 요소로 자리매김할 것입니다.

타이렐의 AI 기술은 개인화된 마인드 케어 서비스를 통해 사용자에게 정신적 지원을 제공하며, AI와 인간의 관계를 새로운 차원으로 확장시키고 있습니다. 타이렐은 이 기술을 통해 현대 사회의 정신적 웰빙을 지원하는 데 중요한 역할을 하고 있습니다.

AI의 의료 도입이 가져오는 혁신과 이에 따른 윤리적, 사회적, 기술적 우려

AI가 의료 분야에 도입되면서 많은 혁신과 진보가 이루어지고 있지만, 동시에 몇 가지 중요한 우려 사항도 제기되고 있습니다. 이러한 우려는 AI 사용이 가져올 수 있는 윤리적, 사회적, 기술적 문제들에서 비롯되며, AI의 의료 도입이 가져올 수 있는 잠재적인 문제들을 깊이 이해하는 것이 그 기술을 책임감 있게 발전시키고 활용하는 데 매우 중요합니다.

먼저 AI의 의료 적용에서 가장 큰 우려 중 하나는 환자의 개인 정보와 관련된 문제입니다. AI 시스템은 방대한 양의 의료 데이터를 분석해 결론을 도출하는데, 이 데이터에는 환자의 민감한 건강 정보가 포함됩니다. 이러한 정보가 유출되거나 악용될 위험은 매우 큽니다. 만약 AI 시스템이 해킹당하거나 데이터 유출이 발생할 경우 환자 개인의 사생활이 심각하게 침해될 수 있으며, 이는 사회적 신뢰의 붕괴로 이어질 수 있습니다.

또한 AI는 현재까지도 많은 경우 정확하고 빠른 진단을 제공하고 있지만, 오진의 가능성을 완전히 배제할 수는 없습니다. AI 알고리즘

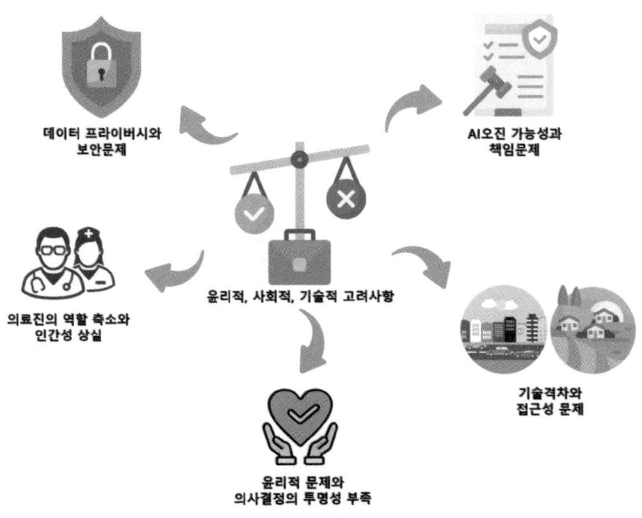

출처: Designed by Freepik

은 주어진 데이터를 기반으로 학습하고 결정을 내리는데, 그 과정에서 잘못된 결론을 도출할 수도 있습니다. 이러한 오진이 발생했을 때 그 책임이 AI를 설계한 개발자, 데이터를 제공한 의료기관, AI 시스템을 사용한 의료진 중 누구에게 있는지에 대한 명확한 기준이 없습니다. 이러한 책임의 불명확성은 의료 AI를 사용하는 데 신중한 고려가 필요한 부분입니다.

더 나아가 AI가 의료 분야에서 점점 더 많은 역할을 맡게 되면서 의료진의 역할이 축소될 가능성도 있습니다. AI는 신속하고 정확한 진단과 치료를 제공할 수 있지만, 인간 의료진이 제공할 수 있는 공감과 소통은 대체할 수 없습니다. 의료는 기술뿐만 아니라 환자와의 인간적인 연결이 중요한 분야입니다. AI가 의료진의 역할을 너무 많이 대체할 경우 환자들은 인간적인 돌봄을 받지 못할 수 있으며, 이로 인해 의료 서비스의 질을 저하시킬 위험이 있습니다.

AI 기술이 발전함에 따라 이러한 기술을 활용할 수 있는 기관과 그렇지 못한 기관 사이의 격차가 커질 수 있다는 점도 우려됩니다. AI 기반의 의료 서비스는 비용이 많이 들기 때문에 경제적으로 여유가 있는 대형 병원이나 선진국에서는 쉽게 도입할 수 있는 반면, 그렇지 않은 지역에서는 접근이 어려울 수 있습니다. 이는 의료 서비스의 불평등을 심화시키고, 의료 접근성에 대한 문제를 야기할 수 있습니다.

또한 AI는 알고리즘을 통해 결정을 내리지만 그 과정이 투명하지 않은 경우가 많습니다. '블랙박스' 문제라고 불리는 이 현상은 AI가 어떻게 결론에 도달했는지 명확히 설명할 수 없는 경우를 말합니다. 이는 환자와 의료진 모두에게 불안을 초래할 수 있으며, 윤리적 문제로도 이어질 수 있습니다. 의료 결정은 환자의 생명과 직결된 중요한 문제이므로, 이러한 결정이 어떻게 내려졌는지 명확히 이해하는 것이 중요합니다.

결론적으로 AI의 의료 도입은 분명 많은 가능성과 혜택을 가져오지만, 이와 동시에 제기되는 우려 사항들을 충분히 고려하고 해결하려는 노력이 필요합니다. 데이터 보안 강화, 오진 시 책임 소재의 명확화, 의료진과 AI의 협력 모델 구축, 기술 접근성의 균등화, 그리고 AI 의사 결정 과정의 투명성 확보 등이 중요한 과제입니다. AI가 의료 분야에서 진정한 혁신을 이루기 위해서는 이러한 우려를 해결하면서 신중하게 접근하는 것이 필요합니다. 의료 AI는 기술과 인간이 균형을 이루어 보다 나은 삶과 건강을 위해 함께 발전해 나가야 할 것입니다.

우려를 넘어선 AI가 이끄는 의료의 밝은 미래: 기술 발전과 협업을 통한 긍정적 변화

이러한 우려들이 존재함에도 불구하고, AI가 의료에 적용되는 미래가 밝은 이유는 여러 가지 중요한 요인들에 기인합니다. AI의 잠재력은 우리가 마주한 도전 과제들을 해결하고, 의료 분야에서 더 나은 결과를 끌어낼 수 있는 가능성을 열어주고 있습니다.

AI가 의료 분야에서 성공적으로 활용되기 위해서는 인간과 AI의 협업이 필수적입니다. AI는 의료진의 지식을 보완하고, 복잡한 데이터 분석을 통해 진단과 치료를 지원하는 도구로 자리 잡고 있습니다. 의료진은 AI가 제공하는 정보를 바탕으로 더 나은 결정을 내리며, 환자와의 인간적인 소통과 공감을 유지하면서 AI의 이점을 최대한 활용할 수 있습니다. 이러한 협업은 의료 서비스의 질을 한층 더 높이는 결과를 가져올 것입니다.

또한 AI는 의료 서비스의 접근성을 크게 확대할 잠재력을 가지고 있습니다. 특히 원격 의료와 같은 기술을 통해, 지역적 또는 경제적

5-13. AI와 함께 나아가는 의료의 미래 모습

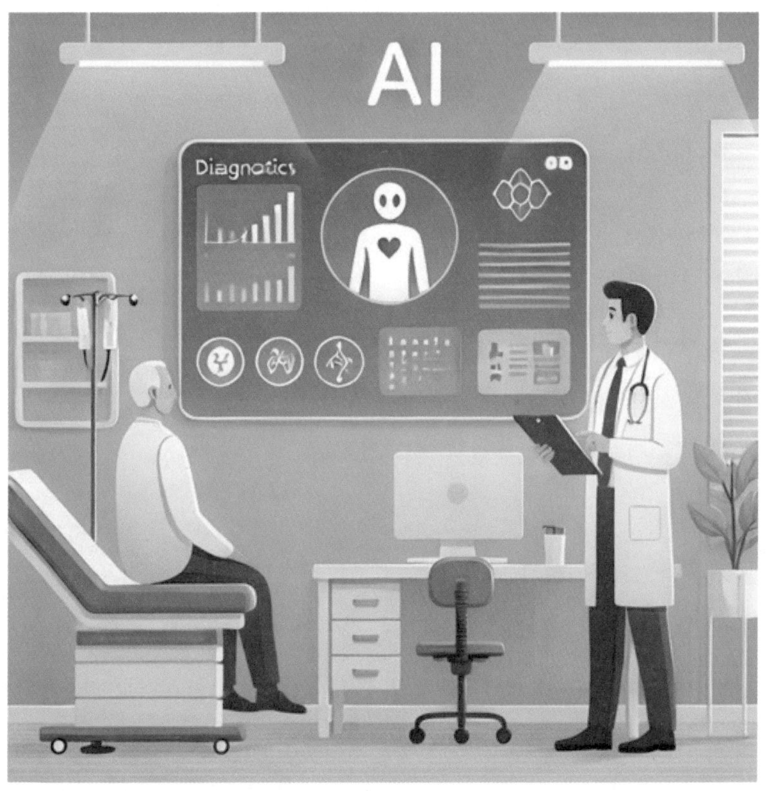

제약으로 인해 의료 서비스에 접근하기 어려웠던 사람들에게도 양질의 의료 서비스를 제공할 수 있습니다. 이는 의료 불평등을 해소하고, 더 많은 사람들이 적절한 진료를 받을 수 있는 환경을 조성하는 데 기여할 것입니다.

그러나 AI의 의료 도입이 성공적으로 이루어지기 위해서는 글로벌 협력과 윤리적 가이드라인의 수립이 중요합니다. 세계 각국은 AI 기술의 윤리적 사용과 데이터 보호를 위해 협력하고 있으며, 이러한 노력이 결실을 맺는다면 AI의 의료 활용에 대한 우려를 크게 줄일 수 있습니다. 윤리적 기준과 투명한 프로세스를 갖춘 AI 시스템은 환자와 의료진 모두에게 신뢰를 제공하며, 기술의 올바른 사용을 보장할 것입니다.

AI는 기존의 의료 시스템을 혁신하고, 새로운 방식으로 건강 문제에 접근하게 합니다. 이는 더 나은 치료 결과와 비용 효율성을 가져올 뿐만 아니라, 전 세계적으로 지속 가능한 의료 시스템을 구축하는 데 기여할 것입니다. AI는 의료 자원의 효율적인 사용을 돕고, 예방적 의료의 중요성을 강조함으로써, 인류 전체의 건강을 향상시키는 데 중요한 역할을 할 것입니다.

결론적으로, 우려가 있음에도 불구하고 AI의 의료 도입은 명확한 장점과 가능성을 가지고 있습니다. 끊임없이 발전하는 기술, 인간과 AI의 협업, 접근성의 확대, 글로벌 협력, 그리고 의료 혁신을 통해 우리는 AI가 이끄는 의료의 미래가 더욱 밝고 긍정적인 방향으로 나아갈 것임을 기대할 수 있습니다. AI는 우리의 건강과 삶의 질을 높이는 중요한 도구로 자리 잡을 것이며, 이러한 미래를 실현하기 위한 노력이 지금 이 순간에도 계속되고 있습니다.

내 손 안에 대치동이 있다

박성진
웅진씽크빅 MetaX 사업팀 책임연구원
게이미피케이션 / 비지도학습 알고리즘 연구자
sjpark0826@wjthinkbig.com | https://gxdesign.oopy.io/

대학생 조카가 한 명 있습니다. 2023년 코로나 상황이 완전하게 해제됐고, 오프라인 수업이 시작되면서 제 조카도 본격적인 대학 생활을 즐길 수 있었습니다. 그러던 2023년 추석 어느날, 여느 때와 마찬가지로 학점을 가지고 내기를 하다가 우연찮게 챗GPT에 대한 대화를 나눴습니다.

성진: 삼촌은 시험 문제 내는데~ 너는 시험 보고 있네?

조카: 삼촌! 요즘은 챗GPT가 있어서 괜찮은데.

성진: 챗GPT로 시험 보는 건 아니잖아?

조카: 근데 과제는 챗GPT로 해결하는데? 챗GPT 있으면 과제 걱정은 없다고.

성진: 아… 챗GPT가 시험 문제는 안 만들어주냐… 후….

한 방 먹은 느낌이었습니다. 이미 챗GPT는 우리 생활 곳곳에 퍼져 있었고, 신문이나 뉴스에선 매일 챗GPT에 대한 내용을 쏟아냈습니다. 조카가 챗GPT로 과제를 해결하거나 시험 공부에 도움을 받는 것이 매우 당연했습니다.

2023년 1월, 스탠포드대학교의 사내 학보사인 더 스탠포드 데일리가 비공식으로 설문 조사를 진행했습니다. 주제는 바로 챗GPT 사용 경험이었습니다. 전체 응답자 4,497명 중 약 17%가 기말 고사에 챗GPT를 사용한 경험이 있으며, 전체 응답자의 약 60%가 챗GPT를 활용하여 브레인스토밍, 개요 작성, 아이디어 구상을 했다고 응답했습니다. 29.1%는 객관식 문제 정답을 맞히기 위해 챗GPT를 사용했다고 합니다. 이 조사 결과 중에서 가장 흥미로웠던 결과는 전체 응답자의 약 6%가 편집도 없이 챗GPT가 내놓은 결과물을 그대로 제출했다는 것입니다.

이때 당시만 해도 학생들의 챗GPT 사용은 흥미로운 이야기 주제였습니다. 그러나 지금은 대부분의 대학에서 챗GPT 사용을 권장하고 있으며, 적절한 프롬프트를 작성할 수 있는 특강까지 열리고 있다고 합니다.

더 나아가 챗GPT의 개발사인 오픈AI는 2024년 6월 대학 전용 모델인 '챗GPT Edu'를 출시했다고 합니다. 최근에 나온 GPT-4o를 기반으로 하는 서비스 모델이며, 학생 개인 맞춤형 지도, 이력서 검토,

대학 연구원의 보조금 신청서 작성, 교직원 채점 및 피드백 등 캠퍼스 전체에서 다양한 작업을 할 수 있도록 개발됐다고 합니다. 이미 옥스포드대학교, 펜실베이니아대학교 와튼 스쿨 등 미국 유명 대학들은 챗GPT Edu를 사용하고 있다고 밝혔습니다.

국가와 사회 발전의 백년을 책임지는 교육

교육은 '백년지대계百年之大計'라 했습니다. '백년 후 앞을 내다보는 큰 계획'으로 국가와 사회 발전을 위해 우리나라를 포함한 많은 나라들이 더 나은 교육, 더 효과적인 교육을 위해 아낌없이 투자해 왔습니다. 우리나라의 고등 교육 재정 지원 예산은 2010년 7.5조 원에서 2021년 16.3조 원으로 10년 사이에 두 배가 넘는 규모로 국가 미래를 위한 투자가 진행 중입니다. 조금 더 자세히 보면, 2022년 OECD가 발표한 교육 단계별 재정 투자 현황에 따르면, 학생 1인당 공교육이 투자하는 비용은 미국이 35,347달러로 가장 많았고, 그 다음으로 프랑스, 캐나다, 영국, 일본이 뒤를 이었습니다. 우리나라는 학생 1인당 공교육 투자 비용이 약 4,323달러인 것으로 조사됐습니다.

또한 초등과 중등 교육 단계에서 학생 1인당 공교육비 평균 규모는 고등 교육 규모의 1.4배에 달했습니다. 우리나라 초등과 중등 교육 단계에서 공교육이 학생 1인당 지출한 비용은 OECD 평균의 143% 수준으로, OECD 38개국 중 4위를 기록했습니다. 이처럼 우리나라도

6-1. **2022년 국가별 학생 1인당 공공 재원 투입액 현황** (단위: 달러)

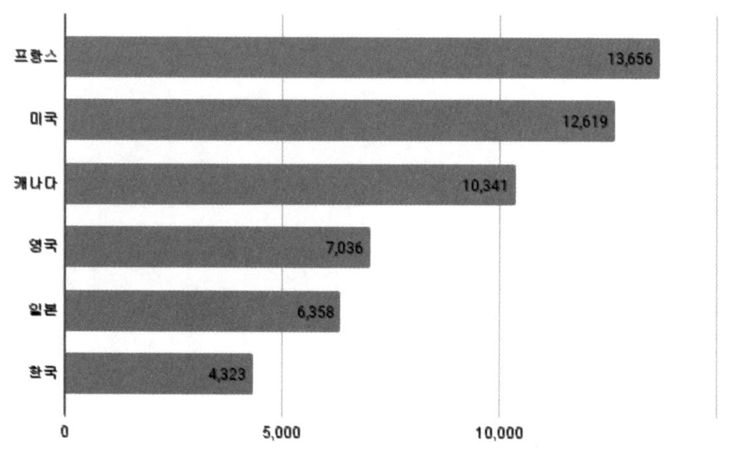

출처: OECD 교육 지표 2023

다른 선진국 못지 않게 교육에 대한 투자가 매우 적극적으로 이루어지고 있다는 증거이고, 2010년부터 지금까지 초등, 중등 교육에 대한 공교육 투자 규모가 매년 증가하고 있는 추세입니다.

공교육과 마찬가지로 사교육에 대한 투자 규모도 상당합니다. 학생 1인당 민간 재원 투입액 기준 미국의 학생 1인당 민간 재원 투자액은 22,728달러로 공공 재원 투자액의 약 2배인 것으로 나타났고, 그 다음이 영국, 일본, 캐나다, 한국, 프랑스 순으로 조사됐습니다.

조금 더 세부적으로 들어가 보겠습니다. 제4차 산업혁명 때부터 지금까지 교육계는 AI에 지속적으로 투자해 왔습니다. 유명한 투자 사

6-2. **2022년 국가별 학생 1인당 민간 재원 투입액 현황** (단위: 달러)

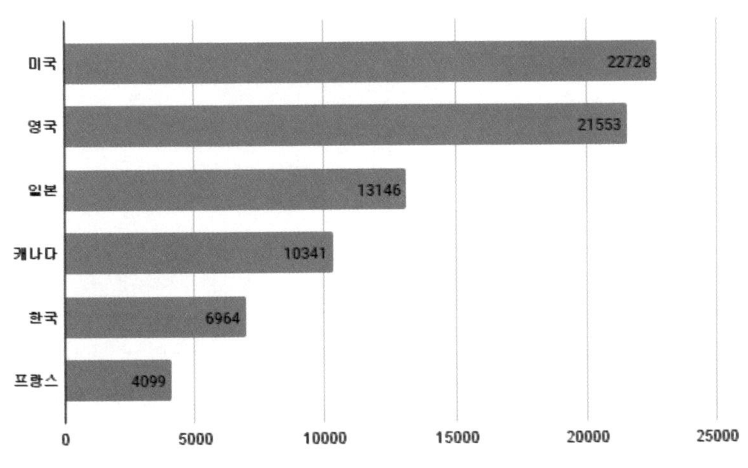

출처: OECD 교육 지표 2023

례로 마이크로소프트의 빌 게이츠가 이끄는 게이츠 재단은 AI를 활용한 교육에 1억 2천만 달러를 투자했다고 알려져 있습니다. 게이츠 재단의 AI 투자는 AI가 학생과 교사의 상호 작용을 통해 학습하고, 이를 응용한 최적의 학습 모듈을 개발한다는 목표를 가지고 있다고 합니다.

대한무역투자진흥공사KOTRA의 기사에 따르면, 2022년 AI 속 교육AI in education 글로벌 시장 규모는 약 40억 달러이며, 2032년까지 10% 이상의 연평균 성장률을 보일 것으로 예상된다고 합니다. 또한 챗GPT가 출시된 2022년 11월 이후 각종 교육 플랫폼들은 챗GPT를 활용한 새로운 서비스를 서로 앞다투어 출시했습니다.

이처럼 글로벌하게 AI와 교육의 접목을 선도하는 것은 미국입니다. 미국은 2019년 4월 'AI4K12 이니셔티브'를 출범했는데, 큰 골자는 유·초등 교육부터 고등 교육(K-12)에 이르는 과정에 AI 핵심 리터러시 교육을 진행하는 것입니다. 이는 크게 5개 카테고리로 구분합니다.

- **인식:** AI는 세상을 이해하기 위해 센서(sensor)를 이용하기 때문에 인간과 컴퓨터가 세상을 받아들이는 방식에 대한 교육
- **표현/추론:** AI가 세상을 표현하고 학습한 것들을 추론하기 때문에 이러한 과정에서 작동하는 알고리즘에 대한 교육
- **학습:** AI는 세상을 배우기 위해 데이터로부터 학습하기 때문에 '학습'이라는 행위에 대한 교육
- **상호 작용:** AI와 인간은 상호 작용해야 하기 때문에 상호 작용에 관련한 교육
- **사회적 영향:** AI는 긍/부정적 효과를 동시에 야기하기 때문에 그에 대한 윤리적, 도덕적, 사회 관념/관습적 교육

영국은 2017년부터 국가 교육 과정에 AI 교육을 도입하기 시작했습니다. 특히 '개발' 능력 강화를 중점적으로 초등부터 고등 정규 교육 과정을 대폭 강화했습니다. 초등학교에는 코딩, 로봇 공학 등 기본적인 컴퓨터 사고력과 문제 해결 능력을 기르기 위한 과목이 추가됐고, 중학교에는 데이터와 머신 러닝의 기본부터 시작하여 간단한 AI 모델을 만들 수 있도록 커리큘럼이 구성되었다고 합니다. 고등 과정에서는 AI 윤리, 사회, 법 등 심층적인 내용을 다루면서 AI 전문 지식을

쌓을 수 있도록 선택 과목을 제공하는 방식으로 운영하고 있습니다.

특히 초등 교육 과정에서 아이들이 쉽게 코딩을 할 수 있도록 아이들이 선호하는 애니메이션 IP를 이용하거나, 지금은 일반화된 블록 코딩 등의 프로그램을 개발하여 아이들이 코딩에 친숙해질 수 있도록 한 것으로 유명합니다.

독특하고 독보적인 교육 철학으로 유명한 독일도 AI 교육을 진행하고 있습니다. 독일의 정규 교육 과정 속 미디어 교육과 정보 과학 교육이 확대됐고, 인공지능 관련 교육도 시행되기 시작했습니다. 특히 5~6학년 대상으로 미디어 교육을 의무적으로 시행하거나, 정보 과학 기초 과정 등 인공지능 기반 교육을 필수 과정으로 설정했습니다. 또한 '튜링 테스트'를 토대로 컴퓨터와 인간, 바이러스, 진화 등 철학적 관점으로 접근하여 AI와 여러 과목 사이에 학제 간 교육을 추진하는 베를린-브란덴부르크주의 교육 과정이 주목받고 있습니다.

교육과 AI의 딜레마

교육에 AI를 적용하려는 핵심 이유는 학습 효과 극대화와 교사 역량 강화일 것입니다. 디지털 교육 콘텐츠들이 공교육 현장에 도입되면서 책과 그림, 영상의 한계를 넘지 못했던 지식 전달 방식이 가상 실험실, 실사 현장 재현 등 3차원 기술과 AI 기술 기반 콘텐츠로 진화하기 시작했습니다. 학생과 교사는 과학 실험실에서 다양한 실험을 하되, 실험실에서 할 수 없는 것들을 AI의 도움을 받아 3차원 가상 실험실에서 실험을 할 수 있게 됐습니다.

더 나아가 생성형 AI 기술 출시 이후 기존 교육 시스템의 방향을 수정해야 한다는 목소리가 나오기 시작했습니다. '축적된 지식을 바탕으로 답을 찾는 것'이 기존 교육의 목표였다면, 지금은 'AI를 잘 이용하여 인간이 가진 한계를 극복하는 방법'으로 바뀌기 시작했습니다. 선생님 대신 학급 운영에 필요한 데이터를 취합하거나, 학생들의 질문을 대신 받아주는 등 교육 현장에 혁신을 만들어내기 시작했습니다.

하지만 안전하지 못했고, 믿을 수 없었습니다. AI 기술 기반 챗봇에게 질문을 했을 때 데이터로 만들어진 질문이 아니라면 원하는 답을 얻을 수 없었습니다. AI가 사람의 언어를 '단어' 단위로 이해하지만 문장에 내포된 '맥락'을 이해하지 못했기 때문입니다. 그 결과 AI 데이터베이스에 존재하지 않는 질문은 답변하지 못하거나, AI 챗봇의 질문과 데이터베이스가 가진 답변이 100% 일치하지 않아서 또한 AI 챗봇은 대화 중인 인간의 문장으로부터 학습했기 때문에 수많은 윤리적, 법적 문제를 야기했습니다. 그 결과 챗GPT 이전 AI 챗봇은 교육뿐만 아니라 다른 분야에서도 사용을 꺼리거나 검증받은 안전 장치와 특정 범위 내에서만 작동했습니다.

국가별로 챗GPT를 사용하는 연령이 점점 낮아지고 있습니다. 미국 금융 서비스 P사의 조사에 따르면 총 9,193명이 참여했고, 평균 연령 15.7세인 응답에서 미국 10대 청소년 5명 중 2명은 챗GPT와 같은 AI 도구를 사용하고 있다고 밝혔습니다. 또한 10대 남학생일수록 챗

6-3. 인간에게 많은 생각을 남긴 AI 챗봇: 이루다

출처:https://luda.ai/

GPT를 잘 사용하는 것으로 나타났습니다.

옆나라 일본은 어떨까요? 일본 이동통신사업자 N사가 진행한 15세 이상 챗GPT 사용 설문 조사 결과에 따르면, 15세 이상이고 학생인 응답자의 40%가 챗GPT를 사용하고 있다고 답했고, 교직원의 30%가 챗GPT를 사용하고 있다고 응답했습니다. 특히 일본의 A 신문사의 대학생 대상 챗GPT 활용 조사에 따르면, 참여 학생의 90%가 챗GPT로 과제를 작성했다고 합니다.

하지만 교육 현장에서 챗GPT 사용률이 올라갈수록 함께 떠오른 키워드가 바로 '부정 행위'였습니다. 챗GPT가 도출한 답변을 편집, 첨삭 혹은 그대로 제출했을 때 윤리적, 도적적 문제가 항상 따라다녔습니다.

또한 함께 떠오르는 문제는 신뢰도였습니다. 몇몇 연구자와 전문가는 챗GPT가 시간이 가면 갈수록 성능 저하를 경험했고, 소위 '멍

청'해졌다는 보고도 있습니다. 뿐만 아니라 환각Hallucination 문제도 극복하지 못했다고 합니다. 이런 문제들로 인해 챗GPT가 내놓은 결과를 의심하는 사람도 여전히 존재합니다.

그럼에도 불구하고 지속적인 연구 개발을 통해 AI의 단점을 극복하고, 교육 효과의 극대화를 위해 AI을 사용하고자 하는 시도는 여전합니다. AI의 문제를 극복하고 교육 현장에 혁신을 불러일으킨 AI 기반 에듀테크 사례를 찾아보겠습니다.

웅진씽크빅:
대한민국 에듀테크의 선봉장이 AI를 사용하는 방법

AI 기술이 고도화되고, 생성형 AI와 같이 사람의 말을 이해하는 AI가 출시되고 나서 안정적이고, 사람에 준하는 수준으로 기계와 대화하며 언어를 배울 수 있는 서비스들이 출시되기 시작했습니다. 대표적인 예시가 영어 교육 컨텐츠입니다.

우리나라 유·초등 에듀테크 업계에 선두 주자를 달리고 있는 웅진씽크빅은 AI를 여러 방면으로 활용하고 있습니다. 크게 2가지입니다. 첫 번째, 생성형 AI를 활용한 AI 챗봇의 한계를 극복하고자 합니다.

웅진씽크빅은 '스마트올-메타버스' 속 NPC에 생성형 AI를 적용하여 기존 AI 챗봇의 한계 극복 가능성을 보여줬습니다. 평소엔 기계적인 반응만 보이던 메타버스 NPC들에게 생성형 AI를 적용하여 대화

가능한 NPC로 바꿨습니다. 사용자들과 원활한 대화를 할 수 있도록 추천 질문을 제공하는 방식으로 생성형 AI 활용 방식을 연구하기 시작했습니다. 특히 코리아 메타버스 어워드 2023에서 선보인 영어 대화 NPC '에밀리'는 초등학생 수준의 영어 실력을 가졌고, 영어로 질문을 주고받는 데 큰 문제가 없었습니다.

웅진씽크빅은 앞서 설명한 사례를 비롯하여 30여 건의 인정받은 특허 기술, 생성형 AI 기술과 자체 개발한 AI 기술을 바탕으로 영어 스피킹 중심 교육 메타버스 앱 '링고시티'를 출시했습니다. 링고시티는 유럽 표준 영어 교육 커리큘럼 제도인 CEFR Pre-A 수준의 커리큘럼을 바탕으로 7~13세 아이들이 영어를 배울 수 있는 앱입니다.

링고시티에는 생성형 AI를 적용한 학습 기능이 두 가지 있습니다. 첫 번째는 정해진 문장을 기반으로 NPC와 대화를 주고받는 퀘스트 자유 대화입니다. 정해진 커리큘럼 내에서 사용 가능한 기능입니다. 학습자는 퀘스트 자유 대화가 진행되면 그동안 배웠던 문장을 활용하여 NPC와 대화해야 합니다. 이때 틀리거나 잘못된 문장을 발화해도 생성형 AI가 대응하여 올바른 문장을 발화할 수 있도록 도와줍니다.

두 번째 기능은 액티비티 자유 대화입니다. 정해진 커리큘럼 학습을 끝내면 생성형 AI와 자체 개발한 AI가 적용된 NPC들과 자유 대화가 가능합니다. 자체 AI를 통해 학습자의 수준을 측정하고, 학습자가 선호할 만한 주제(예를 들어 음식, 색, 놀이 등)를 가지고 먼저 대화를 시도합니다. 이때 생성형 AI를 적용한 NPC는 정해진 문장이 아닌 학습자 수준에 따른 문장을 생성하고 이를 통해 학습자와 대화합니다. 링고시티의 자유 대화의 특징 중 하나는 NPC 질문에 대한 아이의 답변에 '틀렸다'고 말하지 않고 '다른 답변'임을 알려줍니다. 이는 웅진의 교육 철학이 담겨있는 기술이라고 말할 수 있습니다.

뿐만 아니라 학습자가 어려움에 처했을 때 도움을 받을 수 있는 튜터 '토키talky'가 있습니다. 지금 당장 내가 무엇을 해야 할지 모를 때, 지금 진행하는 미션에서 답변을 모를 때, 토키가 이를 감지하고 다음 행위를 알려주거나, 추천 질문을 제공하여 원활하고 성공적인 학습을 유도합니다. 뿐만 아니라 학습에 도움이 되는 다양한 기능을 제공합니다. 메타버스에서 길을 잃었을 때 다시 미션을 할 수 있도록 이동을 도와주는 기능, 자신이 원하는 학습을 할 수 있도록 하는 기능, 다른 공간으로 이동하는 기능 등 메타버스에 존재하는 기능을 연결해주는 도우미 기능도 탑재되어 있습니다. 이러한 웅진의 생성형 AI 기술력은 학습자가 제2 외국어를 배울 때 기존 대비 약 20% 개선된 문장을 말할 수 있도록 도와주는 기술이라고 합니다.

두 번째는 자체 개발한 학습 개인화 AI입니다. 웅진씽크빅이 자체 개발한 AI는 흥미로운 특징을 가지고 있습니다. 바로 학습자의 '습관'과 '태도'를 데이터화하여 학습자에게 알맞은 학습 컨텐츠를 제공합니다. 예를 들어 학습자가 마주한 문제를 해결하는 시간, 정답 선택 태도, 이전 문제 혹은 비슷한 문제 풀이 패턴 등의 정량적 데이터를 통해 이 학습자가 이 문제를 찍었는지 혹은 충분히 풀 수 있는데 귀찮아서 그냥 넘긴 건지 등을 파악합니다. 웅진씽크빅의 자체 AI가 판단

6-4. **링고시티**

출처: 웅진씽크빅 홈페이지

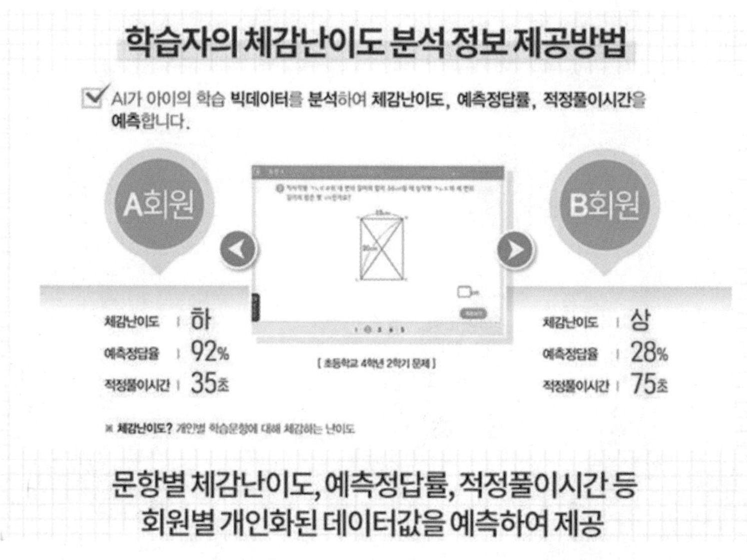

출처: 웅진씽크빅 홈페이지

하여 다음에 풀어야 할 문제는 이 학습자가 충분히 풀 수 있는 수준으로 제시합니다.

웅진씽크빅은 자체 개발한 AI를 수학 교육에 적극 활용하고 있습니다. 대표적인 서비스로 '매스피드'가 있습니다. 앞에서 언급한 AI 기술을 통해 학습자의 수준을 분석하여 개인화된 학습 컨텐츠를 제공합니다. 또한 어려워하는 문제는 직접 수식을 보여주거나, AI를 통해 학습자가 어려워하는 부분을 파악하고 문제를 푸는 방법을 알려주는 식으로 수학에 흥미를 가질 수 있도록 합니다. 매스피드는 미국, 영국, 인도를 포함하여 174개국에서 서비스 중이며 2024년 기준 약

250만 건의 다운로드 기록을 보유하고 있습니다.

뿐만 아니라 자체 개발한 AI는 학습자의 책읽기를 도와주는 'AI 책읽기' 서비스를 제공하고 있습니다. 학습자의 기본 정보(나이, 학습 정보 등)와 독서 행동 분석 데이터(선호 장르, 취향, 독서 시간, 습관, 이해도, 난이도 등), 책 분석 데이터, 또래 비교군 데이터를 통해 학습자에게 알맞은 책을 권장합니다. 이때 학습자에게 권장하는 책은 학습자의 교과 과정에 필요한 지식을 전달하고, 어휘력을 키울 수 있으며, 책 읽는 행위에 흥미를 가질 수 있도록 맞춤 도서를 제공합니다. 2014년에 출시한 AI 책읽기 서비스는 약 750만 명의 누적 회원수를 기록했고, 하루에 약 1억 건의 데이터가 발생하고 있습니다. 발생한 데이터는 학습자에게 알맞은 책을 추천하기 위해 고도화되고 있습니다.

듀오링고와 스픽: 어른들의 언어 학습을 위한 AI

링고시티처럼 생성형 AI와 직접 대화하며 언어 학습을 할 수 있는 사례가 있습니다. 바로 '듀오링고'입니다. 2023년 3월, 듀오링고는 듀오링고 맥스Duolingo Max라는 서비스를 출시했습니다. 한 달에 약 30달러라는 비용으로 생성형 AI와 제2외국어로 대화할 수 있는 서비스입니다. 또한 듀오링고의 강점 중 하나인 다양한 언어를 배울 수 있다는 특장점을 적극 활용하고 있습니다.

2024년 10월 기준으로 듀오링고 맥스는 영어 사용자를 대상으로 프랑스어, 스페인어, 독일어, 포르투갈어, 이탈리아어를 배울 수 있도록 생성형 AI 기술을 통한 언어 학습의 범위를 확장시킨다고 발표했습니다. 듀오링고 맥스의 생성형 AI 기술은 크게 두 가지를 제공합니다. 첫 번째 기능은 답변 해설 기능Explain My Answer입니다. 듀오링고 맥스를 통해 자신이 발화한 내용에 대하여 생성형 AI가 발화에 대한 해석을 제공하며 피드백도 함께 제공합니다. 답변 해설 기능 도입으로 듀오링고 맥스는 학습자가 오답의 이유를 알게 되고, 올바른 예시나 추가 설명을 제공받기 때문에 학습 이탈 가능성을 줄이고, 체계적인 학습 커리큘럼에 대한 재고와 구체적인 피드백을 통해 생성형 AI 학습 서비스의 부가가치 창출이 가능할 것으로 시사했습니다.

두 번째 기능은 역할극 기능Role Playing입니다. 학습자와 듀오링고 맥스 내 생성형 AI가 각자 역할을 가지고 그 역할에 몰입하여 대화를 이어 나갈 수 있습니다. 역할극 기능이 메인 기능은 아니지만, 듀오링고 내 게이미피케이션Gamification과 연계하여 학습자가 자발적으로 역할극 대화를 하도록 설계되어 있습니다. 듀오링고 맥스의 역할극 기능을 사용해 본 사람들 대부분이 자신이 학습 중인 언어를 더 잘 익히고, 더 자세히 익히는 데 큰 도움이 되었다고 합니다. 또한 생성형 AI와 역할극을 수행하며 언어 외 문화, 취미, 활동 등 다양한 주제를 넘나들며 제2의 언어로 대화를 나눈 것이 상당히 매력적이라고 합니다.

링고시티, 듀오링고와 또 다른 컨셉이지만 생성형 AI를 이용한 언어 학습 플랫폼이 있습니다. 바로 '스픽Speak'입니다. 스픽을 출시한 스픽이지랩스는 2016년부터 언어 학습을 위한 AI 연구 개발을 한 것

6-6. **듀오링고 맥스**

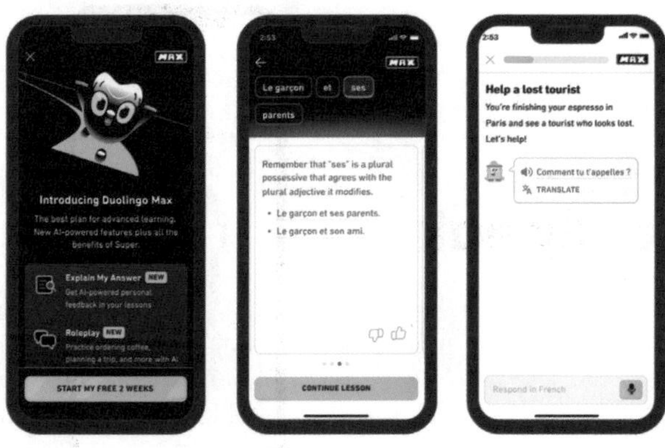

출처: 듀오링고 공식 블로그

으로 알려져 있고, 시드 투자를 시작으로 2024년까지 총 1,150억 원이라는 투자 유치에 성공했고, 약 7,000억 원이라는 기업 가치를 인정받으며 예비 유니콘 기업으로 자리매김하면서 언어 교육계에 돌풍을 일으킨 기업입니다.

스픽은 챗GPT 개발사인 오픈AI와 파트너십 체결을 통해 생성형 AI 기술을 선제적으로 적용하여 고객들에게 차별화된 영어 교육 서비스인 AI 튜터를 제공하였습니다. 특히 매일 10,000분 이상 수집되는 한국인의 영어 음성 데이터를 스픽의 AI에 학습시키면서 AI의 속도와 정확도를 끌어올렸습니다. 그리고 챗GPT 4.0을 적용하여 실제 사람과 대화하는 듯한 경험을 전달하며 학습자가 영어 공부를 '더' 잘 할 수 있도록 다양한 서비스를 제공하고 있습니다.

Speak

출처: 스픽 홈페이지

그야말로 영어를 배우고 싶어하는 한국 사람 맞춤형 영어 교육 애플리케이션입니다. 그래서 스픽이 초점을 맞춘 AI 활용 방법은 바로 '음성 인식'입니다. 학습자가 발화한 문장을 텍스트 데이터와 음성 데이터를 분류하고, 이를 최소 단위로 분석하여 데이터화한 다음 AI를 통해 학습에 필요한 인사이트들을 도출합니다. 일정 수준 이상 발음을 제대로 하지 못했을 경우 다시 따라 해야 합니다. 스픽을 경험해 본 학습자들이 극찬하는 부분이 바로 발음 인식과 교정 기능입니다.

음성 인식 AI를 통해 도출된 데이터들을 바탕으로 학습자가 영어를 더 잘할 수 있도록 문장을 계속 발화하도록 유도하거나, 다양한 에피소드를 제공하여 학습자가 지루할 틈을 주지 않습니다. 학습자의 수준에 따라 코스를 선택하고, 그 안에서도 학습자의 수준에 따라 적당한 문장을 계속 추천하여 발화를 유도하고 있습니다. 만약 해외 출장을 앞둔 사람이 스픽으로 영어 공부를 한다면, 학습자 수준에 맞는 비즈니스 영어 혹은 출장지에서 겪게 될 이벤트를 에피소드화하여 커리큘럼을 제공합니다.

그 외에도 바벨, 로제타 스톤, 멤라이즈 등 전 세계적으로 유명한 언어 학습 서비스들이 앞다퉈 생성형 AI를 적용하고 있습니다. 제공하는 서비스는 거의 동일합니다. 커리큘럼을 통해 학습한 언어를 직접 사용할 수 있도록 생성형 AI를 적용한 가상의 인간과 대화하거나 내가 발화한 문장에 대한 피드백을 제공하는 등의 서비스를 제공하고 있습니다.

매스프레소:
수학 문제를 찍지Guess 않고 찍게Capture 만든 AI

수학은 국가의 미래라고 불릴 정도로 중요한 과목입니다. 기술 중심 성장으로 인해 수학의 위상은 기초 학문의 중요성을 뛰어넘어 전방위적으로 그 중요성이 재정립되고 있습니다. 과거엔 전문가의 경험, 정성적 평가를 바탕으로 성장해온 기술 분야이지만 AI 기술의 발전과 데이터 사이언스의 중요성이 높아지면서 수학의 위상이 이전과 많이 달라진 것이 사실입니다.

그로 인해 나타난 현상이 수포자(수학을 포기한 사람)입니다. 우리나라 수학 교육 과정은 가파른 계단식 교육 과정으로 설계되어 있어서 한번 놓치면 쉽게 따라잡기 어렵습니다. 그래서 영어와 더불어 수학에 투자되는 교육비가 상당합니다. '사교육걱정없는세상'에서 수포자 비율을 확인하기 위해 진행한 설문 응답자 중에서 초등학생 11.6%, 중학생 22.6%, 고등학생 32.3%가 수포자라고 응답했습니다. 거시적인 관점에서는 문제라고 볼 수 있습니다.

AI를 통해 교육 혁신을 꿈꾸는 사람들이 새로운 방법을 찾기 시작했고, 그 많은 방법 중 하나가 바로 매스프레소의 콴다 AI가 아닐까 생각합니다. 매스프레소의 콴다는 전 세계 약 7,500만 명의 사용자를 보유하고 있습니다. 콴다의 사용법은 아주 간단합니다. 학습자가 마주한 수학 문제를 스마트폰 카메라를 이용하여 촬영하면 콴다의 AI가 촬영한 문제를 인식하여 풀이를 보여줍니다. 또한 다른 학습자들이 촬영하여 업로드한 문제와 풀이 데이터를 데이터베이스화하여 촬영한 문제 외 다른 문제 혹은 유사 문제를 보여주며 지금 마주한 수학 문제를 풀 수 있도록 도와줍니다.

콴다 속 문제 풀이 튜터는 생성형 AI가 적용된 기능입니다. 모르는 문제에 대한 해석을 콴다가 자체 개발한 RAG 시스템 기반 LLM 챗봇이 대답하여 마치 선생님이 옆에서 가르쳐 주듯 친근하고 이해하기 쉬운 내용으로 풀이를 설명합니다. 뿐만 아니라 학습 데이터를 바탕으로 대시보드를 제공하여 학습 성취도 진단 및 분석을 통해 학습자 스스로 피드백을 받을 수 있도록 하거나, 관리하는 선생님이 있을 경우 학습자의 상태를 빠르게 이해할 수 있는 다양한 정보를 제공합니다.

6-8. **콴다**

출처: 콴다 홈페이지

콴다의 AI를 통한 수학 문제 풀이는 해답을 넘어 학습자가 수학에 대한 도전을 장려하여 수학에 대한 자신감을 획득할 수 있도록 학습 사이클을 설계했다고 합니다. 2022년 12월에 매스프레소가 발표한 자료에 따르면 월 사용자 1,300만, 이용 국가는 50개 이상, 누적 투자는 약 1,200억 원에 달하며, 하루 평균 1,100만 개의 질문이 올라온다고 합니다. 매스프레소의 콴다 서비스를 바탕으로 수학 교육의 문제를 AI를 통해 극복하고자 하는 시도가 증가했고, 매스프레소는 생성형 AI를 통해 더 나은 수학 교육 서비스를 제공할 것이라고 밝혔습니다.

더 나은 교육을 위한 AI

지금까지 학습자를 위한 AI였다면 이번엔 선생님을 위한 AI입니다. 학교 선생님, 학원 선생님 모두 자신이 마주한 학생들에게 지식을 전달하고 그들이 올바르게 성장하여 가치 있는 사람이 되기 위하여 자신을 헌신하는 사람들입니다. 하지만 우리나라 교육 시스템은 선생님에게 '가르치는 일'만 주지 않습니다. 학습자를 '관리'하기 위해 필요한 행정적인 업무도 병행되기 때문에 선생님들의 피로도는 이중, 삼중으로 가중된다고 합니다.

이처럼 선생님들이 느낀 문제를 AI로 해결한 사례들이 등장하기 시작했습니다. 바로 학급 운영 도구 서비스들의 AI 기능입니다. 클라썸CLASSUM은 학습 운영 도구에 생성형 AI를 적용하여 선생님들의 반복 업무를 줄이고 있습니다. 예를 들어 학생의 질문에 대한 해답을 생성형 AI가 대신하거나, 이전에 했던 질문을 찾아서 다시 보여주는 등의 기능을 제공하거나, LMSLearning Management System와 연동하여 학습자에게 필요한 콘텐츠를 추천하는 기능을 제공합니다.

클래스팅CLASSTING의 AI는 최소 개수 문제 풀이로 학습자의 학습 상태를 진단하고, 세부 학습 요소 성취도를 파악하여 학습자에게 필요한 학습 컨텐츠를 선생님에게 제공하는 기능을 서비스하고 있습니다. 학교에서도 개인 맞춤형 학습이 가능할 수 있도록 도와줍니다. 뿐만 아니라 현재 우리 반Class의 학습 참여율, 학습 상태 등을 파악하여 선생님이 한눈에 볼 수 있도록 대시보드 기능을 제공하는 등 효과적으로 학급을 운영하기 위해 AI가 열심히 일하고 있습니다.

AI 기능을 제공하는 학급 운영 도구 중 가장 많이 사용하는 기능이 모바일 알림장으로 나타났습니다. 기존 알림장은 교사가 직접 필요한 내용을 처음부터 끝까지 작성해야 했다면, 지금은 AI의 도움을 받아 알림장을 작성하고 전달하는 시간이 매우 단축됐고, 단축된 시간만큼 더 나은 수업을 위한 고민의 시간을 가질 수 있어서 매우 좋다고 합니다. 더 나아가 선생님들이 원하는 AI 서비스는 반복적인 행정 업무를 관리하는 AI 시스템이라고 대답했습니다. 앞으로 선생님을 위한 AI가 나아갈 방향이라고 생각합니다. 그 외에도 프리윌린의 매쓰플랫, 튜링의 수학대왕, 북아이피스의 쏠북 등 다양한 서비스들이 AI를 적용하여 선생님을 편리하게 하고 더 나은 가르침을 줄 수 있도록 전방위적으로 돕고 있습니다.

위에서 설명한 사례 말고도 교육이 가지고 있는 문제를 AI를 통해 해결하고, 새로운 가치를 만들어내기 위해 많은 사람들이 머리를 맞대고 있습니다. 최근 떠오른 화두가 바로 AI 디지털 교과서입니다. 2023년 6월 정부가 AI 디지털 교과서 추진 방안을 발표하면서 국내 에듀테크 기업을 포함하여 기존 교육 업체들도 AI 디지털 교과서를 개발하기 시작했습니다.

정부측 설명에 따르면, AI 디지털 교과서는 AI 기능을 바탕으로 학습자의 학습 상태를 진단하고 분석하여 맞춤형 학습 콘텐츠를 제공하는 교과서 형태의 디지털 콘텐츠를 의미합니다. 특히 학생에게는 최적의 학습 경로를 제공하고 맞춤형 학습 피드백을 제공하여 원활

6-9. 디지털 교과서 비전 체계도

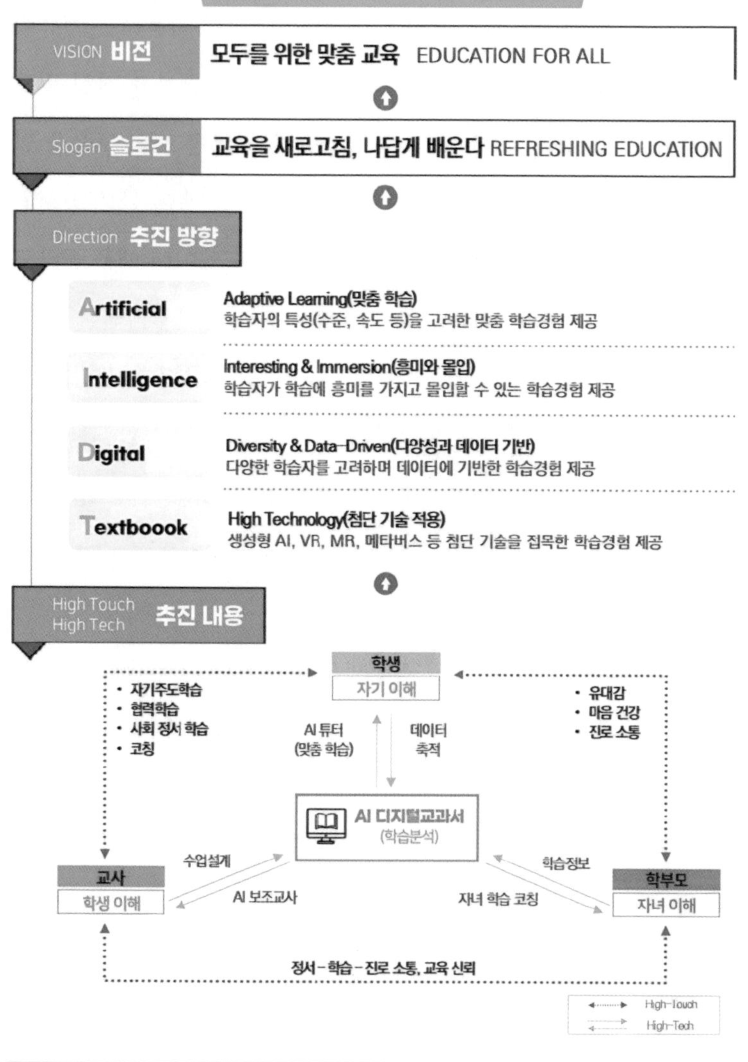

VISION 비전
모두를 위한 맞춤 교육 EDUCATION FOR ALL
Slogan 슬로건
교육을 새로고침, 나답게 배운다 REFRESHING EDUCATION
Direction 추진 방향
Artificial
Adaptive Learning(맞춤 학습)
학습자의 특성(수준, 속도 등)을 고려한 맞춤 학습경험 제공
Intelligence
Interesting & Immersion(흥미와 몰입)
학습자가 학습에 흥미를 가지고 몰입할 수 있는 학습경험 제공
Digital
Diversity & Data-Driven(다양성과 데이터 기반)
다양한 학습자를 고려하며 데이터에 기반한 학습경험 제공
Textboook
High Technology(첨단 기술 적용)
생성형 AI, VR, MR, 메타버스 등 첨단 기술을 접목한 학습경험 제공
High Touch
High Tech
추진 내용
학생
자기 이해
• 자기주도학습
• 협력학습
• 사회 정서 학습
• 코칭
• 유대감
• 마음 건강
• 진로 소통
AI 튜터
(맞춤 학습)
데이터
축적
AI 디지털교과서
(학습분석)
수업설계
AI 보조교사
학습정보
자녀 학습 코칭
교사
학생 이해
학부모
자녀 이해
정서-학습-진로 소통, 교육 신뢰
High-Touch
High-Tech

출처: 교육부

하고 미래 지향적인 학습이 될 수 있도록 돕고, 학부모에게는 자녀의 학업 성취, 교과 흥미 현황 등 자녀의 학습 지도에 필요한 정보를 제공하며, 교사에게는 운영 중인 학급별, 학생 개인별 학업 참여도와 태도, 학업 상태 등의 정보를 제공하여 학생 개인에게 필요한 학습 지도를 할 수 있는 정보를 체계적으로 전달하는 기술로 정의했습니다. 또한 정부는 공통적으로 쉽게 접근할 수 있는 UI/UX를 구성하고, 문화와 언어의 장벽을 극복할 수 있는 기능들이 반드시 들어가야 한다고 정의했습니다. 뿐만 아니라 정부는 사업 참여자에게 AI 디지털 교과서를 통해 교육 주체인 학생, 교사, 학부모 간 원활한 소통이 가능해야 한다는 것과 더 나은 학습 경험LX, Learning eXperience을 요구했습니다.

정부는 2025년부터 수학, 영어, 정보, 국어(특수교육) 과목 도입을 목표로 설정했고, 2028년까지는 국어, 기술가정, 사회, 과학 과목으로 확대한다고 합니다. AI 디지털 교과서 도입을 통해 기존 공교육이 가지고 있는 문제를 해결하고, 더 나아가 다국어 번역을 통해 사회적 문제까지 포함하여 해결하는 것을 목표로 추진하고 있습니다.

이러한 정부의 움직임에 발맞춰 국내 빅테크 기업인 네이버, LG 등이 적극적으로 나서고 있습니다. 네이버의 AI 모델인 클로바는 AI 디지털 교과서와 시너지 효과를 볼 수 있도록 다양한 기능을 제공하겠다고 밝혔고, 2024 글로벌 미래 교육 박람회에서 생성형 AI 기술을 적용한 AI 튜터 기술을 선보였습니다. LG전자는 전라남도 교육청, LG헬로비전과 업무협약MOU을 체결하고, AI 기술을 적용한 미래 교실 기술을 선보였습니다. 특히 LG전자의 대표적인 노트북 모델인 LG그램을 비롯하여 교육용 IT 기기와 전자 칠판, AI 클로이 로봇 등을 선보이며 AI 기술로 교육 혁신을 선도하겠다는 포부를 밝혔습니다.

다른 나라는 어떨까요? 미국은 2023년 교육부Department of Education 산하 교육기술부Office of Educational Technology를 설립하고, K-12, 고등 교육 및 성인 교육에서 교육 기술에 대한 정책을 개발하고, 교수 및 학습 방법을 혁신하며 비전을 수립하고 있습니다. 특히 2022년 10월 인공지능 권리장전AI Bill of Rights를 발표하며 AI 기반 교육 시스템을 미국 전반에 도입하겠다는 정부 차원의 의지를 보였습니다. 교육기술부는 미국에서 개발된 다양한 AI 서비스를 교육 현장에서 사용하는 것을 적극 권장하고 있습니다. 하지만 챗GPT 사용 찬성과 반대 입장이 팽팽하다고 합니다. 그럼에도 불구하고 챗GPT를 사용하고 있는 교사나 학생이 점점 증가하고 있고, 교육기술부의 주도로 국가 교육 기술 정책을 개발하며 학생에게는 'AI 리터러시'에 대한 충분한 이해를, 교사에게는 AI를 활용한 역량 강화 등을 시도하고 있다고 합니다.

옆 나라 일본은 어떨까요? 일본은 2021년부터 ICT를 활용하여 학생을 지도하는 것이 중요하다는 의견을 정부 차원에서 내기 시작했고, 학생 개별로 최적화된 학습을 제공하기 위해 학교의 ICT 환경 정비 및 디지털 교과서, 교재, 교무 등을 디지털로 전환하기 시작했습니다. 일본의 교육 디지털 전환은 총 3단계로 1단계인 '전산화Digitization'은 교육 환경 정비를 뜻하며, 학생 1인당 태블릿PC 1대를 배부하고, 교내 인터넷 환경을 정비하였습니다. 2단계는 '디지털화Digitalization'으로 학습 네트워크와 교무 네트워크를 통합한 '메쿠비토MEXCBT'와 디지털 교과서 활용입니다. 메쿠비토는 일본 문부과학성이 개발한 공공 디지털 학습 플랫폼입니다. 마지막 3단계는 '디지털 전환Digital Transformation'으로 교육 제도와 가치 기준의 변화를 통해 학습자 개인 최적화와 지식 습득 중심, 생애 주기에 맞는 학습 데이터 축적과 활용을 시도하고 있습니다. 현재 일본은 2단계에 와있다고 합니다. 또한 일본 문부과학성은 메쿠비토뿐만 아니라 민간 사업자가 제공하는 기술도 적극 활용할 것을 권장하고 있다고 합니다.

유럽은 더 적극적입니다. 프랑스의 교육부는 인공지능 혁신 파트너십을 운영하고 있습니다. 기업과 연구소가 협력하여 AI 기반 학습 프로그램을 개발하면 교육부가 심사를 통해 개발된 학습 프로그램을 선정하여 초등 1, 2, 3학년생의 기초 학력 증진을 위해 사용하고 있습니다. 특이한 점은 학생들이 놀이를 통해 즐겁게 참여할 수 있고, 학습 과정에서 자율성을 기를 수 있는 형태로 교수 학습 과정이 설계되었다고 합니다. 또한 학생들이 즐겁게 참여할 수 있고, 개별화된 활동으로 수준 맞춤형 학습을 추구한다고 합니다.

영국은 교육부와 영국 기자재 협회British Educational Suppliers Association와 협력하여 에듀테크 제품을 무료로 체험하거나 사용 후기 공유 등의 정보 교환이 가능한 플랫폼을 구축 및 운영하며 교사 및 교육계 의사 결정자를 위한 정보(제품/서비스의 기본 정보, 가격, 사용 후기 등)를 제공하고 있습니다. 또한 영국 교육부는 에듀테크 시범 학교 운영 프로그램을 2020년 4월부터 2022년 7월까지 운영하며 현장에서 효율적인 교육 기술 사용을 고민하고 계속 고도화하고 있습니다. 반면 챗GPT

와 같은 LLM을 안정하고 적절하게 활용하기 위한 가이드라인을 제시하여 안전하고 효과적인 교육과 AI의 공생을 바라보고 있습니다.

이처럼 AI는 기존 기술보다 더 빠른 속도로 교육 현장에서 새로운 가치를 만들어 내고 있습니다. 학습자가 배워야 할 것들부터 궁금한 것들, 심지어 해야 하는 것들도 AI의 도움을 받아 기존보다 더 빠른 속도와 정확성을 가지고 새로운 가치를 만들어 내고 있습니다. AI는 학습자의 창의성을 구체적으로 끌어내 주고 있으며, 자기 주도적 학습 능력 향상에 도움을 주고 있습니다. 물론 AI로 인한 부작용도 존재할 것입니다. 표면 위로 떠오르지 않은 문제도 발생할 것입니다. 하지만 더 나은 교육, 더 나은 미래를 위해 예상되는 문제를 사전에 예방하고, 발견한 문제를 해결하기 위해 머리를 맞대고 해결책을 찾아 나아가면 우리나라 에듀테크 기술이 전 세계적으로 인정받는 날이 올 것이라 믿습니다.

영화
누구나 감독이 될 수 있다

이광호
UX 디자인 & 영화, 경희대학교 연구원
AI 영화 제작 & 상영 플랫폼, 팅크홀 대표
yiho@tinkhole.com | www.tinkhole.com

여러분에게 영화는 어떤 의미인가요? 어두운 영화관에서 거대한 스크린을 마주하고, 온몸을 감싸는 입체 음향에 휩싸일 때 우리는 현실을 벗어나 새로운 세계로 빠져듭니다. 이 독특한 경험은 다른 어떤 매체도 따라올 수 없는 영화만의 매력입니다. 그런데 이제는 인간만의 영역인 줄 알았던 영화 산업에도 AI 기술이 활용되고 있습니다.

포브스가 작년에 발표한 보고서에 따르면, 소비자의 45%가 영화 제작에 AI 기술이 사용되는 것을 긍정적으로 바라본다고 합니다. 이는 다른 엔터테인먼트 분야에 비해 높은 수치입니다. 이 조사 결과는 우리 주변의 많은 이들이 이미 AI와 함께 만들어가는 영화의 미래를 받아들이고 있음을 보여줍니다. AI가 창작의 영역을 침범할 수 없다고 믿는다면 이 격변의 시대에 뒤처질지도 모릅니다.

7-1. 엔터테인먼트 분야별 AI 사용에 대한 소비자 반응

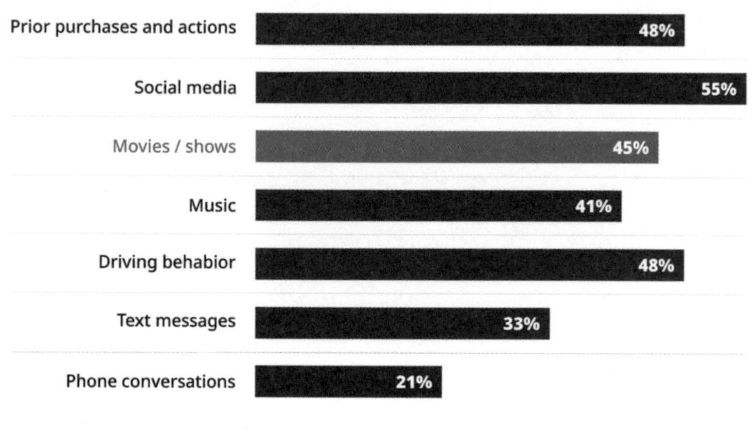

출처: Forbes

이제 AI는 영화의 시나리오 작성부터 배급에 이르기까지 전 과정에 깊숙이 관여하며 새로운 기회이자 도전으로 다가오고 있습니다. 본 챕터에서는 AI 도입을 중심으로 영화 산업의 과거, 현재, 미래를 거시적 관점에서 조망합니다. 이 여정을 통해 여러분은 영화 산업의 근간을 이해하고, AI가 이끌어 갈 새로운 시대에 대비할 수 있는 통찰을 얻게 될 것입니다.

나만의 영화관, OTT

1895년 12월 28일, 파리의 어느 작은 카페에서 세계 최초의 영화관이 탄생했습니다. 뤼미에르 형제 주최로 열린 한 행사에서 35명의

7-2. **최초의 영화관(AI 업스케일링 버전)**

출처: The Cinematic Packrat

관객은 지하실에서 50초 내외의 짧은 영화 10편을 관람했습니다. 그때부터 자리 잡았던 영화관의 형태는 100년이 넘는 시간 동안 크게 변하지 않았습니다.

영화관은 오랫동안 공통의 문화적 경험을 위한 집단화된 공간의 역할을 충실히 수행해 왔습니다. 그러나 120년이 지난 지금 이 공식이 깨지고 있습니다. OTT[Over-The-Top] 서비스의 등장으로 영화 관람의 새로운 기준이 세워지고 있으며, 이는 영화 산업의 중심축을 서서히 이동시키고 있습니다. 넷플릭스, 디즈니 플러스, 아마존 프라임 비디오 같은 대규모 플랫폼들이 전 세계 수억 명의 시청자를 끌어모으며 새로운 형태의 영화관을 만들어가고 있습니다.

넷플릭스의 AI 기반 추천 시스템은 OTT 플랫폼의 사용자 경험을 혁신한 대표적인 사례입니다. 넷플릭스는 사용자 데이터를 바탕으로 개인별 맞춤형 콘텐츠를 제공합니다. 실제로 2024년 2분기 기준으로 넷플릭스는 3억 명 이상의 유료 구독자를 보유하고 있으며, 이는 지난 10년간 꾸준히 증가한 수치입니다. 넷플릭스의 추천 시스템은 두 가지 주요 접근 방식을 결합한 하이브리드 모델로 운영됩니다.

첫 번째는 CBF Content-Based Filtering(콘텐츠 기반 필터링)로, 사용자가 이전에 시청한 콘텐츠의 특징을 분석해 유사한 콘텐츠를 추천하는 방식입니다.

두 번째는 CF Collaborative Filtering(협업 필터링)로, 비슷한 취향을 가진 다른 사용자들이 좋아한 콘텐츠를 추천하는 방식입니다.

이 두 접근 방식이 결합되어 넷플릭스는 사용자가 선호할 만한 콘텐츠를 높은 정확도로 제안할 수 있습니다. 넷플릭스에서 사용자의 약 75%가 추천 시스템을 통해 새로운 콘텐츠를 발견하며, 대부분의 선택이 추천 시스템을 통해서 이뤄집니다. 이는 구독자 이탈률을 낮추고 사용자 충성도를 높이는 데 큰 기여를 하고 있습니다.

그러나 이러한 개인화된 경험이 오히려 공통의 문화적 경험을 약화시킬 수 있다는 우려도 있습니다. OTT 플랫폼에서 각 사용자가 자신의 취향에 맞는 콘텐츠만 소비하다 보면, 사회적으로 공유할 수 있는 경험의 범위가 좁아질 수 있습니다. 반면 영화관은 여전히 수백 명이 같은 공간에서 동시에 영화를 감상하며, 그 순간을 공유하는 고유한 경험을 제공할 수 있습니다.

OTT의 편리한 관람도 영화관의 특별한 관람도 모두 중요한 경험입니다. 미래에는 OTT 플랫폼과 영화관이 상호 보완적인 관계를 형성할 가능성이 큽니다. 개인화된 콘텐츠 소비가 증가함에 따라 영화관은 이러한 개인적 경험을 다른 사람들과 공유할 수 있는 사회적 공간이 될 것입니다. 영화 배급사는 OTT를 위협적인 존재가 아닌 함께 진화하는 또 다른 형태의 영화감상 공간으로 인식해야 합니다. AI 시대에도 대중들은 다른 이들과 경험을 공유하고 확장할 수 있는 공간을 원할 것입니다. 하지만 그 공간은 지금처럼 일정 간격으로 나열된 의자에 앉아서 한 곳을 바라보는 영화관의 형태와는 많이 다를 것입니다.

할리우드의 지각 변동

뤼미에르 형제를 중심으로 프랑스에서 영화의 역사가 시작되었다면 1900년대 초부터는 미국의 할리우드에서 영화의 산업화를 주도해 왔습니다. AI는 오랜 시간 유지되었던 할리우드의 지각을 크게 뒤흔들고 있습니다. 시나리오 작성부터 프리비즈, 시각화, 후반 작업, 배급에 이르기까지 영화 제작 모든 단계에 AI가 깊숙이 개입하고 있습니다. 이제 AI가 이 5가지 주요 영역에서 어떻게 활용되고 있는지, 그리고 그로 인해 영화 산업이 어떻게 변화하고 있는지를 살펴보겠습니다.

시나리오Scenario GPT와 같은 AI 언어 모델은 이야기 구조, 대사뿐만 아니라 전체 시나리오까지 생성할 수 있습니다. 실제로 단편 영화 〈선스프링〉은 AI로 작성된 시나리오를 바탕으로 제작되었습니다. 이러한 도전은 작가들에게 새로운 창작의 도구를 제공하는 동시에 그들의 고유한 역할에 대한 위협으로 작용하고 있습니다. AI가 제공하는 시나리오는 초보 작가들에게는 유용한 출발점이 될 수 있지만, 최종 작품의 완성도와 독창성을 유지하기 위해서는 여전히 인간 작가의 창의성과 비판적 사고가 필수적입니다.

프리비즈Previsualization 프리비즈는 영화 제작의 초기 단계에서 영화의 시각적 이미지를 미리 시뮬레이션해 보는 과정입니다. 엔비디아의 고갱2는 텍스트 설명만으로 복잡한 3D 공간을 생성할 수 있는 도구입니다. 기존에는 수작업으로 시간이 많이 걸리던 과정들이 고갱2를 통해 대폭 간소화되고, 더 빠르고 효율적으로 작업을 진행할 수 있게 되었습니다. 이러한 서비스는 영화 제작의 초기 단계에서부터 더 창의적이고 효율적인 결과를 도출할 수 있게 합니다.

시각화Visualization AI를 활용한 딥페이크 기술도 영화 제작에 사용되고 있습니다. 이 기술은 영화에서 배우의 나이를 조절하거나, 심지어 고인이 된 배우를 되살리는 데 사용되고 있습니다. 영화 〈로그 원: 스타워즈 스토리〉에서는 AI를 활용하여 이미 고인이 된 피터 쿠싱의 모습을 재현했습니다. 이는 창의적 표현 가능성을 크게 확장시킵니다. 하지만 이러한 기술이 배우의 이미지와 권리 문제뿐만 아니라 성범죄와 같은 심각한 문제에 악용될 수 있다는 점도 고려해야 합니다. 이

7-3. **<로그 원: 스타워즈 스토리> 속 피터 쿠싱 딥페이크**

출처: Shamook

는 기술이 가져올 수 있는 긍정적 효과와 더불어 그에 수반되는 윤리적 책임에 대한 깊은 고민이 필요함을 시사합니다.

후반작업Post-production 후반작업은 영화 제작 과정의 마지막 단계로, 영화의 최종적인 모습을 완성하는 과정입니다. 딥러닝 기반의 영상 보정 및 합성 기술은 후반작업의 효율성을 크게 높여주고 있습니다. 디지털 도메인과 같은 VFX[Visual effect] 스튜디오는 AI로 영상 데이터를 분석하고, 장면을 합성하거나 보정하는 작업을 수행합니다. 이를 통해 후반작업 시간을 대폭 줄일 수 있으며, 더 정교하고 일관된 결과물을 도출할 수 있습니다. 이러한 기술은 창의적인 표현의 가능성을 더욱 확장시키고 있습니다. 그러나 동시에 원작자의 권리 보호에 대한 논의도 함께 이루어져야 할 것입니다. AI가 가져올 수 있는 혁신적인 변화는 무궁무진하지만, 그에 수반되는 책임과 고려 사항

역시 무시할 수 없는 중요한 요소입니다.

배급Distribution 배급은 제작이 완료된 영화를 관객들에게 전달하는 과정입니다. 벨기에의 AI 시나리오 분석 기업인 스크립북은 흥행 데이터를 바탕으로 시나리오의 잠재적 성공 가능성을 분석합니다. 이들은 1970년부터 2016년까지 개봉한 6,500편의 영화 시나리오 데이터를 학습하여 84%의 확률로 영화의 흥행 여부를 예측할 수 있습니다. 또한 관객의 감정적인 반응 변화를 예측하는 기술도 사용합니다. 시네리틱은 방대한 양의 영화 데이터와 관객 반응 데이터를 학습하여 특정 장면이 웃음을 유발할지, 감동을 줄지, 긴장감을 높일지를 분석할 수 있습니다. 이를 통해 관객의 몰입도를 더욱 높이는 영화를 제작하는 데 도움을 줍니다. 그러나 이 또한 예술적 자유와 표현의 자율성을 저해할 수 있다는 비판도 있습니다. 관객이 감정적 변화를 일으키는 장면만 연출하여 영화 제작의 창의성을 제한하게 될 위험이 있기 때문입니다. 이러한 기술의 발전은 영화 제작의 효율성을 높이면서도 동시에 창작자의 독창성을 보존하기 위한 균형점을 찾아야 하는 과제를 안고 있습니다.

AI가 영화 제작 과정에 미치는 광범위한 변화는 결국 2023년 할리우드 대규모 파업으로 이어졌습니다. 이 파업에서 미국작가조합과 배우조합은 AI 사용에 대한 명확한 규제와 보상 체계를 요구했고, 그 결과 일부 규제가 도입되었습니다. 이제 AI로 생성된 콘텐츠는 작가의 크레딧을 침해할 수 없으며, 작가들의 기존 작품을 AI 훈련에 사용할 경우 별도의 동의가 필요하게 되었습니다. 또한 기존 계약의 조항

7-4. 시네리틱의 통합 프로젝트 관리 시스템 인터페이스

출처: Cinelytic

이 AI를 활용한 디지털 복제품 무단 생산 여지가 있었다면 계약을 파기할 수 있게 되었습니다. 이러한 변화는 단순한 기술 혁신을 넘어 창의성의 본질, 예술가의 역할, 그리고 영화 매체의 미래에 대한 근본적인 질문을 제기하고 있습니다. 할리우드가 이러한 도전을 성공적으로 극복하기 위해서는 AI 기술의 혜택을 최대화하면서도 인간 창작자의 고유한 가치를 보존하는 균형 잡힌 접근이 필요할 것입니다.

독립 영화 전성기

할리우드가 AI를 활용해 블록버스터 영화 제작의 효율성을 높이고

있는 한편, 독립 영화 시장은 또 다른 방식으로 AI 기술을 받아들이고 있습니다. 독립 영화계는 AI를 영화 제작의 도구로 활용하는 것을 넘어 이제는 AI가 감독의 역할을 맡아 영화를 만드는 시도까지 나타나고 있습니다.

2023년 2월, 두바이에서 제1회 AI 영화제가 개최되었습니다. 첫 개최임에도 불구하고 무려 500편이 넘는 작품이 출품되었습니다. 이 영화제에서 한국의 권한슬 감독의 작품 〈원 모어 펌킨〉이 대상과 관객상을 동시에 수상하며 세계를 놀라게 했습니다. AI 영화제의 개최는 단순한 기술적 실험을 넘어 예술적 가치를 인정받기 시작했다는 의미입니다. 하지만 수많은 AI 작품들이 대중들에게 공개되면서 AI 동영상의 기술적 한계도 드러났습니다. 아직 AI는 어색하다는 겁니다. AI 영상을 어색해 보이게 만드는 문제 중 하나가 바로 플리커 현상입니다. 플리커 현상은 피사체가 비정상적으로 변형되거나 부자연스럽게 움직이는 현상입니다. 이는 AI가 각 프레임을 개별적으로 생성하면서 일관성을 유지하지 못해 발생합니다. 연속된 프레임 간의 미세한 차이들이 축적되어 피사체의 움직임이 어색해지거나 왜곡된 이미지가 나타나는 것입니다. 플리커 현상을 해결하기 위해서는 AI 알고리즘의 개선과, 동영상 제작 과정에서 일관성을 유지하는 기술적 보완이 필요합니다. 놀랍게도 이 문제는 예상보다 빠르게 개선되고 있습니다. 불과 1년 만에 런웨이에서 이 문제를 대폭 개선한 '젠3'를 출시했고, 이후 오픈AI에서 공개한 '소라'가 이 문제를 거의 해결했습니다.

7-5. **영화 <멸망의 시>의 한 장면**

출처: 스튜디오프리윌루전

권한슬 감독의 창작 활동은 두바이 AI 영화제 수상에서 멈추지 않고 계속 발전해 나가고 있습니다. 최근 제작한 AI 영화 〈멸망의 시〉에서는 플리커를 효과적으로 제어했을 뿐만 아니라, 배우가 말을 할 때 자연스러운 입모양까지 구현했습니다(QR 코드를 통해 동영상을 감상할 수 있습니다).

AI는 독립 영화 산업에서 배급 시장에도 중요한 변화를 일으키고 있습니다. 최근에는 AI를 활용한 예측 분석과 타겟팅이 중요해지고 있습니다. '라르고AI'는 영화의 내용을 분석하여 타겟 관객을 식별하고, 감정적 반응을 예측하며, 최적의 마케팅 전략을 제안하는 AI 도구입니다. 이는 독립 영화 제작자들이 배급 전략을 보다 정밀하게 조정할 수 있게 해 주며, 이를 통해 영화가 적합한 관객에게 더 효과적으로 도달할 수 있도록 돕습니다.

7-6. **라르고AI의 배급 전략 분석 시스템**

출처: Largo.ai

라르고AI는 최근 몇 가지 성공적인 사례를 통해 그 효과를 입증하고 있습니다. 2023년 미국 영화 시장, 아메리칸 필름 마켓에서 라르고AI와 인디라이츠가 협력하여 독립 영화 제작자들이 더 나은 배급 전략을 수립할 수 있도록 지원했습니다. 인디라이츠는 라르고AI의 데이터 분석과 예측 도구를 활용해 영화의 시장성 및 관객 반응을 보다 정확하게 평가하고, 그 결과 더 효과적인 배급 및 마케팅 전략을 개발할 수 있었습니다. 라르고AI는 칸 영화제의 마르셰 뒤 필름에서 진행된 프로젝트 피칭 행사에서도 사용되었습니다. 이 행사에서는 15명의 제작자가 라르고AI의 예측 도구를 활용해 프로젝트를 발표하고, 이를 통해 투자자와 배급사들의 관심을 끄는 데 성공했습니다.

이처럼 AI 기술은 현재 독립 영화계에서도 충분히 활용할 수 있는 수준에 도달해 있습니다. 하지만 할리우드와 같은 상업 영화계에 비해 독립 영화에서 소극적으로 AI를 도입하는 것이 현실입니다. 필자는 AI가 블록버스터 영화 감독보다 1인 창작자에게 더 중요한 도구가 될 것이라고 예상합니다. AI를 통해 1인 창작자가 큰 자본 없이도 창의력을 마음껏 발휘할 수 있게 될 것입니다. 또한 AI는 영화 배급과 마케팅에서도 새로운 가능성을 열어 독립 영화가 더 넓은 관객층에 도달하도록 도울 수 있습니다. 하지만 AI 기술의 도입에 소극적으로, 방어적으로 접근한다면 현재에 머물거나 더 도태될 것입니다.

AI는 감독을 대체할 수 있을까?

이렇게 AI가 계속 발전하면 감독의 자리를 뺏을까요? 필자는 AI가 감독을 대체하기보다는 감독의 창의력을 더욱 자유롭게 발휘할 수 있게 돕는 소중한 동료가 될 것이라고 생각합니다. 더 나아가 AI는 영화에 대한 전문 지식이 없어도 영화를 제작할 수 있는 시대를 열어줄 것입니다.

AI는 이미 영화 제작의 전 과정을 혁신적으로 변화시키고 있습니다. 시나리오 작성부터 시작해서 시각화, 음악 작곡, 편집에 이르기까지 AI는 다양한 단계에서 감독의 창의적 작업을 보조합니다. 물론 아직 이 모든 단계를 통합한 단일 AI 도구는 존재하지 않습니다. 하지만 여러 AI 도구를 적절히 조합하여 사용한다면 전문가가 아니더라도

7-7. **단편 영화 <종이비행기>**

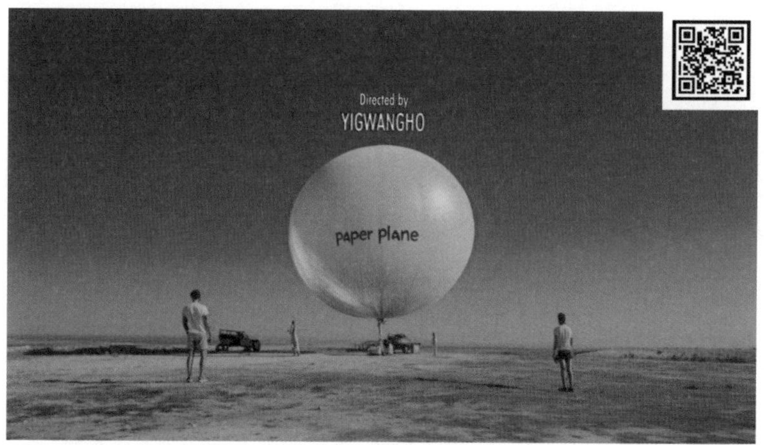

출처: 팅크홀

누구나 자신만의 영화를 창작할 수 있는 시대가 도래했습니다.

독립 단편 영화 한 편을 제작하기 위해서는 상당한 자원이 필요합니다. 보통 6개월~1년의 시간, 100~200만 원의 비용, 10~15인의 인력이 소요되죠. 그러나 AI를 활용하면 이러한 자원 소모를 획기적으로 줄일 수 있습니다. 실제로 필자가 진행한 〈종이비행기〉 프로젝트는 단 하루의 시간, 7만 원의 비용, 그리고 1명의 인력만으로 완성되었습니다. 이는 AI가 영화 제작의 효율성을 얼마나 극대화할 수 있는지를 잘 보여주는 사례입니다. AI 기술은 빠르게 발전하고 있습니다. 가까운 미래에는 더 효율적으로, 높은 퀄리티의 영화를 제작할 수 있게 될 것입니다.(QR 코드를 통해 동영상을 감상할 수 있습니다).

AI를 사용하면 영화에 대한 전문 지식이 없어도 자신만의 영화를 제작할 수 있습니다. 비전문가의 영화 제작 욕구를 직접적으로 측정한 연구는 없지만, 관련 산업의 발전을 통해 이를 유추할 수 있습니다.

블로그의 대중화는 사람들의 자기 표현과 공유 욕구를 잘 보여줍니다. 2010년대 중반부터 블로그 사용자 수가 급증해 2023년에는 전 세계적으로 1억 9천만 개의 블로그가 생겼고, 2015년 이후 스마트폰 보급으로 포스트 길이도 늘어났습니다. 그 결과 블로그 산업은 2022년 413.2억 달러의 시장 규모를 기록했습니다. SNS^Social Network Service^도 비슷합니다. 스마트폰 카메라 기술 발전으로 고품질 사진과 동영상 촬영이 쉬워져 SNS 산업이 폭발적으로 성장했습니다. 인스타그램은 2023년 광고 도달 범위가 12.2% 증가했고, 176만 명 이상의 신규 사용자를 확보했습니다. 2024년 기준 전 세계 소셜 미디어 사용자 수는 약 51억 명으로 전 세계 인구의 절반을 넘습니다.

브이로그, 라이프로깅 같은 새로운 트렌드도 일상 기록과 공유에 대한 인간의 욕구를 반영합니다. 이러한 맥락에서 팅크홀은 비전문가를 위한 AI 영화 제작 및 공유 플랫폼을 제공합니다. AI 영화 제작을 처음 접하는 사용자들을 위해 상세한 제작 가이드라인을 제공하고, 완성된 작품을 공유하고 감상할 수 있는 디지털 영화관을 운영함으로써 영화 제작의 문턱을 낮추고 있습니다.

AI를 활용한 영화 제작 과정은 기본적으로 간단하지만, 각 단계를 얼마나 효과적으로 수행하느냐에 따라 개인의 스토리가 얼마나 잘 전달되는지가 결정됩니다. 팅크홀은 AI 영화 제작의 전 과정을 아우르는 기본적인 가이드라인뿐만 아니라, 각 단계에서 고려해야 할 사항과 활용 가능한 도구들을 상세하게 설명함으로써, 누구나 영화 감

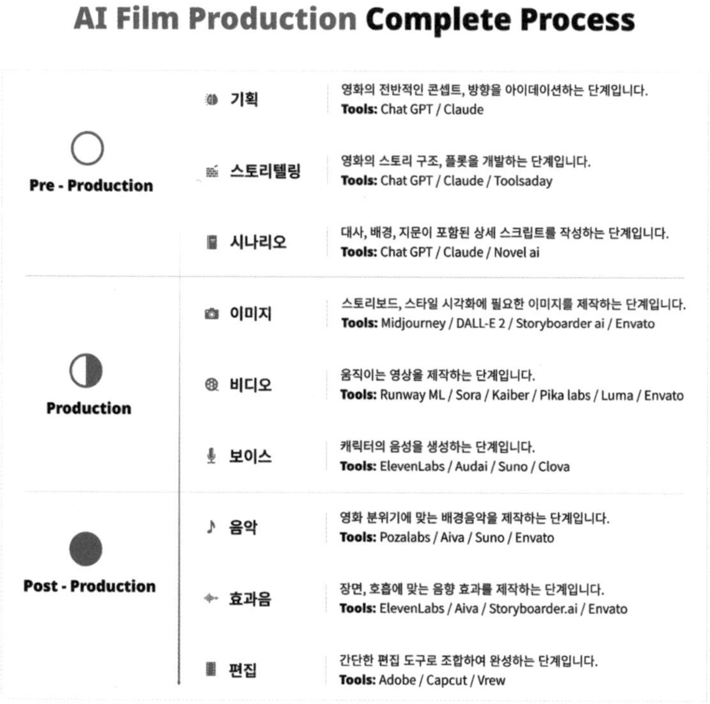

AI Film Production Complete Process

Pre - Production	기획	영화의 전반적인 콘셉트, 방향을 아이데이션하는 단계입니다. **Tools:** Chat GPT / Claude
	스토리텔링	영화의 스토리 구조, 플롯을 개발하는 단계입니다. **Tools:** Chat GPT / Claude / Toolsaday
	시나리오	대사, 배경, 지문이 포함된 상세 스크립트를 작성하는 단계입니다. **Tools:** Chat GPT / Claude / Novel ai
Production	이미지	스토리보드, 스타일 시각화에 필요한 이미지를 제작하는 단계입니다. **Tools:** Midjourney / DALL-E 2 / Storyboarder ai / Envato
	비디오	움직이는 영상을 제작하는 단계입니다. **Tools:** Runway ML / Sora / Kaiber / Pika labs / Luma / Envato
	보이스	캐릭터의 음성을 생성하는 단계입니다. **Tools:** ElevenLabs / Audai / Suno / Clova
Post - Production	음악	영화 분위기에 맞는 배경음악을 제작하는 단계입니다. **Tools:** Pozalabs / Aiva / Suno / Envato
	효과음	장면, 호흡에 맞는 음향 효과를 제작하는 단계입니다. **Tools:** ElevenLabs / Aiva / Storyboarder.ai / Envato
	편집	간단한 편집 도구로 조합하여 완성하는 단계입니다. **Tools:** Adobe / Capcut / Vrew

출처: 팅크홀

독이 될 수 있는 세상을 만들어가고 있습니다.

영화 창작을 위한 AI 도구는 매우 다양합니다. 스토리 구상 단계에서는 챗GPT나 클로드 같은 AI 챗봇이 큰 도움을 줍니다. 이제 간단한 대화만으로도 스토리텔링이 가능해졌습니다. 국내에서는 뤼튼이 AI 캐릭터와의 롤플레잉을 통해 스토리 구상을 돕고 있습니다. 시각적, 청각적 소스 제작도 AI로 할 수 있습니다. 시각적 요소로는 미드저니나 달리로 스토리보드용 이미지를 만들고, 런웨이로 동영상을

7-9. **팅크홀의 세부 제작 가이드라인 서비스**

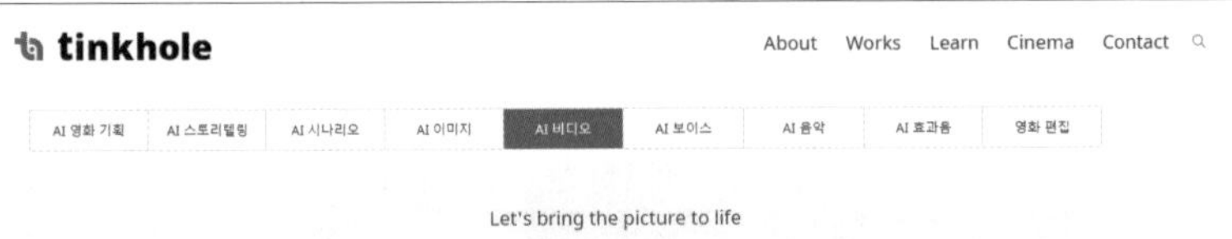

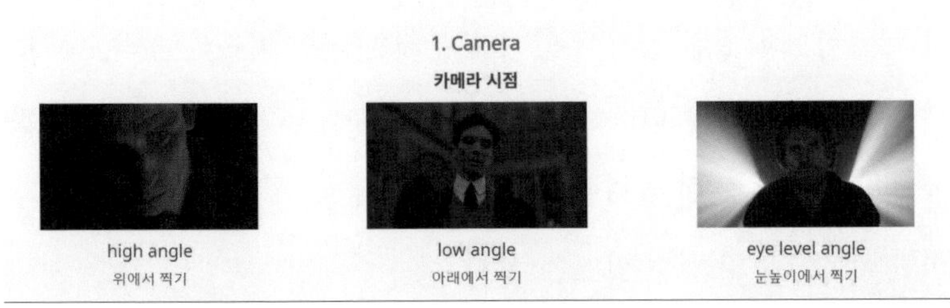

출처: 팅크홀

생성할 수 있습니다. 청각적 요소로는 일레븐랩스로 캐릭터 음성을, 유디오, 아이바로 배경 음악을 만들 수 있습니다. 국내의 오드아이와 포자랩스도 AI 음악, 보컬 생성 서비스를 제공하고 있습니다. 편집 단계에서는 어도비의 파이어플라이와 국내 서비스인 브루VREW가 AI 기반 자동 편집, 자막 생성 등을 지원합니다. 이런 AI 도구는 비전문가도 쉽게 전문적인 편집을 할 수 있게 돕습니다. 팅크홀은 이러한 AI 영화 제작 과정의 각 단계에 대한 세부 가이드라인을 제공하고 있습니다. 앞으로 더 다양한 도구 사용법을 아카이빙하여 더 많은 사람들이 자신만의 스토리를 영화화하고, 효율적으로 영화를 제작할 수 있게 돕겠습니다.

1995년, 픽사에서 역사상 첫 번째 3D 컴퓨터 애니메이션 영화인 〈토이 스토리〉를 공개했습니다. 당시 컴퓨터 그래픽 기술은 오늘날과 비교했을 때 매우 제한적이었습니다. 사실적인 질감 표현이 어려운 상황에서 픽사는 플라스틱 장난감을 주요 캐릭터로 설정하는 전략적인 결정을 내렸습니다. 개의 털이나 인간의 피부 같은 복잡한 질감을 현실감 있게 표현하는 것이 불가능했지만 플라스틱은 상대적으로 매끄럽고 복잡한 질감이 없기 때문에 당시의 기술로도 비교적 쉽게 구현할 수 있었습니다. 이후 픽사는 기술이 발전하면서 더 복잡한 질감을 표현할 수 있게 되었고, 점차 인간 캐릭터와 다양한 동물을 포함한 이야기를 다룰 수 있었습니다.

AI도 마찬가지입니다. 아직은 AI로 구현한 장면들이 어색하다고 느껴질 겁니다. 하지만 앞으로 점차 더 복잡하고 정교한 작업을 수행할 수 있게 될 것입니다. 픽사가 기술과의 타협을 통해 〈토이 스토리〉를 성공시켰듯이, AI 기술의 한계가 있어도 분명히 표현 가능한 영역이 있습니다. 지금은 이러한 AI 기술의 가능성을 탐구하고, 기술적 한계를 고려한 창의적인 접근을 통해 새로운 영화적 시도를 해야 할 때입니다. 이는 영화 산업에 새로운 가능성을 열어줄 뿐만 아니라, AI 기술이 진정한 빛을 발하게 될 미래를 준비하는 과정이 될 것입니다. 완벽한 기술을 기다린다면 아무런 변화도 만들지 못할 것입니다.

장르를 개척하는 감독이 살아남는다

지금 이 순간에도 전 세계에서 매년 수천 편의 영화가 만들어지고 있습니다. 대표적으로 인도와 미국이 주요 영화 생산국으로 꼽힙니다. 인도의 경우는 연간 2,000편 이상, 미국은 연간 700편 이상의 영화가 제작되어 두 나라에서만 매년 2,700편 이상의 영화가 제작됩니다. 이 통계를 기반으로 추산해 보면 지구에서 매년 약 6,000편의 영화가 탄생하고 있습니다. AI를 통해 비전문가도 영화를 만들 수 있는 시대가 온다면 지금보다 수십 배 이상의 영화가 탄생할 것입니다. 앞으로 영화의 성공 여부는 콘텐츠의 미학적 가치만으로 결정되지 않으며, 영화를 어떻게 장르화하느냐에 따라 그 영화의 운명이 결정될 것입니다. 2020년 한 연구에 따르면, 브랜드화된 영화가 그렇지 않은 영화에 비해 개봉 첫 주 수익이 평균 30% 이상 높았습니다. AI 시대에 영화를 특별하게 만드는 가장 중요한 요소는 바로 장르화를 통한 브랜딩입니다.

마블의 사례는 영화 장르화를 통한 브랜딩의 중요성을 잘 보여줍니다. 각 영화가 거대한 서사의 일부로 연결되어 팬들에게 특별한 재미와 기대감을 주었고, 이는 마블의 엄청난 성공으로 이어졌습니다. 특히 2008년 〈아이언맨〉을 시작으로 마블은 빠르게 성장하며 전 세계적으로 높은 수익을 올렸습니다. 이와 같은 브랜딩의 성공은 단지 수익 면에서만이 아니라 문화적 현상으로서의 마블을 탄생시켰습니다. 마블의 영화들은 짧은 기간 내에 놀라운 성장을 이뤄냈고, 이는

7-10. **미국 박스오피스 영화 프랜차이즈별 규모 추이**

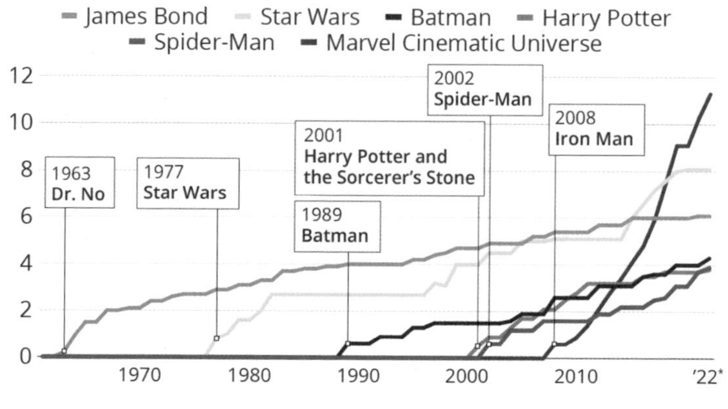

출처: Statista

제임스 본드나 스타워즈와 같은 오래된 프랜차이즈들이 새로운 도전과 경쟁에 직면하고 있음을 의미합니다.

하지만 브랜딩의 성공이 항상 지속적인 것은 아닙니다. 최근 마블 영화들이 정치적 올바름을 강조하면서 일부 팬들의 불만이 커지고 있습니다. 이러한 팬들의 반응은 브랜드를 일관되게 유지하는 것이 얼마나 중요한지를 보여줍니다. 잘 구축된 브랜드도 방향성에 따라 팬들의 반응이 달라질 수 있으며, 이는 영화 프랜차이즈의 장기적인 성공에 큰 영향을 미칩니다.

장르화는 관객이 그 영화에 대해 어떤 이미지를 가지도록 만드는 브랜딩의 일종입니다. 관객들은 자신이 원하는 경험과 일치되는 영화에 빠져들게 됩니다. 팅크홀은 영화를 만들고자 하는 사용자들에

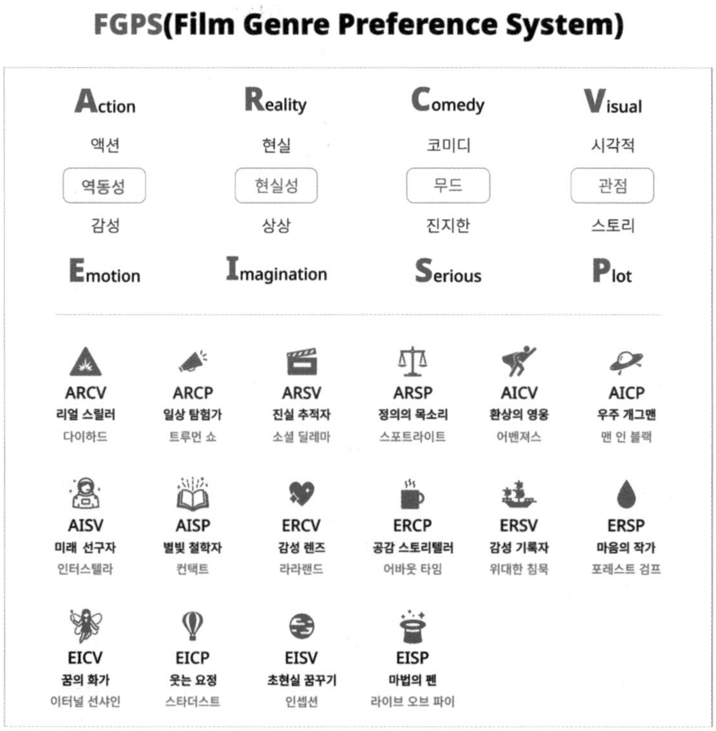

FGPS(Film Genre Preference System)

Action	Reality	Comedy	Visual
액션	현실	코미디	시각적
역동성	현실성	무드	관점
감성	상상	진지한	스토리
Emotion	Imagination	Serious	Plot

ARCV	ARCP	ARSV	ARSP	AICV	AICP
리얼 스릴러	일상 탐험가	진실 추적자	정의의 목소리	환상의 영웅	우주 개그맨
다이하드	트루먼 쇼	소셜 딜레마	스포트라이트	어벤져스	맨 인 블랙
AISV	**AISP**	**ERCV**	**ERCP**	**ERSV**	**ERSP**
미래 선구자	별빛 철학자	감성 렌즈	공감 스토리텔러	감성 기록자	마음의 작가
인터스텔라	컨택트	라라랜드	어바웃 타임	위대한 침묵	포레스트 검프
EICV	**EICP**	**EISV**	**EISP**		
꿈의 화가	웃는 요정	초현실 꿈꾸기	마법의 펜		
이터널 선샤인	스타더스트	인셉션	라이브 오브 파이		

출처: 팅크홀

게 장르화를 통한 브랜딩 가이드라인을 제공합니다. 그중 핵심적인 도구가 FGPS Film Genre Preference System(영화 취향 검사)와 시네마 DNA 테스트입니다.

FGPS는 MBTI Myers-Briggs Type Indicator(성격 유형 검사)처럼 대중의 영화 취향을 쉽게 파악할 수 있도록 돕는 시스템입니다. FGPS는 영화의 주요 요소를 바탕으로 16가지의 세부 취향을 제시합니다. FGPS는

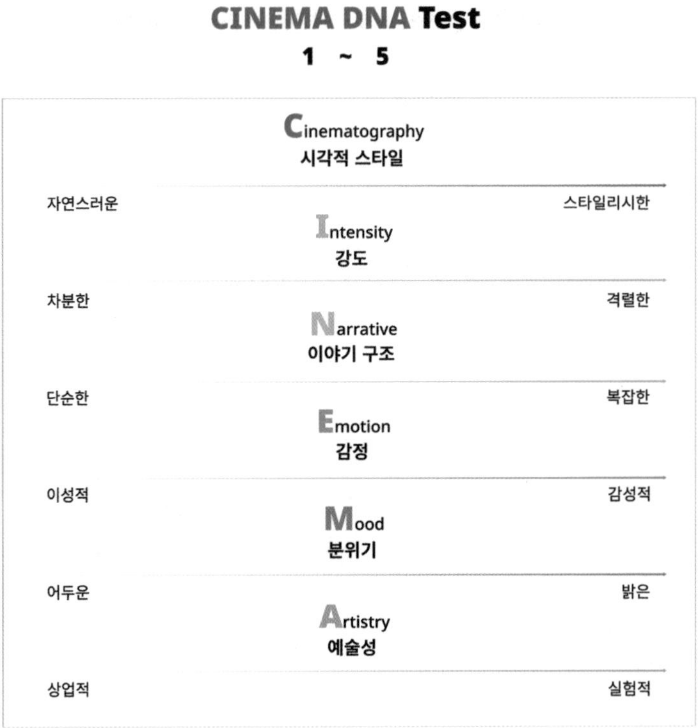

CINEMA DNA Test

1 ~ 5

Cinematography
시각적 스타일

자연스러운 — 스타일리시한

Intensity
강도

차분한 — 격렬한

Narrative
이야기 구조

단순한 — 복잡한

Emotion
감정

이성적 — 감성적

Mood
분위기

어두운 — 밝은

Artistry
예술성

상업적 — 실험적

출처: 팅크홀

감독이 특정 관객층의 취향을 정확히 파악하고, 그에 맞는 영화를 제작할 수 있도록 돕습니다. 이를 통해 감독은 자신의 작품이 목표 관객에게 효과적으로 도달할 수 있도록 전략을 세울 수 있습니다.

시네마 DNA 테스트는 감독 본인의 창작 성향을 명확하게 파악하기 위해 만들어진 도구입니다. 이 테스트는 감독의 영화 제작 스타일을 6가지 요소로 분석합니다. AI 영화 창작 시대에는 무수히 많은 영화가 제작될 것입니다. 이런 상황에서 감독이 자신만의 독특한 스타일을 인지하고 발전시키는 것이 중요합니다. 시네마 DNA 테스트는 감독이 자신의 강점을 파악하고, 이를 바탕으로 차별화된 작품을 만들 수 있도록 도와줍니다.

결국 AI 시대의 영화 산업에서는 장르화를 통한 브랜딩이 감독의 생존 전략이 될 것입니다. 감독은 창의성을 발휘하여 자신의 영화가 단순한 콘텐츠를 넘어 하나의 브랜드로 자리 잡을 수 있도록 해야 합니다.

영화 창작의 혁명, 스토리트랩

과거에는 스토리텔링이 영화 흥행의 핵심이었습니다. 하지만 이제는 관객과의 상호작용이 중요해지고 있습니다. 영화 속에 직접 빠져들고 싶어하는 관객의 욕구가 기술을 통해 충족되는 과정이죠. 이제 스토리텔링 이상의 무언가가 필요합니다. 지금까지 과거, 현재의 현상을 이야기했다면 이번에는 미래의 모습을 그려보겠습니다.

디즈니는 스토리텔링의 다음 단계로 스토리 리빙을 제시했습니다. 2022년에 발표된 이 프로젝트는 관객들이 실제로 스토리 속에서 살아갈 수 있는 경험을 제공하는 것을 목표로 합니다. 디즈니의 첫 스토리 리빙 프로젝트인 커뮤니티 콘티노는 캘리포니아 란초 미라지에 건설 중입니다. 이 커뮤니티에서는 주민들이 디즈니 캐릭터들과 교

7-13. **디즈니의 커뮤니티 콘티노 렌더링 이미지**

출처: Disney

류하고, 테마파크와 유사한 경험을 일상에서 즐길 수 있습니다. 이는 영화나 TV 프로그램을 단순히 시청하는 것을 넘어 그 세계관 속에서 실제로 살아가는 경험을 제공함으로써 콘텐츠 소비 방식의 혁명적인 변화를 보여줍니다.

팅크홀은 스토리트랩으로 영화 창작의 혁명을 불러일으키고 있습니다. 스토리트랩은 우리의 일상 속 모든 순간이 잠재적인 영화의 소재가 될 수 있다는 의미를 담고 있습니다. 카페에서 엿들은 대화, 길을 걷다 마주친 풍경, 또는 친구와 나눈 짧은 대화 속에서 영화 같은 순간을 느낀 경험이 있을 겁니다. 이러한 경험은 우리가 일상 속에서 끊임없이 스토리에 둘러싸여 있음을 보여줍니다. 우리는 스토리트랩 속에 살고 있습니다. 스토리트랩이란 이야기를 뜻하는 story와 덫을 뜻하는 trap의 합성어로, 우리의 일상에서 끊임없이 스토리를 만들어 낼 수 있다는 의미를 갖습니다. 우리는 매 순간 크고 작은 사건들을

7-14. **팅크홀의 스토리트랩 부스 스케치**

경험합니다. 지금까지는 이러한 일상 속 사건들을 영화로 만드는 것이 전문 영화 제작자들의 영역이었습니다. AI 기술의 발전으로 인해 일상의 작은 조각들이 실제 영화로 탄생할 수 있는 시대가 오고 있습니다. 팅크홀은 일상의 순간들을 포착하고, 영화로 변환하고, 불특정 다수의 관객들에게 제공하는 AI 기반 자동화 플랫폼을 꿈꿉니다.

앞으로 AI는 딥러닝과 NLPNatural Language Processing(자연어 처리) 기술을 통해 스토리의 기초 아이디어를 생성하고, 관객의 반응을 실시간으로 분석해 스토리를 발전시킬 수 있습니다. 관객이 영화를 보는 동안 AI가 그들의 감정 상태를 분석하고, 이에 맞춰 스토리 전개를 실시간으로 수정하는 형태의 인터랙티브 영화가 등장할 것입니다. 웨어러블 기기와 AI의 결합은 이러한 가능성을 더욱 확장시킵니다. 스마트폰, 스마트워치, ARAugmented Reality(증강현실) 글래스 등 웨어러블 기기들이 AI와 결합되어 실시간으로 사용자의 경험을 기록하고 분석할 수 있습니다. 사용자가 산책 중에 찍은 사진이나 들은 소리들을 AI가 분석하여 그 경험을 기반으로 초단편 영화를 제작할 수 있습니다. 이러한 AI와 하드웨어 기술의 발전은 일상 속 경험이 곧 영화로 탄생할 수 있는 시대를 열어가고 있습니다. 뿐만 아니라 관객이 감독이 되고, 감독이 관객이 되는 독특한 경험을 제공할 것입니다. 우리는 매일 수많은 스토리를 경험하며 살아갑니다. 이제는 개인적인 생각들을 단순히 기억 속에 남겨두는 것이 아니라, 실제로 영화로 만들어 많은 사람들과 공유할 수 있게 될 것입니다. 이는 단순히 개인의 스토리를 기록하는 것을 넘어, 그 스토리가 새로운 콘텐츠로 재탄생하게 함으로써 문화적 가치도 더해지는 과정입니다.

영화 관람 혁명, 세렌디피티

AI 시대에 관객들은 스토리 안에서 살아가고, 경험하고, 상호 작용할 것입니다. 이는 콘텐츠 소비 방식의 혁신적인 변화와 새로운 형태의 스토리 경험에 대한 요구를 의미합니다. 이제 영화관이 우리가 살고 있는 집, 회사, 학교 그리고 도시로 확장될 것입니다.

세렌디피티는 예기치 않게 찾아오는 발견의 즐거움을 의미하는 용어입니다. 이 개념으로 영화 소비의 새로운 패러다임을 이해할 수 있습니다. 과거에는 영화 관람이 특정 장소, 특정 시간에 제한되었지만, AI와 데이터 분석 기술이 발전하면서 앞으로는 자신도 모르게 새로운 영화를 추천받고, 그 영화를 통해 예상치 못한 감동을 느끼게 될 것입니다. 더 나아가 AI가 주도하는 세렌디피티 시대에는 개인의 상상 속 세계관을 현실에 구현하는 것이 가능해집니다. 자동차에 탑재된 AI 영화관 알고리즘에 내가 상상하는 도시의 모습을 학습시키면 창문 밖으로 나만의 AR 세계관이 구현됩니다.

팅크홀은 이러한 세렌디피티 경험과 개인화된 세계관 구현을 극대화하기 위해 다양한 기술을 개발하고 있습니다. 팅크홀에서 제공하는 세렌디피티 비콘 시스템이 이를 현실화시켜 줄 것입니다. 비콘은 BLE Bluetooth Low Energy(저전력 블루투스) 기술을 기반으로 작동하며, 특정 위치에 있는 사용자의 기기와 통신하여 맞춤형 콘텐츠를 제공합니다. 팅크홀이 개발 중인 비콘 시스템은 도시 곳곳에 설치되어, 사용자가 특정 위치에 도착했을 때 AI가 해당 사용자의 위치와 상황에 맞는 영화를 실시간으로 증강현실로 제공할 수 있게 할 것입니다. 이 시스템은 사용자의 위치 데이터를 활용하여 주변 환경을 영화 속 장면처럼 변화시키는 몰입형 경험을 가능하게 합니다. 이를 통해 사용자는 평범한 일상 속에서도 마치 여행을 하는 듯한 특별한 경험을 할 수 있게 됩니다. 도시 속 비콘을 통해 언제, 어디서나 사용자의 취향에 맞는 영화를 사용자의 위치 데이터를 바탕으로 도시에 증강시켜 줄 것입니다. 이러한 서비스를 통해 사용자는 평범한 일상에서도 여행을 체험할 수 있습니다. 팅크홀은 사용자의 일상 데이터를 섬세하게 분석하여 가장 예상치 못한 순간에 놀라운 영화 경험을 선사합니다. 이 서비스는 일상의 평범한 순간을 특별한 영화적 경험으로 바꿔줄 것입니다.

7-15. **팅크홀의 세렌디피티 비콘 스케치**

이러한 하드웨어 기술이 AI와 빅데이터 분석 같은 소프트웨어 기술을 만나 앞으로는 사용자가 자신도 모르는 사이에 새로운 영화를 추천받고, 그 영화를 통해 예상치 못한 감동을 느끼게 될 것입니다. 세렌디피티 비콘은 관객이 특정 영화를 선택하지 않더라도 AI가 그들의 기분과 상황에 맞는 영화를 자동으로 제공하여 예기치 않은 영화적 감동을 선사하는 세렌디피티 경험을 가능하게 할 것입니다.

지금까지 영화 산업의 과거, 현재, 미래를 조망해 보았습니다. AI와 기술의 발전은 영화 제작과 소비의 방식을 근본적으로 변화시키고 있으며, 이는 우리 모두에게 새로운 기회와 도전을 제공합니다. 이제 우리는 일상 속에서 예상치 못한 순간에 찾아오는 영화적 감동을 경험하고, 나만의 세계관을 현실로 확장할 준비를 해야 할 때입니다. 여러분도 주저하지 말고 나만의 스토리를 담은 AI 영화를 제작해 보세요.

제약

제약 바이오산업의 게임 체인지

이상윤
대표이사, (주)바이오리서치에이아이
jasonlee@bio-research.ai

글로벌 제약 산업은 그간 놀라운 성장을 이루어냈습니다. 2000년 기준 약 520조 원 규모였던 제약 산업은 2023년 기준으로 약 2,000조 원에 이르렀으며, 2032년에는 약 3,700조 원 규모까지 성장할 것으로 예상되고 있습니다.

2000년 기준 270조 원 규모였던 반도체 산업이 2023년에는 약 700조 원으로 성장한 것과 비교하면 이와 같은 성장세는 가히 폭발적이라 할 수 있으며, 향후 수십 년간 지속될 전망입니다.

제약 바이오산업의 이러한 성장세는 우리의 일상 생활에서도 쉽게 느낄 수 있습니다. 코로나19 팬데믹 당시 개발된 mRNA 백신은 하나의 제품으로 삼성전자의 연간 영업 이익을 추월할 정도의 경제적 가치를 창출했습니다. 2024년 4월에 종영된 tvN 드라마 〈눈물의 여왕〉

8-1. 기술 성숙도에 따른 신약 개발 기술 모달리티(modality) 현황

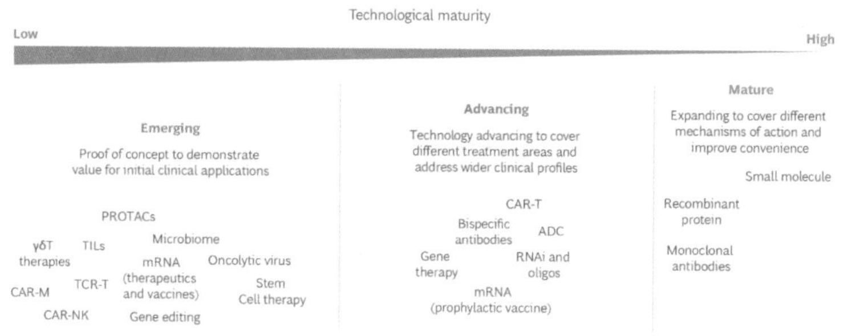

BCG, Evauate pharma

에서도 차세대 항암 요법으로 주목받고 있는 CAR-T 세포 치료제가 등장하며 제약 바이오 기술의 영향력을 실감케 했습니다.

또한 비만 치료제 위고비는 체중 감량 효과가 뛰어나 높은 수요로 인해 매출액이 크게 상승하였으며, 이는 노보 노디스크Novo Nordisk와 같은 제조사의 주가 상승으로 이어졌습니다. 이로 인해 덴마크 크로네DKK와 같은 관련 국가의 통화 가치가 오르는 결과를 초래하기도 했습니다.

알츠하이머 치료제 레켐비Leqembi, 당뇨 치료제 티지엘드Tzield, RSV 백신 아렉스비Arexvy와 같은 신약들이 연이어 출시되면서, 과거에는 불치병으로 여겨졌던 질환들을 치료할 수 있는 가능성이 높아지고 있습니다. 더불어 빅테크를 포함한 거대 기업들의 제약 바이오산업 진출은 이러한 트렌드를 더욱 가속화하고 있습니다.

이와 같은 결과는 결코 우연이 아닙니다. 다양한 신약 개발 기술modality들이 빠르게 발전하고 성숙하면서 치료 가능한 질환의 범위가 확대되고 있으며, 특히 코로나19와 같은 신종 질환, 비만, 노화 등 그 범위가 점점 더 넓어지고 있습니다. 더불어 인구 고령화도 제약 바이오산업의 성장을 더욱 부추기고 있습니다.

이렇게 급격하게 성장하는 제약 바이오산업에서 AI는 어떤 변화를 일으킬 수 있을까요? 그리고 제약 바이오산업에서 대한민국의 역할은 과연 어느 정도일까요?

제약 바이오산업은 어떻게 움직이나: 제약 산업의 업무 프로세스

AI가 제약 바이오산업에 어떠한 영향을 미칠 수 있는지 알아보기 전에, 먼저 제약 산업의 전반적인 업무 프로세스를 살펴보겠습니다. 제약 산업은 의약품의 연구, 개발, 생산, 판매를 전문으로 하는 산업으로, 최근에는 바이오 의약품 비중이 높아지며 제약 바이오산업이라고도 불립니다.

의약품은 질병으로부터 사람들을 보호하고 치료하며, 인간의 신체적·정신적 기능을 개선하거나 유지하는 데 사용되는 물질입니다. 이는 단순한 이론적 정의를 넘어, 실제로 사람이 아플 때 이를 회복하고 건강을 유지하기 위해 반드시 필요한 요소입니다.

이처럼 삶의 질을 높이는 데 필수적인 의약품을 위해서 막대한 비용을 투자하여 개발하는 주체는 제약 회사와 바이오테크Biotech(의약품 생산 및 판매 없이 신약 개발을 하는 것이 주 사업 모델인 회사를 통칭)입니다.

제약 회사와 바이오텍은 기본적으로 이윤을 창출하고 지속적인 성장을 도모하는 기업입니다. 따라서 이들이 개발하는 의약품은 단순히 인류의 건강을 개선하는 데 그치지 않고 사업적으로도 성공을 거두어야 합니다. 즉, 의약품이 시장에서 경쟁력을 가지며 이를 통해 수익을 창출할 수 있어야만 회사가 지속적으로 운영될 수 있습니다.

이제 우리가 새로운 제약 회사나 바이오텍을 설립하고 새로운 의약품을 개발하고자 한다면 어디서부터 시작해야 할까요?

우선 어떤 질환에 대해 의약품을 개발할 것인지 결정해야 합니다. 당뇨병, 암, 혹은 최근의 코로나19와 같은 다양한 질환 중에서 우리의 목표가 될 질환을 선택하는 것이 첫 번째 단계입니다.

그 다음으로 이 질환의 원인으로 알려진 여러 타겟 단백질 중에서 어떤 단백질을 공략할 것인지 결정해야 합니다. 타겟 단백질이란 우리가 개발하는 의약품을 통해 변화를 일으켜 최종적으로 질환을 치료하고자 하는 특정한 표적을 의미합니다.

또한 어떤 신약 개발 기술을 활용할 것인지도 중요한 결정 요소입니다. 예를 들어 항체 치료제, mRNA, 세포 치료제 등 다양한 접근 방식 중에서 가장 효과적이고 적합한 방법을 선택해야 합니다. 각 기술은 특정 질환과 표적 단백질에 따라 효과가 다르기 때문에 신중한 고려가 필요합니다.

이러한 과정들을 통해 아래와 같이 고려해 볼 수 있는 다양한 프로

8-2. 다양한 신약 개발 기술(Modality) 이미지

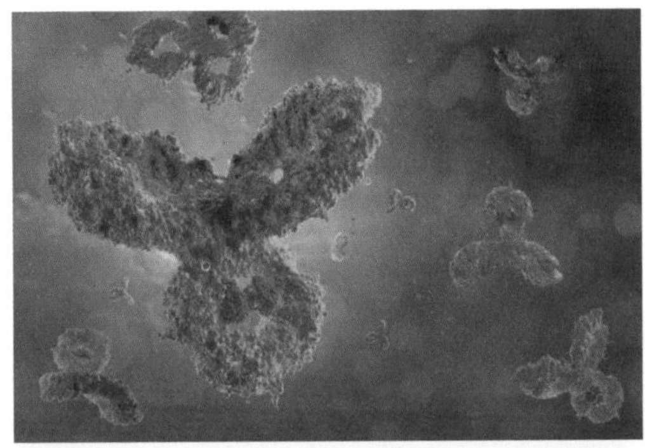

항체 출처: Corona Borealis Studio(Shutterstock)

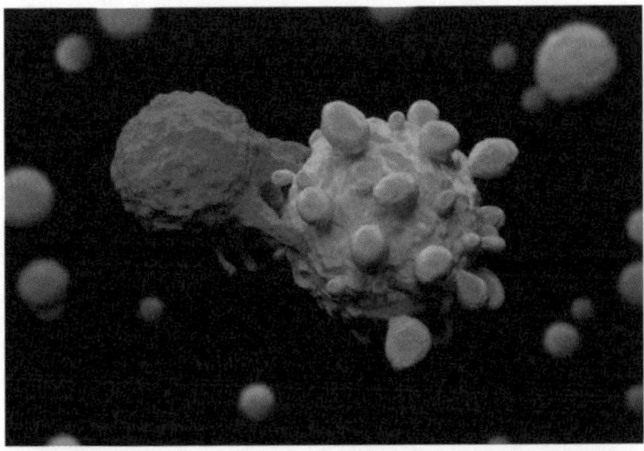

T세포 치료제 출처: Meletios Verras(Shutterstock)

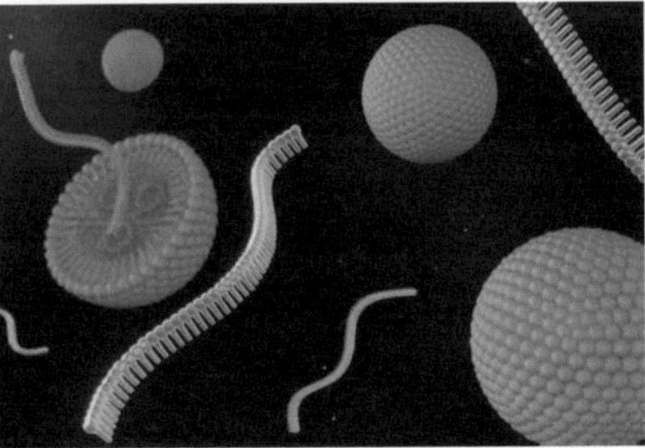

mRNA 유전자 치료제 출처: Love Employee(Shutterstock)

젝트 후보들이 도출되며, 각 후보에 따라 예상 매출액, 개발 소요 기간, 성공 가능성, 개발 비용 등이 계산됩니다. 이를 바탕으로 가장 사업성이 높고 성공 가능성이 높은 프로젝트를 선정하게 됩니다.

프로젝트 후보 1:

- 질환: 간암
- 세부 질환: c-Met 유전자 돌연변이를 가진 HCC(간세포암)
- 표적(타겟 단백질): c-Met 단백질
- 신약 개발 기술(모달리티): 저분자 화합물
- 경쟁사 수: 15개
- 예상 최대 매출액: 1.5조 원
- 예상 개발 소요 기간: 10년
- 임상 성공 가능성(risk): 60%
- 예상 개발 소요 비용: 0.8조 원
- 예상 프로젝트 가치: 4.5조 원

프로젝트 후보 2:

- 질환: 알츠하이머병
- 세부 질환: 타우 단백질 축적과 관련된 초기 알츠하이머병
- 표적(타겟 단백질): 타우 단백질
- 신약 개발 기술(모달리티): 단일 클론 항체
- 경쟁사 수: 30개

- 예상 최대 매출액: 3조 원
- 예상 개발 소요 기간: 15년
- 임상 성공 가능성(risk): 25%
- 예상 개발 소요 비용: 1.5조 원
- 예상 프로젝트 가치: 5조 원

프로젝트 후보 3:

- 질환: 류마티스 관절염
- 세부 질환: TYK2와 관련된 만성 류마티스 관절염
- 표적(타겟 단백질): TYK2 단백질
- 신약 개발 기술(모달리티): 저분자 화합물
- 경쟁사 수: 20개
- 예상 최대 매출액: 2.2조 원
- 예상 개발 소요 기간: 9년
- 임상 성공 가능성(risk): 65%
- 예상 개발 소요 비용: 0.9조 원
- 예상 프로젝트 가치: 5.8조 원

프로젝트 후보 4:

- 질환: 만성 폐쇄성 폐질환(COPD)
- 세부 질환: MMP-9 효소 활성 과다로 인한 COPD
- 표적(타겟 단백질): MMP-9 단백질

- 신약 개발 기술(모달리티): 저분자 화합물
- 경쟁사 수: 10개
- 예상 최대 매출액: 1.2조 원
- 예상 개발 소요 기간: 8년
- 임상 성공 가능성(risk): 55%
- 예상 개발 소요 비용: 0.7조 원
- 예상 프로젝트 가치: 3.5조 원

이처럼 여러 선택지 중에서 우리는 사업성과 성공 가능성이 가장 높은 프로젝트를 선택하여 개발을 시작하게 됩니다. 모든 결정은 시장 상황, 기술적 가능성, 경쟁 제품, 비용, 개발 기간, 예상 매출액 등을 종합적으로 고려하여 이루어지며, 이러한 과정을 통해 신약 개발 프로젝트가 구체화됩니다.

현재 시점에서 개발을 추진해서 얻을 수 있는 예상 프로젝트 가치가 5.8조 원으로 가장 높은 류마티스 관절염 프로젝트를 추진하기로 한다고 가정했을 때, 개발하게 될 의약품이 제대로 약효를 보이고 의약품으로서 성공적으로 허가되어 많은 환자들에게 사용되려면 여러 조건들을 갖추어야 합니다.

만약 우리의 의약품 후보 물질이 류마티스 관절염을 일으키는 문제성 단백질로 알려져 있고, 목표 단백질로 정의한 'TYK2'이라는 단백질에 결합하지 못한다면 어떻게 될까요? 우리의 약물이 목표 단백질에 도달하지 못한다면 당연히 약효를 기대할 수 없습니다. 따라서

의약품이 영향을 주고자 하는 목표 단백질에 잘 결합하는 후보 물질을 찾아야만 합니다.

만약 부작용이나 독성을 일으킨다면 어떻게 될까요? 약효가 있다고 하더라도 부작용이나 독성이 있다면, 그 약물은 환자에게 해를 끼칠 수 있어 사람에게 사용할 수 없습니다.

만약 약효가 나타나기도 전에 우리의 물질이 너무 빨리 체내에서 배출된다면 어떻게 될까요? 안전하고 효과적인 물질이라도 몸에서 충분한 시간 동안 작용해야 약효를 볼 수 있는데, 너무 빨리 오줌을 통해 배출된다면 의약품으로서 목적을 달성할 수 없어 사용할 수 없습니다.

약효가 충분하지 않고 기존 의약품보다 약하다면 어떻게 될까요? 질환 부위에 도달하지 않으면 어떻게 될까요? 투약 후 내성이 금방 생긴다면 어떻게 될까요?

목적을 달성할 수 있는 의약품이 되기 위해서는 위와 같은 조건들 외에도 수많은 조건들을 충족해야 합니다.

이 세상에 존재하는 수많은 화학 물질과 바이오 물질 중에서 이러한 조건을 가장 잘 충족하는 후보 물질을 선별하는 과정이 바로 '의약품 선별drug screening' 혹은 '의약품 발굴drug discovery'입니다. 화학 물질의 다양성은 10^{60}에 달하고, 항체의 다양성은 10^{12}에 이를 정도로 방대합니다. 이는 마치 지구상에 존재하는 80억 명의 각기 다른 사람 중에서 미국의 대통령 혹은 최고의 팝스타가 되기에 가장 적합한 사람 한 명을 찾아내는 것과 같습니다.

표 8-1. **의약품이 갖춰야 할 조건과 테스트 실험 종류**

의약품이 갖춰야 할 조건	테스트 실험 종류
독성이나 부작용이 없다.	유전 독성 실험, 생식 독성 실험, 장기 독성 실험, 발암성 실험 등
질환 부위로 약물이 도달하여 금방 제거되지 않는다.	약물 동태학(PK) 실험, 이미징 실험, 약물 대사 실험
표적 단백질에 잘 붙는다.	결합 친화도 실험, 구조 생물학 실험, 컴퓨터 기반 분자 도킹 시뮬레이션
표적 단백질을 의도한 대로 변화시켜 약효를 나타낸다.	기능적 세포 실험, 신호 전달 경로 분석 실험, 오믹스(Omics) 분석 실험
표적 단백질의 변화가 증상 완화나 질병 치료로 이어진다.	환자 유래 세포 실험, 동물 모델 실험, 임상 시험

이처럼 엄청난 다양성 속에서 최고의 후보를 찾는 과정은 매우 중요하며, 모든 조건을 완벽히 충족하는 물질을 찾아내는 것이 의약품 개발의 핵심입니다.

후보 물질이 의약품이 되기 위해 갖춰야 할 조건들을 충족하는지 테스트할 때는 시험관 실험, 동물 실험, 임상 시험의 순서로 진행됩니다.

시험관 실험in vitro이란 동물이나 사람과 같은 살아있는 생명체가 아닌 환경에서 세포, 조직, 또는 단백질 등과 같은 생물학적 물질을 활용하여, 생명체에서 일어날 법한 현상을 모사하여 실시하는 실험을 말합니다. 보통 다음 이미지에서처럼 일반적으로 플라스틱으로 만들어진 다양한 구멍(셀)을 가진 판에 세포나, 단백질, 화학 물질 등을 혼합하여 넣고 일어나는 반응(색 변화 등)을 관찰하는 방식으로 진행됩

8-3. **시험관 실험 이미지**

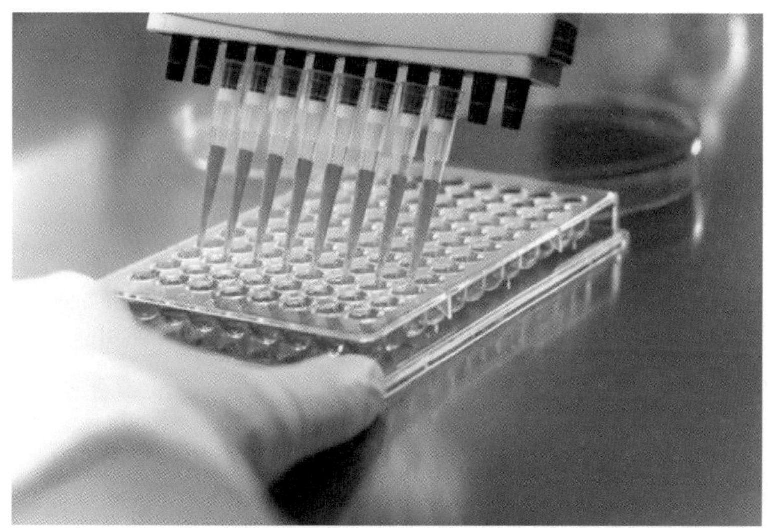

출처: eczserapyilmaz(Shutterstock)

니다. 시험관 실험은 보통 한 번 하는 데 약 수십만 원에서 수천만 원까지 소요될 수 있습니다.

동물 실험이란 일반적으로 쥐, 개, 원숭이 등의 동물을 대상으로 의약품 후보 물질이 의약품으로서 조건을 충족하는지 확인하는 실험이며, 모든 동물 실험에서 통과한 후보 물질만이 임상 시험에 진입할 수 있습니다. 동물 실험은 보통 한 번 하는 데 약 수백만 원에서 수억 원까지 소요될 수 있습니다.

시험관 실험과 동물 실험을 포함하여 임상 시험에 진입하기 전의 시험 단계를 전임상 시험preclinical test이라고 합니다.

임상 시험은 사람을 대상으로 의약품 후보 물질이 의약품의 조건을 충족하는지 확인하는 실험입니다. 초기 임상 시험에서는 새로운 물질을 사람에게 처음 투여하기 때문에 낮은 용량에서 시작하여 소수의 사람에게 독성 여부를 확인하는 데 집중합니다. 반면 후기 임상으로 갈수록 목표 질환을 가진 많은 수의 환자에게 약효를 평가하는 데 중점을 둡니다. 임상 시험의 비용은 보통 수억 원에서 수천억 원까지 소요될 수 있습니다.

물론 사람에게 사용할 의약품을 테스트하기 위해서는 임상 시험을 통해 검증하는 것이 가장 효과적이지만, 다른 시험법에 비해 비용이 너무 많이 들고 시간이 오래 걸립니다. 무엇보다도 아직 검증되지 않은 물질을 사람에게 투약하는 것은 안전성의 측면에서 문제가 생길 가능성이 큽니다. 그래서 시험관 실험에서 확인할 수 있는 모든 조건을 먼저 시험하고, 그다음 동물 실험, 마지막으로 임상 시험 순으로 진행합니다.

경우에 따라 다르지만 수백 건의 시험관 실험, 수십 건의 동물 실험 그리고 10건 내외의 임상 시험을 통과한 단 한가지의 후보 물질만이 환자들이 사용할 수 있는 신약이 될 수 있습니다.

이와 같은 다양한 실험을 통해 조건을 가장 잘 충족하는 물질을 발견하고, 해당 물질이 모든 조건을 잘 만족한다는 테스트 결과를 확보함으로써 이 물질이 부작용 없이 질병을 효과적으로 치료할 수 있다는 근거를 실험을 통해 충분히 증명했다면 다음 단계는 무엇일까요? 이제 이 결과물들을 누구에게 보여줘야 할까요?

바로 한국 식약처, 미국 FDA, 유럽 EMA, 일본 후생성 등과 같은 각국 규제 기관에 제출해야 합니다.

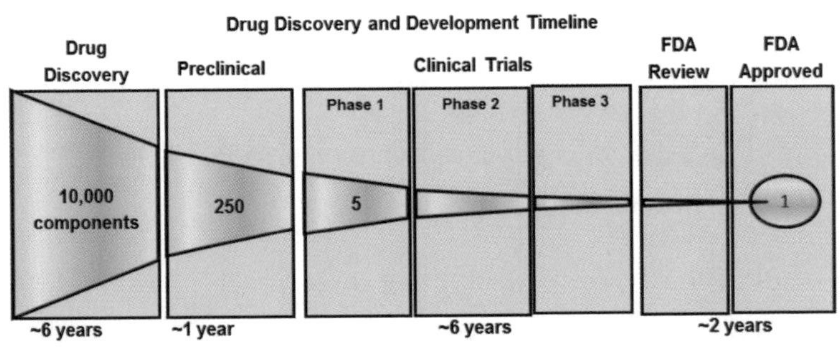

출처: Vashisth, P., Srivastava, P., & Srivastava, R. (2020). In vivo studies for drug development via oral delivery: Challenges, animal models, and techniques. Journal of Pharmaceutical and Chemical Sciences, 9(4), 1-11.

규제 기관의 역할은 각국의 국민의 생명과 안전을 보호하는 것입니다. 따라서 신약 개발과 신약 허가 과정에서 규제 기관을 설득하고 승인을 받는 것이 필수적입니다. 이러한 근거 자료들로 실험 결과들이 사용됩니다.

규제 기관이 신약 개발 과정에서 관여하는 부분은 여러 가지가 있지만, 가장 중요한 부분은 크게 두 가지입니다.

첫째, 임상 시험 진행 승인을 신청Investigational new drug (IND) application해야 합니다. 우리가 찾아낸 새로운 물질이 사람에게 처음 투약될 때, 안전성에 어떤 문제가 있을지 모르기 때문에 규제 기관을 근거 자료와 함께 충분히 설득해야 합니다. 이를 통해 임상 시험을 진행해도 좋다는 승인을 받을 수 있습니다(IND 신청 시 독성과 안전성에 중점을 둡니다).

두 번째는 신약 판매 허가를 신청New drug application해야 합니다. 판매를 위해서는 이 물질이 의약품으로서 부작용 위험 없이 질환 치료에 효과적이라는 것을 입증해야 합니다. 규제 기관이 이를 허가하는 것은 국민의 안전과 직결되기 때문에 이 또한 설득이 필요합니다.

만약 위와 같은 과정을 성공적으로 마무리하여 규제 기관으로부터 신약 판매 허가를 받은 후에는 의약품 출시 및 판매를 통해 본격적으로 수익을 창출할 수 있습니다.

하지만 이 모든 과정은 막대한 비용과 오랜 시간이 소요되고 다양한 역량이 필요하기 때문에 한 회사가 단독으로 진행하기는 어렵습니다. 그래서 개발 중간 단계에 있는 의약품 후보 물질을 팔거나 사는 등의 방식으로 리스크와 역할을 분담하며 의약품 개발을 진행하는 경우가 대부분입니다. 이때 해당 기업은 프로젝트에서 기여한 만큼의 이익을 공유하게 되며, 기술 이전 계약License agreement이나 판권 계약Distribution agreement 등의 형태로 이루어집니다.

이 과정에서 또 다른 중요한 요소는, 어떤 의약품 후보 물질을 구매하여 이어서 개발을 진행해 나갈지, 아니면 개발 중인 의약품 후보 물질 중 어떤 것을 판매할지 선택하는 것입니다. 그리고 얼마에 어떤 조건으로 계약을 진행할지는 협상의 영역에 속합니다.

개발 중인 신약 후보 물질은 본질적으로 건설 중인 자산과 비슷하게 생각하면 이해하기 쉽습니다. 새로운 건물을 짓기 위해 부지를 매입하고 기존 건물을 철거하며 해당 토지의 용도를 변경하는 과정은 신약 후보 물질을 개발하는 과정과 유사합니다. 이 시점에 용도 변경된 토지를 판매할 수도 있을 것입니다.

또는 이 용도 변경된 토지에 건물을 짓고 판매할 수도 있고, 건물에

8-5. **통과한 테스트 실험 결과가 많아질수록 올라가는 의약품 후보 물질의 가치**

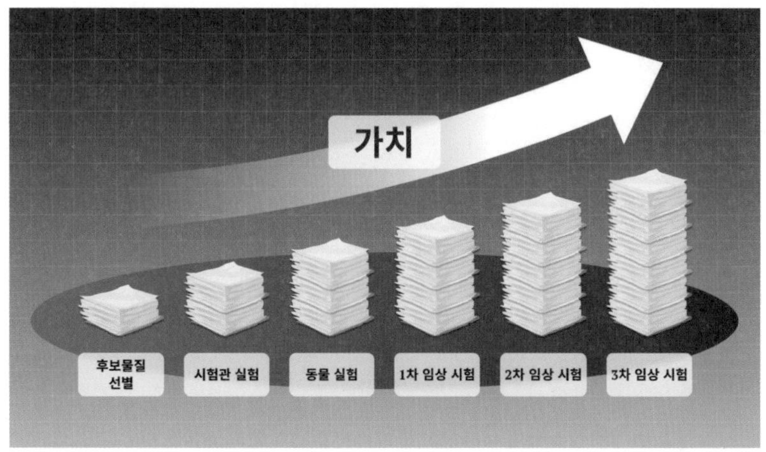

출처: 바이오리서치에이아이 디자인팀

세입자를 들여 상권을 구축한 뒤 판매할 수도 있습니다. 하지만 결국이 자산의 개발 단계에 따라 자산 가치는 올라가고 판매 가격도 높아질 것입니다.

이와 마찬가지로 의약품 후보 물질도 개발 단계에 따라 의약품으로서 조건을 갖추는 근거 데이터가 쌓일수록 더 높은 가격에 판매되고, 더 높은 수익을 창출할 수 있습니다. 이렇게 지금까지 개발해온 프로젝트를 현금화한 뒤 다시 새로운 의약품 개발을 계획하는 방식이 일반적입니다.

이상은 제약 회사와 바이오테크 내에서 이루어지는 전반적인 업무 프로세스입니다. 이제 각 업무 프로세스에서 AI가 적용되고 있는 현황과 전망을 알아보겠습니다.

AI 기술은 제약 바이오산업을 어떻게 바꾸고 있나: ① 자연어 처리

먼저 AI 기술이 제약 바이오산업에서 어떠한 변화를 일으키고 있는지 구체적으로 살펴보겠습니다.

앞서 설명한 것처럼 의약품을 개발하기 위해서는 맨 처음 사업성이 가장 높은 프로젝트를 찾기 위해서 시장 상황, 기술적 가능성, 경쟁 제품, 비용, 개발 기간, 예상 매출액 등을 종합적으로 고려합니다. 혹은 사업성이 높은 개발 중인 의약품 후보 물질을 사 와서 개발을 이어나가거나, 개발 중인 의약품 후보 물질을 판매하여 상대 기업이 계속해서 후속 개발을 이어나가도록 할 수도 있죠.

이러한 과정은 주로 제약 회사와 바이오텍 내부의 연구기획팀, 사업개발팀 등에서 제약 바이오 전문가가 과학 문헌, 보도 자료, 임상 자료, 특허, 학회 발표 자료, 규제 기관 자료 등 방대한 문서를 찾고 분석 및 정리하여 이를 근거로 시나리오를 예측하고 의사 결정을 하는 것으로 진행됩니다.

현재 웹에는 이러한 의사 결정에 근거로 활용할 수 있는 제약 바이오 텍스트를 다루는 사이트 수만 개가 존재하며, 제약 바이오 문서는 각각 다른 데이터 타입과 형태를 가지고 수천만 개가 비정형 데이터의 형태로 존재합니다. 방대한 비정형 데이터의 바다에서 전통적인 방식의 키워드 기반 검색(구글링과 같은)을 활용하여 사람이 직접 탐색하고 수많은 문서를 읽고 정리하는 것은 비효율적인 일입니다.

AI 기술 중 하나이며, 최근 오픈AI 등이 선도하며 혁신을 이루어내고 있는 자연어 처리Natural Language Processing 기술은 이 과정을 바꾸고 있습니다.

자연어 처리 기술 RAG를 활용한 제약 바이오 분야 데이터 접근 효율화

첫 번째로, RAGRetrieval-Augmented Generation 기술을 적용하여 웹에 존재하는 다양한 데이터에 사용자가 접근하는 방식을 조금 더 효율적으로 개선하고 있습니다. RAG 기술 적용을 위해서는 일단 다양한 텍스트 데이터를 숫자의 조합(벡터)으로 변환합니다.

유사한 내용을 가진 텍스트끼리는 유사한 숫자의 조합으로 변환되며, 상이한 내용을 가진 텍스트들은 차이가 크게 나는 숫자의 조합으로 변환됩니다. 그래서 사용자가 AI에게 요구하는 데이터의 조건과 가장 유사한 숫자의 조합을 가진 데이터를 찾아올 수 있으며, 이렇게 찾아온 데이터를 AI가 읽고 이해하여 사용자가 요구하는 데이터에 대한 내용을 설명하는 방식으로 작동합니다.

RAG 기술에서 중요한 요소 중 하나는 텍스트를 컴퓨터가 이해할 수 있는 숫자의 조합으로 변환시켜 주는 임베딩 모델Embedding model입니다. 이러한 숫자의 조합을 벡터라고 부릅니다. 다시 말해, 좋은 임베딩 모델일수록 유사한 텍스트 데이터끼리는 거리가 더 가까운 벡터로, 상이한 텍스트 데이터끼리는 더 먼 벡터로 변환할 수 있는 능력을 갖게 됩니다.

특히 제약 분야에서는 PD-1, PD-L1과 같이 단 한 글자가 다르지만 의미는 완전히 다른 것을 지칭하는 제약 용어가 많기 때문에 내용을 얼마나 정확하게 이해하고 숫자로 변환할 수 있는지가 중요합니다. 그래서 당사에서는 수천만 건이 넘는 제약 분야 텍스트를 수집하고 이에 더욱 적합한 자체 임베딩 모델을 연구, 개발하고 있습니다.

그 결과 아래 도표에서 볼 수 있듯이 당사의 임베딩 모델에서는 유사한 텍스트 데이터끼리 더욱 가까이 존재하고, 각각 다른 텍스트 데이터끼리는 확실히 거리가 먼 것을 확인할 수 있습니다. 하지만 오픈AI의 임베딩 모델text-embedding-ada-002로 같은 작업을 수행할 때 다른 텍스트 데이터끼리도 거리가 가까워 구별되지 않고, 가까운 데이터끼리도 거리가 먼 것을 확인할 수 있습니다. 이는 오픈AI가 제약 바이오를 전문으로 학습하지 않은 채 전체 산업을 대상으로 진행하였기 때문입니다.

수천 명의 제약 바이오 전문가를 활용하여 수십 년간 제약 데이터베이스 서비스를 구축 운영하고 있는 아이큐비아IQVIA, 글로벌데이터GlobalData, 코텔리스Cortellis 등 기존 제약 데이터베이스 서비스 운영 기업들도 현재 데이터베이스에 RAG 기술을 적용하여 서비스를 고도화하려고 노력하고 있습니다.

또한 제약 컨설팅 기업 줌알엑스ZoomRX에서 개발 중인 'Ferma.ai'나, 스타트업 메이븐 바이오Maven Bio 등에서 이러한 접근법으로 대화 형태의 제약 바이오 데이터 접근 서비스를 개발하고 있습니다.

일부 전문가들은 기존 데이터베이스를 활용하는 RAG보다 실시간

8-6. **바이오리서치에이아이(위)와 오픈AI(아래) 임베딩 모델 제약 바이오 텍스트 변환 결과**

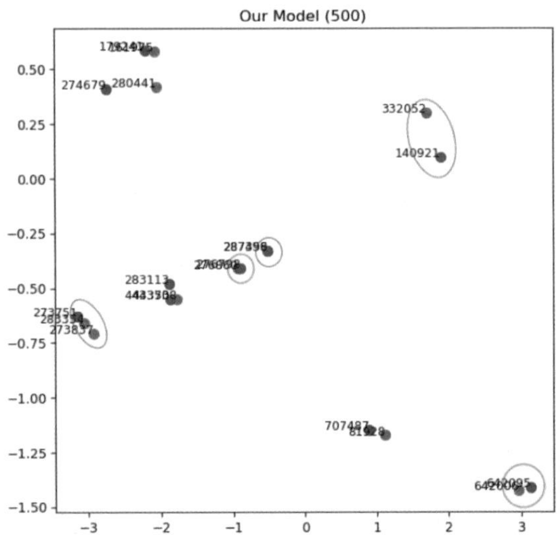

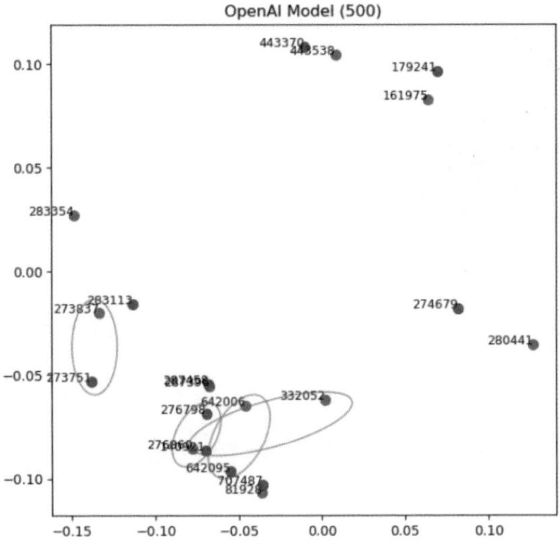

*유사한 데이터끼리 원으로 표시해 주었음

출처: 바이오리서치에이아이 AI 개발팀

브라우징을 통해 데이터를 얻는 웹 기반 탐색Web-based Retrieval방식이 더 나은 사용자 경험을 제공할 수 있다고 주장합니다. 그러나 제약 분야의 특성상 방대한 데이터를 기반으로 의사 결정을 내리고 인사이트를 도출해야 하기 때문에, 실시간 탐색 방식은 사용할 수 있는 자료가 제한적이거나 시간이 너무 오래 걸릴 수 있다는 단점이 있습니다.

자연어 처리 생성형 기술을 활용한 제약 바이오 분야 문서 자동 작성

두 번째로, 생성Generation 기술(GPT 모델)을 활용하여 제약 바이오 분야에서 작성해야 하는 서류를 자동으로 생성시킵니다. 프랑스 이지옵Yseop이라는 기업은 주로 임상 및 규제 문서 작성을 전담하는 메디컬 라이팅Medical Writing 분야에서 문서 작성을 자동으로 생성하는 서비스를 개발 및 운영하고 있습니다. 2020년 6월부터 일라이 릴리Eli Lilly, 사노피Sanofi 등 '빅파마'(거대 제약 회사)들과 활발히 협력하여 임상 시험 보고서와 같은 규제 문서 작성을 돕고 있으며, 2024년 7월 코그니전트Cognizant와 협력하며 더욱 서비스를 확장해나가고 있습니다.

바이오리서치에이아이에서는 제약 회사와 바이오테크의 사업 개발팀을 타겟으로 기술 이전, 인수 합병 등 계약서를 자동으로 생성하는 모델을 개발 중이며, 서비스 출시를 준비 중에 있습니다.

8-7. **이지옵 사의 AI 모델이 작성할 수 있는 문서 리스트**

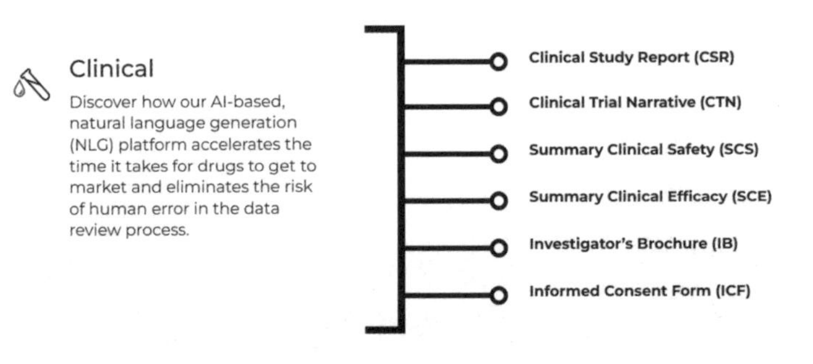

출처: Yseop

자연어 처리 기술의 복합적 활용으로 제약 바이오 분야 대규모 문서 처리 및 데이터베이스 구축

세 번째로, 데이터 정리Data Organization 작업에 자연어 처리 기술을 적용하는 것입니다.

제약 바이오산업에서 데이터 정리 작업은 수많은 문서를 체계적으로 정리하는 중요한 과정입니다. 수많은 제약 바이오 문서들을 데이터베이스의 형태로 정리하는 작업을 전문가들이 손수 진행했었다면, 이제는 제약 바이오 특화된 AI 모델을 활용하여 자동화하게 되었습니다.

이러한 작업 가운데 중요한 부분은 다양한 문헌에서 지칭되는 의약품, 단백질, 계약, 임상 시험 등이 서로 다른 것인지 같은 것인지 정확하게 구분하는 것입니다. 이는 각각에 대해 지칭하는 명칭이 다양하고 상황에 따라 다르기 때문에 난이도가 상당히 높은 작업입니다. 동일한 작업에 대해서 현재 챗GPT 4, 라마LLaMA, 제미나이Gemini 등 다양한 파운데이션 모델을 활용하여 테스트한 결과 40% 이하의 정확도를 보였기에 이 작업을 위한 별도의 학습 모델이 필요한 것으로 판단하였고, 바이오리서치에이아이는 자체 모델을 학습한 결과 정확도를 99%이상 달성했습니다.

데이터베이스는 매우 정확해야 합니다. 그런데 AI가 일정 수준 이상의 정확도를 충족하지 못한다면 제약 바이오 전문가가 직접 모든 데이터를 검수해야 하므로 AI를 활용하여 데이터베이스를 구축하는 효용이 사라지게 됩니다. 때문에 매우 높은 수준의 정확도가 요구됩니다.

이러한 기술은 기존에 최소 수백 명에서 수천 명의 인력이 오랜 기간 동안 구축해야만 했던 제약 데이터베이스 서비스의 진입 장벽이 낮아졌음을 의미하며, 결국 별도의 고도화나 추가적인 부가 기능이 없는 이상 제약 데이터베이스 서비스의 가격은 낮아질 것임을 의미합니다. 높은 수준의 연구독비로 프리미엄 시장만이 존재했던 이 시장이 더 많은 사용자가 저렴한 비용으로 접근할 수 있는 시장으로 확장되고 있습니다. 이러한 변화로 새로운 주요 기업들이 다수 등장하게 될 것임을 전망할 수 있습니다.

8-8. AI를 기반으로 구축한 제약 데이터베이스 서비스(bio-research.ai)

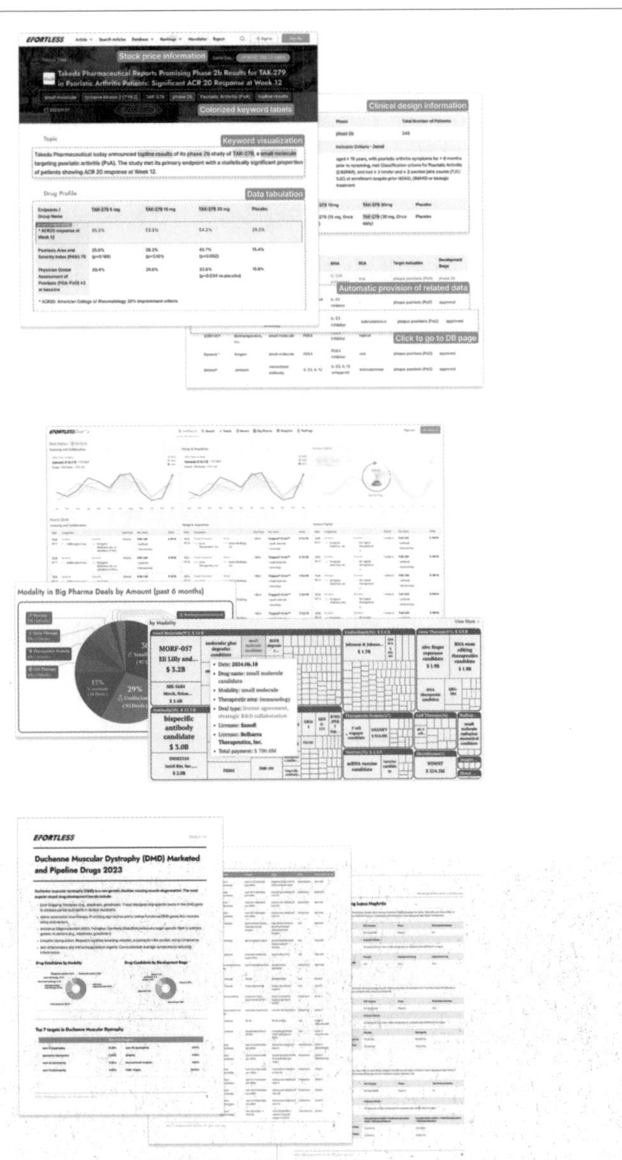

출처: 바이오리서치에이아이

AI 기술은 제약 바이오산업을 어떻게 바꾸고 있나: ② 단백질 구조 및 상호 작용 예측

단백질은 다양한 아미노산들이 연결되어 형성된 물질로, 생명체 내에서 효소 작용, 세포 구조 유지, 신호 전달 등 여러 중요한 역할을 수행합니다. 많은 질환은 이러한 단백질들 중 하나의 특정 단백질이 비정상적으로 기능하거나 구조가 변형될 때 발생합니다. 따라서 단백질의 구조를 예측하는 것은 신약 개발에서 매우 중요한 단계입니다. 그러나 아미노산들이 길게 연결된 단백질은 다양한 형태로 접힐 수 있어, 수많은 가능한 구조 중에서 정확한 하나의 구조를 예측하는 것은 매우 복잡하고 계산적으로도 어려운 문제였습니다.

특히 질환과 관련된 단백질 구조를 정확히 파악하는 것은 질병의 원인을 이해하고 효과적인 치료제를 개발하는 데 핵심적인 역할을

8-9. 아미노산이 실처럼 연결되어 형성된 단백질은 실제로 접히고 꼬인 형태(우측)로 존재

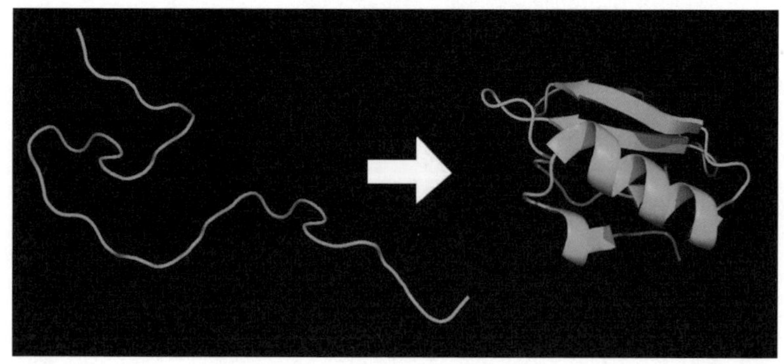

출처: Wikipedia

8-10. **단백질 구조 예측 대회 CASP14에서 알파폴드2가 예측한 단백질 구조(파란색)와 실제 단백질 구조(초록색)**

T1037 / 6vr4
90.7 GDT
(RNA polymerase domain)

T1049 / 6y4f
93.3 GDT
(adhesin tip)

Experimental result
Computational prediction

출처: 딥마인드

합니다. 단백질 구조는 그 기능을 규명하고 약물과의 상호 작용을 연구하는 데 중요한 요소로 작용합니다.

이러한 문제를 해결하는 데 획기적인 전환점이 된 사건은 2020년 단백질 구조 예측 국제 대회인 CASP14에서 구글의 자회사인 딥마인드가 알파폴드2AlphaFold2를 발표한 것입니다. 알파폴드2는 50년간 해결되지 않았던 생물학의 난제인 단백질의 3차원 구조를 정확하게 예측할 수 있는 AI 시스템으로, 신약 개발자들이 수년간 연구할 단백질 구조 분석을 며칠 만에 마칠 수 있게 도와주었습니다.

뿐만 아니라 2024년 5월 8일에 발표된 알파폴드3는 이러한 기술을

8-11. **단백질 구조 예측 대회 CASP14에서 대회별 최고 정확도와 Alphafold의 결과 비교**

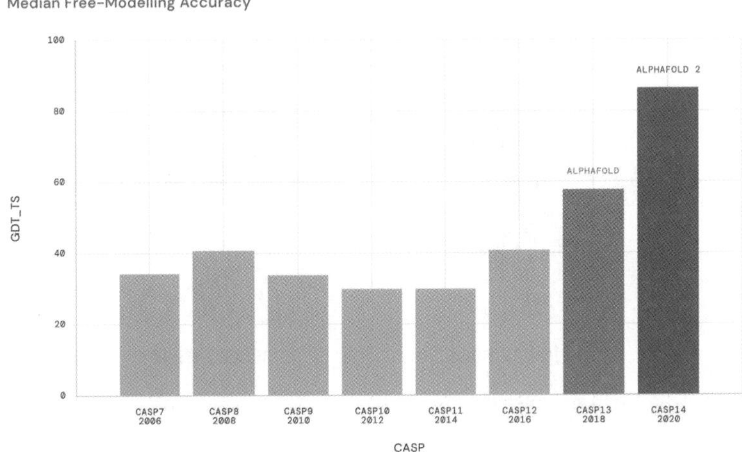

출처: 딥마인드

한층 더 발전시켜 단백질 구조 예측의 정확도를 50% 이상 향상시켰고, 단백질과 다른 물질 간의 상호 작용 예측 정확도도 크게 향상시켰습니다.

이렇게 단백질 구조 예측 분야에 AI 기술이 적용되어 정확도가 급격히 상승함에 따라 단백질 구조와 상호 작용 예측을 통한 신약 개발이 본격적으로 가속화되고 있습니다.

단백질 구조와 상호 작용 예측을 통한 신약 개발 적용

의약품으로서 갖춰야 할 필수 조건 중 하나는 질환의 원인이 되는 타겟 단백질에 변화를 일으키는 것이고, 이를 위해서는 일단 타겟 단백질에 정확하게 붙을 수 있는 것이 필요합니다.

여기에서 붙는다는 것은, 단백질과 의약품이 복잡한 모양의 여러 곳에 +극과 -극을 가지고 있는 자석들이라고 볼 때, 이러한 자석들이 서로 밀고 당기는 과정이라고 생각하면 되겠습니다.

다음 그림을 보면, 같은 타겟 단백질에 대해서 후보 물질 A는 단백질 구조상 잘 붙을 수 있지만, 같은 극끼리 마주 보고 있는 부분으로 인해 상호 작용의 측면에서 미는 힘이 존재하므로 잘 붙을 수 없습니다. 후보 물질 B는 상호 작용 측면에서 당기는 힘이 작용하지만, 단백질 구조상 맞물릴 수 없어 타겟 단백질에 잘 붙을 수 없습니다.

하지만 후보 물질 C는 단백질 구조상 타겟 단백질과 딱 맞물릴 뿐 아니라, 상호 작용 측면에서도 +극과 -극이 교차로 배열되어 인력만이 작용하므로 타겟 단백질에 잘 붙을 수 있는 의약품 후보 물질로 선별될 수 있습니다.

AI 기술의 발전으로 인해 이제 우리는 타겟 단백질의 구조를 매우 정밀하게 예측할 수 있으며, 다양한 의약품 후보 물질들이 이 단백질과 어떻게 상호 작용할지를 정확히 예측할 수 있기에, 타겟 단백질에 잘 붙을 수 있는 의약품 후보 물질을 실험을 통하지 않고도 골라낼 수 있습니다.

이는 기존에 타겟 단백질과 다양한 의약품 후보 물질들을 실제로 생산하고, 시험관에서 혼합하는 수많은 실험을 통해서 상호 작용 결과를 확인해야 했던 의약품 선별drug screening 과정을 AI를 통한 예측으로 대체할 수 있다는 것을 의미합니다.

AI를 통해 선별해 낼 수 있는 의약품의 종류는 항체antibody 치료제

8-12. **타겟 단백질에 강하게 붙는 후보 물질 선별 과정**

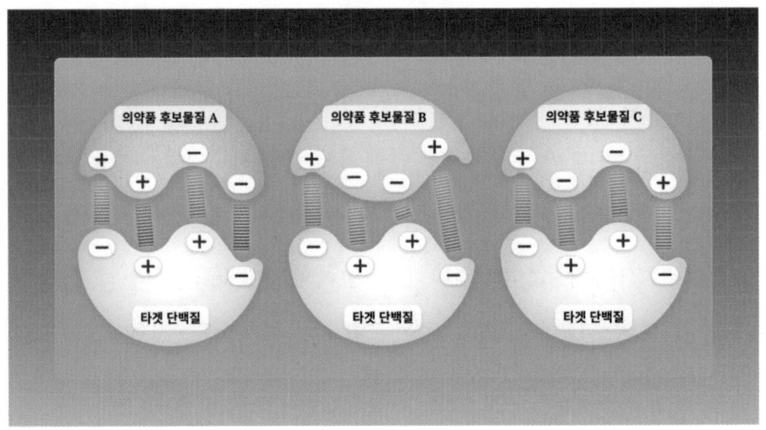

빨간색: 척력, 파란색: 인력

출처: 바이오리서치에이아이 디자인팀

부터 펩타이드Peptide 치료제, mRNAmessenger RNA 치료제 그리고 소분자 화합물small molecule에 이르기까지 다양합니다.

단백질 구조와 상호 작용 예측을 통한 항체 신약 발굴

특히 항체 치료제는 현재 시장에서 매우 높은 수요를 가진 신약 개발 기술로, AI를 활용해 이를 발굴하는 것은 상대적으로 난이도가 높으면서도 희소성이 있어 주목받고 있습니다.

나스닥 상장사 앱셀레라 바이오로직스AbCellera Biologics는 2020년 초 AI 기술을 활용하여 코로나19 바이러스에 대한 항체 치료제 밤라니비맙Bamlanivimab, LY-CoV555을 11일 만에 발견하였으며, 이를 글로벌 제약사인 일라이 릴리와 공동 개발하여 FDA로부터 같은 해 11월 긴급 사용 승인을 받기도 하였습니다.

그 이후 시간이 흐르며 기술은 더욱 발전하여, 더욱 많은 AI 기반 항체 발굴 기술 협력 사례가 나오고 있습니다.

2023년 말에는 AI 기반 항체 발굴 회사인 앱사이Absci가 아스트라제네카AstraZeneca 그리고 알미랄Almirall과 각각 최대 2.5억 달러, 최대 6.5억 달러 규모의 항체 치료제 개발 협력 계약을 맺은 바 있으며, 그 외에도 23년 말에서 24년 상반기 사이에 AI 기반 항체 발굴 회사인 바이올로직 디자인Biolojic Design, 빅햇 바이오사이언스BigHat Biosciences, 제너레이트 바이오메디슨Generate Biomedicines, 페이소스 AIPathos AI가 각각 머크Merck KGaA, 애브비AbbVie, 암젠Amgen, 로슈Roche 사와 대규모 항체 치료제 개발 협력 계약을 맺었습니다.

24년 4월 나스닥 상장 바이오텍 넥타Nektar는 바이올로직 디자인에서 AI 기술 기반으로 찾아낸 항체 치료제를 테스트한 결과를 긍정적으로 평가하여 옵션권을 행사하여 자가 면역 질환 항체 치료제(타겟: TNFR2)를 인수하기도 하였으며, 기존 식물 기반 신약 개발사였던 아이바이오IBIO는 루브릭 테라퓨틱스RubrYc Therapeutics 사를 인수하며, AI 기반 항체 치료제 개발 기업으로 탈바꿈하기도 하였습니다.

이러한 흐름은 23년경부터 더욱 급격히 가속화되고 있으며, 이는 향후에도 이어져 AI 기반 항체 치료제 발굴 기술을 활용한 신약 개발 분야는 빠르게 성장할 전망입니다.

단백질 구조와 상호작용 예측을 통한 백신 신약 발굴

AI를 활용한 단백질 구조와 상호 작용 예측 기술은 백신 분야에도 적용될 수 있습니다.

백신은 감염병이나 암 등의 질병에 대해서 사람 스스로의 면역 체계를 활용하여 공격하도록 유도하는 의약품입니다. 백신이 사람에게 투약되면 몸의 면역 체계가 어떤 단백질을 공격해야 할지 공부하게 되는데, 이 과정에서 중요한 역할을 하는 것이 MHC(주조직 적합성 복합체)라고 불리는 단백질과 펩타이드 에피톱peptide epitope 간의 상호 작용입니다.

이 상호 작용 예측 정확도에 따라 더욱 성능이 좋은 백신을 설계하고 개발할 수 있습니다. 과거에는 예측 정확도가 낮았기 때문에 개인 맞춤 항암 백신Neo epitope Cancer vaccine을 개발하던 네온 테라퓨틱스Neon Therapeutics 사와 그릿스톤 온콜로지Gritstone Oncology 사가 좋은 성과를 거두지 못하였으나, AI 기술의 발전으로 상호 작용 예측 정확도가 높아지면서 모더나Moderna와 같은 바이오텍들이 코로나19와 같은 감염병 백신이나 항암 백신에서 개발을 지속하며 좋은 성과를 내고 있습니다.

단백질 구조와 상호 작용 예측을 통한 소분자 화합물 신약 발굴

AI를 활용한 단백질 구조와 상호 작용 예측 기술은 가장 널리 쓰이는 신약 개발 기술인 소분자 화합물small molecule 의약품 후보 물질을 찾아내는 데에도 활용됩니다. 소분자는 크기가 작고, 세포 내부로 쉽게 침투할 수 있어 질환의 원인이 되는 타겟 단백질의 기능을 조절하는 데 효과적입니다.

8-13. **AI 기반 소분자 화합물 발굴 선두 기업 슈뢰딩거 사의 홈페이지**

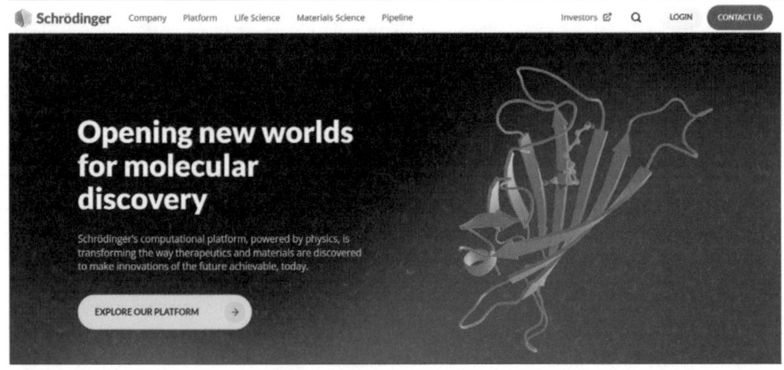

마찬가지로, AI기술을 활용하여 질환의 원인이 되는 타겟 단백질 구조를 예측하고, 다양한 소분자 화합물과 해당 단백질 간의 상호 작용을 예측하여, 가장 잘 붙는 물질을 선별해 낼 수 있습니다. 이 분야의 선두 주자 중 하나인 나스닥 상장사 슈뢰딩거Schrodinger 사의 홈페이지에서는 아래와 같이 AI로 예측된 단백질 구조에 선별해 낸 소분자 화합물이 붙어있는 형태를 확인할 수 있습니다.

이러한 접근은 AI 신약 개발 기업인 인실리코 메디슨Insilico Medicine 사가 기존 방식으로는 수년이 걸릴 수 있는 코로나19에 대한 항바이러스 의약품 후보 물질 선별을 단 4일 만에 해내는 것과 같은 사례들을 많이 만들어 냈습니다. 하지만 후보 물질 선별을 빠르게 해내는 것과 해당 후보 물질이 성공적인 의약품이 되기 위한 모든 시험을 통과할 수 있느냐는 별개로 보입니다.

AI 기술을 활용하여 소분자 화합물을 선별해 내는 기업들은 슈뢰딩거Schrodinger, 크레셋Cresset, 아톰와이즈Atomwise, 리커전 파머슈티컬스

Recursion Pharmaceuticals, 인실리코 메디슨, 베네볼런드AI BenevolentAI, 익센시아 Exscientia, 크리스탈파이 XtalPi, 릴레이 테라퓨틱스 Relay Therapeutics, 사이클리카 Cyclica, 페노믹 AI Phenomic AI 등이 있으며, 상대적으로 이른 시기인 2017년경부터 제약 산업을 혁신할 기업들로 기대를 한몸에 받으며, 글로벌 대형 제약 회사들과 많은 기술 협력 계약들을 체결하였습니다.

그러나 많은 기업들이 이 분야에 뛰어들었음에도 불구하고, AI 기술을 통해 실질적인 의약품 후보 물질 개발과 수익 창출을 도출해 내지 못한 기업들은 지속적인 투자 유치에 어려움을 겪고 흡수 합병되는 추세를 보이고 있습니다. 하지만 이 과정을 통해서 더욱 우수한 기술력의 AI 신약 개발 기업이 나올 것으로 전망됩니다.

현재 소분자 화합물 선별에서 AI 기술은 필수 도구로 자리잡았으며, 특히 난이도가 상대적으로 높은 신약 개발이 어려운 undruggable 타겟 단백질에 집중하는 방향으로 발전해 나가고 있습니다.

AI 기술은 제약 바이오산업을 어떻게 바꾸고 있나: ③ 바이오 마커

바이오 마커란 생체 마커 biological marker의 줄임말로, 생물학적 상태나 과정, 질병 상태를 나타내는 지표로 사용되는 생체 물질입니다. 쉽게 말하면, 특정 질병과 관련성이 높은 단백질(바이오 마커)을 말하며,

환자의 체내에서 바이오 마커의 상태를 확인하여 질병을 진단, 예후 예측, 치료 효과 평가를 하기도 하고, 바이오 마커 자체를 타겟 단백질로 설정하여 의약품을 개발하기도 합니다. 예를 들어, 특정 종류의 유방암 세포에서 많이 확인되는 HER2라는 단백질이 많은지 적은지 여부에 따라 세부 질환의 분류를 진단하기도 하고 그 자체를 타겟 단백질로 설정하여 의약품이 개발되기도 하였습니다.

이렇게 유용한 바이오 마커를 찾아내는 과정, 즉 질환과 관련이 크다고 생각하는 단백질을 찾아내는 과정은 기존에도 통계학적인 방법Bioinfomatics을 활용하여 진행되고 있었습니다. 하지만 AI 기술이 활용되면서 질병과 단백질 간의 더욱 복잡한(비선형적) 관계를 이해하고 더욱 수많은 유전자, 단백질 등의 빅데이터를 빠르게 처리할 수 있게 되어 더 높은 성과가 전망됩니다.

바이오 마커는 임상 시험 모집 환자 선별 및 의약품 투여 환자 선별(동반 진단Companion Diagnostics)에서 중요한 역할을 할 수 있습니다. 의약품에 더 높은 효과를 보일 수 있는 환자들만을 선별하여 임상 시험에 참여하도록 하거나 의약품 투여를 한다면 더욱 치료 효과를 증대시킬 수 있습니다. 미국 기업 템퍼스Tempus와 프랑스 기업 오킨Owkin 등은 AI 기술을 활용하여 환자의 유전자 정보, 의료 기록, 생활 습관 데이터 등 다양한 바이오 마커를 분석하여 임상 시험에 가장 적합한 환자를 찾는데, 사노피Sanofi, BMS, MSD, 화이자Pfizer, GSK, 아스트라제네카 등 모든 대형 제약사들과 최근까지도 활발한 기술 협력을 진행하고 있습니다.

약물 재창출Indication repurposing은 이미 허가된 의약품을, 연구되지 않았던 효능이 있을 가능성이 있는 새로운 질환에서 개발해 보는 접근법으로, 대표적인 사례는 입덧 치료제로 개발되었다가 레블리미드Revlimid라는 이름의 다발성 골수종 치료제로 출시되어 최대 129억 달러의 매출을 기록한 탈리도마이드Thalomid입니다. 약물 재창출은 주로 특정 질환에 관련이 높은 바이오 마커와 특정 약물이 주로 영향을 미치는 바이오 마커가 일치되는지를 평가하여 의약품의 새로운 용도(질환)를 찾아냅니다.

이는 물질 특허 등으로 이미 보유한 의약품에 대해 진입 장벽을 확실히 가지고 있는 대형 제약사에게 효율적인 전략이며, 베네볼런트 AI, 리커전 파머슈티컬스, 사이토리즌CytoReason, 익센시아 등 다양한 AI 기업들이 글로벌 대형 제약사들과 협력하고 있는 분야입니다.

또한 할리아 테라퓨틱스Halia Therapeutics 사처럼 알츠하이머 환자의 음성 패턴의 미묘한 차이를 AI로 분석하여 질환의 진행 상황을 측정하는 등 단백질이 아닌 새로운 형태의 바이오 마커를 개발해 내기도 합니다.

위에서 설명한 사례 외에도, 의약품 후보 물질의 독성 발생 가능성이나 사람 몸 안에서의 분포(약물동역학Pharmaco Kinetics)를 예측하는 AI 기술 등도 개발되고 있으며, 이스라엘의 큐리스AIQuris-AI 사는 AI를 활용하여 의약품의 독성을 예측하는 기술을 통해 머크 사와 지속적인 협력을 이어나가고 있습니다.

제약 바이오와 AI 융합 트렌드:
① 만능 AI는 없다!

과거에는 AI 기술이 만능 키처럼 제약 바이오산업을 통째로 바꾸고, AI 기술이 선별해 낸 의약품 후보 물질은 손쉽게 임상 시험을 통과하여 환자에게 사용될 것을 기대한 적도 있습니다.

기대가 너무 컸던 탓일까요?

큰 기대를 안고 많은 투자를 받은 AI 기업이 내놓은 후보 물질의 임상 시험 성공률이나 FDA 허가 비율이 낮은 것을 보고 실망스럽다는 반응도 늘어나고 있습니다.

하지만 이제는 AI 기술의 능력, 원리 그리고 한계에 대해서 잘 이해하고 있고, 우리가 희망했던 대로 정말 대단한 하나의 AI 모델이 모든 신약 개발 프로세스를 이해하고 고려하여 의약품 후보 물질을 선별해 내는 것이 어렵다는 것을 알고 있습니다.

그것보다는 단백질 구조 예측, 항체 치료제 선별, 시장 조사 자료 정리, 의약품 후보 물질의 가치 평가, 환자 선별, 독성 예측, 타겟 질환 결정 등 신약 개발 프로세스에서 진행해야 하는 각각의 작업에 특화된 AI 모델과 서비스를 개발하여, 해당 작업에서의 정확도를 상승시키고 각각의 AI 모델들을 유기적으로 연결하였을 때, 전체 신약 개발의 정확도가 큰 폭으로 상승하는 것을 기대할 수 있을 것입니다.

그럼에도 불구하고 AI 기술에 대한 회의적인 시각 역시 이해할 만합니다. AI가 특정 작업의 정확도를 향상시켜도 신약 개발 과정에는 수많은 단계가 존재합니다. 따라서 특정 부분에서의 정확도 향상이 전체 프로세스의 성공 확률을 비약적으로 높이지 못할 수 있습니다. 그래서 AI 기술이 제약 분야에 도움이 되는지, 아닌지 흑백 논리로 접근하기보다 어떤 작업에 얼마나 도움이 되는지 연속적인 관점에서 바라보는 것이 합리적입니다.

AI 기술의 발전과 적용 시점 또한 작업의 난이도, AI 기술의 성숙도, 데이터셋의 준비도에 따라 달라집니다. 따라서 신약 개발 과정 중 난이도가 낮은 작업부터 AI를 적용하여 실질적인 성과를 얻어내고, 기술이 발전함에 따라 순차적으로 더 복잡한 작업에 적용하는 것이 합리적인 접근 방식일 것입니다.

제약 바이오와 AI 융합 트렌드:
② AI 중심 바이오텍과 AI 서비스 공급자로 나뉜다!

AI 기술을 신약 개발에 접목하겠다는 상당수의 기업들이 본격적으로 출연한 지 약 10년이 지났습니다. 결국 이들도 기업이기에 사업을 지속적으로 영위하기 위한 자본이 필요한데, 크게 두 가지 방식으로 자본을 확보하고 있습니다.

첫 번째는 자체 AI 기술을 활용하여 개발한 의약품 후보 물질을 기술 이전하거나 규제 기관의 허가를 받은 후 판매하는 방식으로, 바이오텍과 같은 사업 모델business model을 운용하는 것입니다.

8-14. **캐나다 AI 기업 벤치사이(BenchSci)가 구분하는 AI 신약 개발 기업들의 분류**

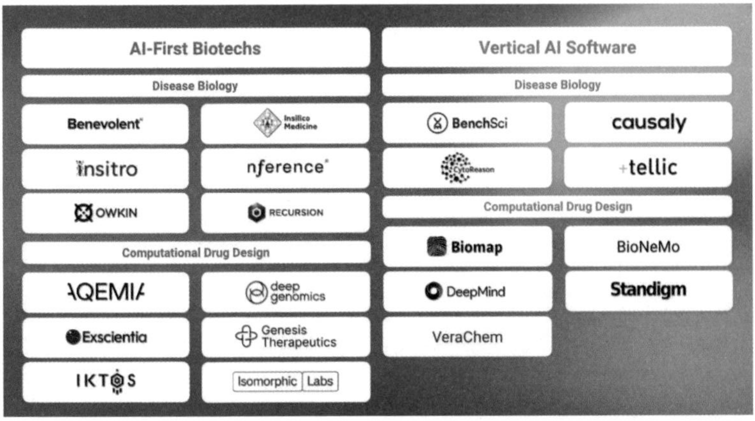

AI-First Biotechs
Disease Biology
Benevolent
Insilico Medicine
insitro
nference
OWKIN
RECURSION
Computational Drug Design
AQEMIA
deep genomics
Exscientia
Genesis Therapeutics
IKTOS
Isomorphic Labs

Vertical AI Software
Disease Biology
BenchSci
causaly
CytoReason
tellic
Computational Drug Design
Biomap
BioNeMo
DeepMind
Standigm
VeraChem

출처: BenchSci

이는 리커전 파머슈티컬스, 인실리코 메디슨, 베네볼런트 AI 와 같은 회사들이 취하고 있는 전략으로, 공동 개발 혹은 자체 개발을 통해 선별한 의약품 후보 물질들을 글로벌 대형 제약사에 기술 이전License agreement하여 수천억 원 규모의 선급금Upfront payment이나 단계별 성과급Milestone payment을 받는 방식으로 사업을 지속하고 있습니다.

두 번째는 자체 AI 기술로 직접 의약품을 개발하기보다는, 다른 기업들이 더 쉽게 의약품을 개발할 수 있도록 서비스 형태로 AI 기술을 제공하고 서비스 이용료를 받는 SaaSSoftware as a Service 방식의 사업 모델을 운용하는 것입니다.

과거에 고가로 인해 대형 제약사들만 접근 가능했던 AI 기반 신약 개발 도구들이 구독형 서비스로 전환되는 이 흐름은, 중소 바이오텍 기업들도 이 기술을 활용할 수 있게 하여 신약 개발 효율의 향상을 기대하게 합니다.

위 두 가지 방식을 기반으로 자본 확보에 어려움을 겪은 기업들은 할인된 기업 가치에서 흡수 합병되거나 파산을 하는 수순이 진행되고 있습니다. 예를 들어 리커전 파머슈티컬스는 2023년부터 2024년 사이에만 사이클리카, 밸런스 디스커버리Valence Discovery, 엑스사이언티아Exscientia 총 세 개의 유명 AI 신약 개발 기업들을 대폭 할인된 기업 가치에 인수하기도 했습니다.

제약 바이오와 AI 융합 트렌드:
③ AI 신약 개발 프로젝트에 새로운 핵심 축 빅테크 기업!

AI를 활용한 신약 개발에 요구되는 과제의 난이도가 점차 높아짐에 따라, 신약 개발에 적용하는 AI 모델의 파라미터 수가 점차 많아지고, 다루는 데이터의 유형과 양도 많아지면서 요구되는 서버의 규모와 인프라의 성능이 높아지고 있습니다. 이 때문에 AI를 활용한 신약 개발에서 기술력보다도 AI 모델을 학습하거나 추론하는 데 필요한 인프라가 큰 과제가 되고 있습니다.

최근에는 AI 신약 개발 프로젝트를 위한 기술 협력 계약 때, AI 기술을 보유한 AI 신약 개발 기업과 글로벌 대형 제약사뿐 아니라 엔비디아Nvidia, 아마존웹서비스AWS, 마이크로소프트, 아이비엠 그리고 오픈AI와 같은 빅테크 기업들이 핵심 축으로 자리하며 고성능 컴퓨팅 인프라 제공, AI 모델 최적화 등의 필수적인 역할을 담당하게 되었습니다.

특히 최근 열린 엔비디아의 GTC 2024 개발자 컨퍼런스에서 CEO 젠슨 황은 AI 활용의 정점이 신약 개발 분야에 있으며, 엔비디아가 제약 산업의 새로운 미래를 선도하겠다고 발표했습니다. 이는 빅테크 기업들이 제약 산업에 더욱 적극적으로 진출하고 중요한 역할을 수행할 것임을 예고하고 있습니다.

엔비디아는 바이오니모BioNeMo와 클라라 디스커버리Clara Discovery와 같은 자체 AI 플랫폼을 개발하여 단백질 구조 예측, 분자 생성, 도킹 예측 등의 의약품 후보 물질 선별 기능을 클라우드 API 형태로 제공하고 있으며, 사용자의 데이터로 추가 학습 기능도 제공합니다.

암젠Amgen, 제넨텍Genentech, 리커전 파마슈티컬스 등 대형 제약사 및 바이오텍과도 적극적으로 협력할 뿐 아니라, 자체 지원 프로그램인 'Inception'을 새로 신설하여, 신생 바이오텍의 AI 기술 활용도 지원하며 제약 산업과 전방위적인 협력을 이어나가고 있습니다.

또한 양자 컴퓨팅 분야의 선두 주자인 IBM은 2010년대부터 '왓슨 포 드러그 디스커버리Watson for Drug Discovery' 프로젝트 등으로 AI 신약 개발 분야에 관심을 가져왔으며, 양자 컴퓨팅을 이용한 항체나 백신 등 복잡한 신약 개발을 지속하고 있습니다. IBM은 2023년 4월과 11월 모더나와 베링거인겔하임과 각각 협력 계약을 체결하여 항체 및 mRNA 백신 개발을 이어가고 있습니다.

그 외에도 AWS와 Microsoft는 글로벌 대형 제약사 및 AI 신약 개발 기업들과 적극적인 협력을 진행하고 있습니다.

AI와 제약 바이오 분야의 융합으로 생긴 기회가 K-BIO의 시대를 앞당긴다

과거에는 우리나라에서 신약 개발이 어렵고, 바이오산업은 일종의 사기라는 회의적인 시각도 있었습니다. 그러나 지금은 전 세계 시장에서 수조 원 규모의 매출을 올리고 있는 바이오시밀러와 위탁 개발 및 제조CDMO 사업을 비롯해 대규모 신약 기술 이전license agreement 사례가 다수 나타나고 있습니다. 또한 FDA와 EMA의 승인을 받아 글로벌 시장에서 이미 수천억 원의 매출을 달성했거나 앞으로 그와 같은 성과를 거둘 가능성이 높은 국산 신약들이 잇따라 등장하고 있습니다.

무에서 유를 창조한 도전 정신으로 탄생한 대한민국의 주요 기업들이 현재 우리 경제를 떠받치고 있듯이, 앞으로의 10년은 대한민국 제약 바이오산업에서 토종 글로벌 대형 제약사Big Pharma의 출현과 함께 K-BIO의 시대를 여는 중요한 전환점이 될 것입니다. 이로 인해 제약 바이오산업이 한국 경제의 주요 축으로 자리매김할 것이라는 확신이 듭니다.

많은 기업들의 성공 사례를 분석해 보면, 이러한 성공의 상당 부분이 기술적 진보로 인해 기존 산업의 지형이 크게 변할 때 발생했다는 점을 알 수 있습니다. 급격히 증가하는 신약 개발 비용으로 인해 AI의 적용이 가속화되고 있으며, AI 기술이 날로 발전하여 그 영향력이 더욱 확대되고 있는 지금, 우리는 이 기회를 잘 활용하여 대한민국

8-15. **1개의 신약 개발을 위한 평균 연구 개발 비용 추정치 추이**

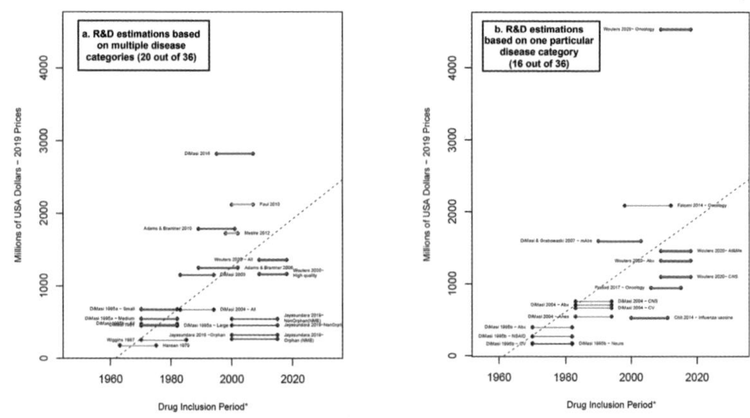

출처: Zhang, W., Bansback, N., Anis, A. H., & Lynd, L. D. (2021). Estimating Health Utilities in General Population Surveys: Evidence from the Canadian EQ-5D-5L Valuation Study. PharmacoEconomics, 39(10), 1133-1145.

제약 바이오산업이 글로벌 시장에서 더 큰 역할을 해내도록 만들 것입니다.

법률

AI가 열어가는 법률 혁신의 시대

양석용

(주)인텔리콘연구소 공동대표이사, 변호사

경기도 경제과학연구원 규제샌드박스 컨설턴트, (주)에어큐브 감사 등

syyang@intellicon.co.kr | www.intellicon.co.kr

법정은 고요했다. 원고 측 변호사가 천천히 자리에서 일어나 손에 들고 있던 태블릿을 쥐었다. 그의 눈은 날카롭게 빛났고, AI가 추천한 판례들이 화면에 떠올랐다. "존경하는 재판장님, 이 사건에 대한 판례를 제출하겠습니다." 변호사는 자신감 넘치는 목소리로 말했다. 몇 번의 터치로 판례가 법정에 제출되었고, 승기를 잡은 줄 알고 내심 환호했던 상대 측 변호사의 표정은 점점 어두워져 갔다.

법률 AI 혁명, 어디까지 왔는가?

2006년 제프리 힌튼 교수가 발표한 '딥러닝' 논문으로 촉발된 AI는

이제 LLM[Large Language Model, 거대 언어 모델]을 만나 생성 AI로 꽃을 피워가고 있습니다. 사실 AI 자체는 최근 생겨난 개념이 아닙니다. 고대 그리스의 철학자 아리스토텔레스가 전제가 주어졌을 때 결론을 기계적으로 만들어 낼 수 있는 추론을 위한 삼단논법을 주장하는 등 이미 오래전부터 인간의 지능에 대립하는 개념으로 가상의 지능에 대한 철학적 논쟁들이 있어왔고, 최초 신경망 컴퓨터를 만들어 낸 마빈 민스키와 딘 에드먼즈를 거쳐 1956년에 이르러 미국 다트머스대학교에서 열린 컨퍼런스에서 존 매카시에 의해 AI[Artificial Intelligence]라는 용어가 탄생하게 된 것입니다.

더욱이 전문 분야에 대한 AI 시스템 개발 또한 1960년대부터 연구되어 왔습니다. 소위 'AI Expert System'이라는 이름으로 화학[Dendral], 의학[MyCin], 법률[Hypo] 등 여러 분야에서 개발되어 왔으며, 이러한 전문 분야는 모두 방대한 데이터를 다루어야 한다는 점에서 AI 기술이 적용되기에 매우 적합하다고 평가받아 왔습니다. 특히 법률 분야는 딥러닝과 LLM의 발전에 따라 그 응용 범위와 성능이 비약적으로 향상되었습니다. 예를 들어, AI를 활용한 계약서 분석 도구는 수천 페이지에 달하는 계약서를 신속하게 검토하고, 잠재적 법적 위험 요소를 탐지할 수 있습니다. 또한 법률 자문 서비스에서는 AI가 판례와 법률 문서를 기반으로 한 질의 응답 기능을 통해 신속하고 정확한 법적 조언을 제공하고 있습니다.

법률 서비스에 AI가 필요한 이유는 무엇인가?

시간과 비용을 잡아먹는 법률 업무의 현실

법률 시장은 오랜 시간 동안 큰 변화를 겪지 않았습니다. 정보의 비대칭성으로 인해 법률 서비스는 오랜 기간 도제식 교육과 실제 사례를 통해 쌓아온 경험에 의존해 왔습니다. 인터넷이 등장하면서 정보 접근성이 향상되긴 했지만, 법률 전문가들은 여전히 수많은 문서와 자료를 직접 검토해야만 필요한 정보를 얻을 수 있습니다.

이러한 업무 경험으로 인해 변호사들은 일반적으로 사건 한 건을 처리하는 데 하루를 온전히 소비합니다. 재판 준비 시에는 상대방이 제출한 수십 장의 서류를 하나하나 검토하여 각각의 쟁점에 대한 전략을 수립해야 하고, 법원에 제출할 서류를 작성하는 데만 짧게는 서너 시간, 길게는 며칠이 소요되기도 합니다. 이러한 업무 방식 속에서 변호사 한 명이 한 달에 평균 40~50건의 사건을 처리하며, 많게는 60~70건까지도 맡게 됩니다. 시간이 지남에 따라 변호사의 집중력과 체력이 소진되고, 업무 효율성도 저하될 수밖에 없습니다.

최근 조사에 따르면, 계약서 검토와 관련된 업무도 비효율적으로 진행되고 있습니다. 기존에 검토했던 계약서를 찾는 데 평균 45분이 소요되며, 계약서 내에서 특정 정보를 찾는 데는 평균 1시간 24분이 걸린다고 합니다. 계약서 초안 작성 후 편집 및 검토, 승인이 완료되기까지는 평균 23시간 이상이 소요되며, 전체적으로는 일주일의 절반 이상이 이 과정에 소비되고 있습니다. 이러한 비효율성은 법률 전문가의 업무 속도를 늦추고, 결국 법률 소비자가 부담해야 할 비용에 영향을 미치게 됩니다.

법적 도움의 문턱: 고비용이 초래하는 법률 서비스 접근성 문제

위와 같이 소비자에게 전가되는 비용은 그 자체로 법률 서비스에 대한 수요를 감소시키는 원인입니다. 소송 한 건의 수임료는 수백만 원에서 수천만 원에 달하며, 간단한 자문조차도 적게는 수십만 원에서 많게는 수백만 원이 요구됩니다. 이러한 높은 비용은 법적 도움을 필요로 하는 사람들에게 큰 장벽이 됩니다. 특히 경제적 여유가 부족한 개인이나 법무팀을 운영할 여력이 없는 중소기업에게는 법률 서비스 이용이 어렵게 느껴질 수밖에 없습니다. 대법원에서는 금년도 초에 사법연감을 통해 최근 5년간 민사 사건에서 우리 국민의 10명 중 6~7명은 변호사의 조력을 받지 않고 소송에 임하는 소위 '나홀로 소송'을 해왔다고 밝혔는데, 그 내용이 시사하는 바가 큽니다.

법률 전문가에 대한 접근성 제한이 초래하는 문제

또한 법률 문제를 해결하려면 전문적인 지식과 경험이 필요합니다. 그러나 일반인들이 신뢰할 수 있는 법률 전문가에게 접근하는 것은 결코 쉬운 일이 아닙니다. 코리아스타트업포럼의 설문 조사에 따르면, 아는 변호사가 1명 이하인 경우가 10명 중 8명에 이르는 것으로 나타났습니다. 즉, 많은 국민은 변호사를 직접 알지 못하기 때문에 결국 불법 브로커나 포털 광고에 의존할 수밖에 없으며, 이는 서비스의 질을 보장할 수 없다는 문제가 있습니다. 법률 소비자들은 여전히 법률 전문가에게 거리감을 느끼고 있으며, 이로 인해 법적 문제 해결은 더욱 어려워져 갑니다.

AI, 법률 시장의 해결사로 떠오르다

이러한 법률 시장의 문제를 해결하기 위해 AI 기술에 대한 다양한 요구가 날로 높아지고 있습니다. 이러한 시대상을 반영하여 이제 AI는 딥러닝과 LLM을 기반으로 하여 이제 법률 문서 작성, 계약서 초안 작성, 판례 분석 등에서 사람과 유사한 수준의 결과물을 생성할 수 있게 되었으며, 이로 인해 법률 전문가들은 반복적이고 시간이 많이 소요되는 작업에서 벗어나 보다 창의적이고 전략적인 업무에 집중할 수 있게 되었습니다. 또한 AI를 통해 법률 서비스의 비용을 낮출 수 있어 더 많은 사람들이 법적 도움을 받을 수 있는 기회를 제공받게 됩니다.

최근 미국 미네소타대학교에서 발표한 연구는 AI가 법률 업무에 미치는 긍정적인 영향을 명확히 보여줍니다. 미네소타 리걸 스터디 리서치에 따르면, 59명의 로스쿨 학생을 대상으로 4개월간 연구를 진행한 결과 GPT-4를 활용한 그룹은 계약서 작성 시간에서 평균 32%, 소장 작성 시간에서 평균 24%를 단축했으며, 문서 품질도 각각 8%와 5% 향상된 것으로 나타났습니다.

또한 미국의 기업 워크플로우 솔루션 기업 오닛Onit은 아시아 퍼시픽 지역의 두 로펌 변호사들과 AI를 활용한 계약서 검토 실험을 진

9-1. AI 유무에 따라 법무 업무에 소요되는 평균 시간

구분	AI 비이용	AI 이용	차이
소장 작성	160분	122분	-38분 (24%)
계약서 작성	69분	47분	-22분 (32%)

출처: 미네소타대학교 리서치

행했습니다. 그 결과 시니어 변호사는 평균 43분, 주니어 변호사는 56분이 소요된 반면, AI는 평균 0.73분에서 4.70분 만에 동일한 작업을 완료했습니다. 비용 면에서도 주니어 변호사가 계약 검토당 평균 74달러의 비용을 발생시킨 반면, AI는 단 2센트로 동일한 작업을 수행했습니다.

뿐만 아니라 한국에서도 2019년 대법원 사법정책연구원과 한국인공지능법학회 주최로 열린 '알파로 경진대회Alpha Law Competition'를 통해 국내 리걸테크 기업 인텔리콘연구소가 개발한 AI 변호사가 인간 변호사를 압도하는 결과를 보여주었습니다.

대회는 제한 시간 내에 근로계약서와 비밀유지계약서에서 오류와 누락, 위법 요소 등 문제가 있는 부분을 찾아내어 위법 여부를 판정하거나 대안을 제시하는 방식으로 진행되었는데, AI 변호사 팀은 120점으로 1위를 차지했으며, 인간 변호사 팀은 61점으로 약 2배 가까이 차이를 보였습니다. 특히 AI는 계약서의 분석을 7초 만에 완료하고, 계약서의 위험 요인과 보완이 필요하거나 누락된 내용을 자동으로 판단하는 등 뛰어난 성능을 입증했습니다.

이러한 사례들은 AI가 법률 전문가의 동반자로서 얼마나 중요한

9-2. **인텔리콘연구소, AI 계약서 자동 분석기 프로토타입 화면**

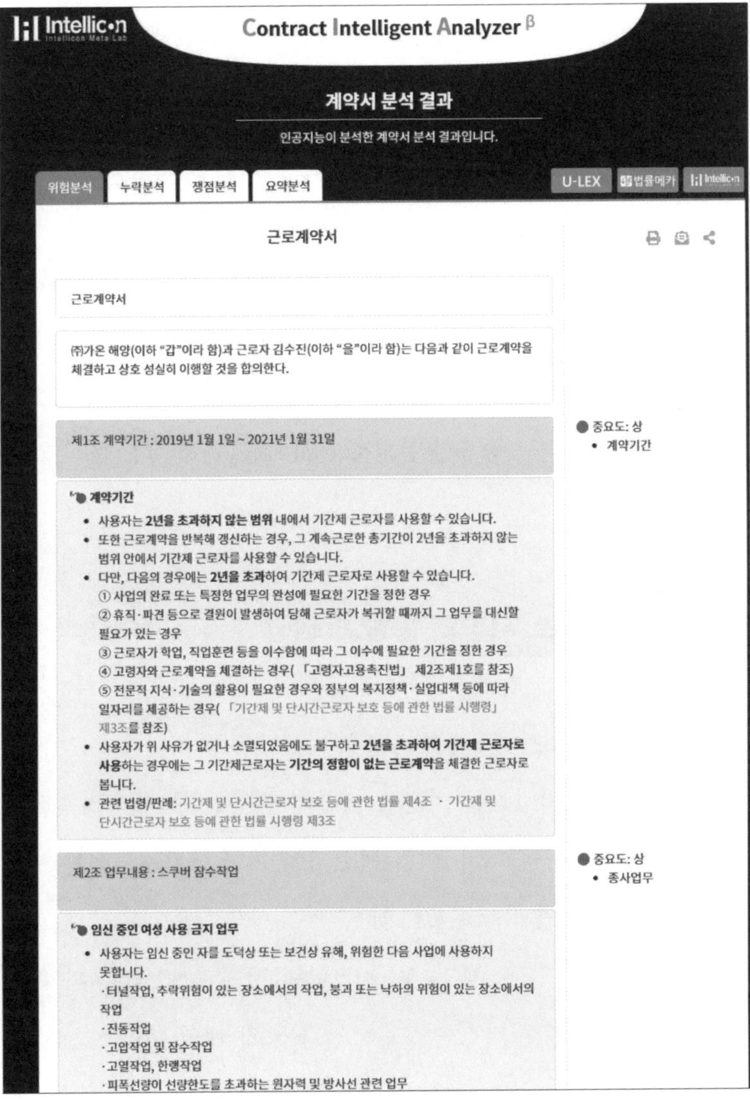

Intellicon
Intellicon Meta Lab
Contract Intelligent Analyzer β
계약서 분석 결과
인공지능이 분석한 계약서 분석 결과입니다.
위험분석
누락분석
쟁점분석
요약분석
U-LEX
법률메카
Intellicon
근로계약서
근로계약서
㈜가온 해양(이하 "갑"이라 함)과 근로자 김수진(이하 "을"이라 함)는 다음과 같이 근로계약을 체결하고 상호 성실히 이행할 것을 합의한다.
제1조 계약기간 : 2019년 1월 1일 ~ 2021년 1월 31일
● 중요도: 상
• 계약기간
계약기간
• 사용자는 2년을 초과하지 않는 범위 내에서 기간제 근로자를 사용할 수 있습니다.
• 또한 근로계약을 반복해 갱신하는 경우, 그 계속근로한 총기간이 2년을 초과하지 않는 범위 안에서 기간제 근로자를 사용할 수 있습니다.
• 다만, 다음의 경우에는 2년을 초과하여 기간제 근로자로 사용할 수 있습니다.
① 사업의 완료 또는 특정한 업무의 완성에 필요한 기간을 정한 경우
② 휴직·파견 등으로 결원이 발생하여 당해 근로자가 복귀할 때까지 그 업무를 대신할 필요가 있는 경우
③ 근로자가 학업, 직업훈련 등을 이수함에 따라 그 이수에 필요한 기간을 정한 경우
④ 고령자와 근로계약을 체결하는 경우(「고령자고용촉진법」 제2조제1호를 참조)
⑤ 전문적 지식·기술의 활용이 필요한 경우와 정부의 복지정책·실업대책 등에 따라 일자리를 제공하는 경우(「기간제 및 단시간근로자 보호 등에 관한 법률 시행령」 제3조를 참조)
• 사용자가 위 사유가 없거나 소멸되었음에도 불구하고 2년을 초과하여 기간제 근로자로 사용하는 경우에는 그 기간제근로자는 기간의 정함이 없는 근로계약을 체결한 근로자로 봅니다.
• 관련 법령/판례: 기간제 및 단시간근로자 보호 등에 관한 법률 제4조 · 기간제 및 단시간근로자 보호 등에 관한 법률 시행령 제3조
제2조 업무내용 : 스쿠버 잠수작업
● 중요도: 상
• 종사업무
임신 중인 여성 사용 금지 업무
• 사용자는 임신 중인 자를 도덕상 또는 보건상 유해, 위험한 다음 사업에 사용하지 못합니다.
·터널작업, 추락위험이 있는 장소에서의 작업, 붕괴 또는 낙하의 위험이 있는 장소에서의 작업
·진동작업
·고압작업 및 잠수작업
·고열작업, 한랭작업
·피폭선량이 선량한도를 초과하는 원자력 및 방사선 관련 업무

역할을 할 수 있는지를 보여주고 있으며, AI가 법률 시장에서 업무 효율성과 비용 절감 측면에서 얼마나 강력한 도구가 될 수 있는지 그 가능성을 더욱 확고히 합니다. 전문가들은 이러한 연구 결과를 바탕으로 법률 전문 AI가 도입되면 그 효과는 더욱 극대화될 것이고, 법률 시장의 판도 또한 바뀌어 갈 것이라 전망합니다.

이렇듯 AI와 법률의 만남은 단순히 기술의 발전에 그치지 않고, 법률 서비스의 질적 향상을 가져오며, 법률 전문가들의 역할을 재정립하고 있습니다. AI는 법률 서비스의 접근성을 높이고, 법률 시장의 구조적 문제를 해결하는 중요한 열쇠로 자리 잡고 있습니다.

AI 법률 서비스 시장의 동향과 전망

AI 기반 법률 서비스의 세분화: 맞춤형 리걸테크의 시대

AI 기반 법률 서비스는 기술과 법률의 결합을 뜻하는 리걸테크 Legaltech라 불리고 있습니다. 이와 관련하여 미국 스탠포드대학교 로스쿨의 법정보학연구센터 코드엑스CodeX는 리걸테크를 크게 검색Searching, 분석Analysis, 작성Writing 3가지로 분류하면서, 법률 및 판례 검색Legal Research, 중개 서비스Marketplace, 전자 증거 개시 서비스eDiscovery, 분석 및 예측Analytics, 법률 문서 작성 자동화Document Automation 등의 9가지 세부 분야로 구분하였습니다.

그리고 이제는 생성형 AI의 등장과 함께 보다 이용자 경험에 맞춰

9-3. ‘아시아 최초 법률GPT 출시’

인공지능 리걸테크 '인텔리콘', 아시아 최초 '법률GPT' 출시....누구나 쉽고 빠르게 법률 상담을

승인 2023.05.09 14:51

300만건 이상의 법령, 판례, 법률논문, 사건케이스 등 방대한 법률지식 학습하고 챗GPT와는 다르게 판단의 법적 근거를 상세하게 제시하는 점에서 일반인과 법률가들이 모두 사용할 수 있다

출처: 〈인공지능신문〉

9-4. ‘학교 폭력 분야 GPT 개발’

인텔리콘연구소-서울시, 학교폭력 해결 위한 AI 서비스 개발 협약 체결

승인 2023.10.10 15:49

법률 인공지능(AI) 개발 전문 기업 인텔리콘연구소는 최근 서울시와 생성AI 기반 학교폭력 진단(MBTI) 및 법률상담 시스템 개발을 위한 협약을 체결했다고 10일 발표했다. 이번 협약은 서울시의 AI 기술사업화 지원사업의 일환으로,학교폭력의 심각성과 기존 지원제도의 한계를 해결하기 위한 목적으로 이뤄졌다.

〈아이티조선〉

진 서비스들이 등장하고 있습니다. 가령 인간 변호사와 같이 실시간 상담을 해주고 답변에 대한 근거 법률, 판례, 문헌을 제공해 주는 법률 코파일럿 서비스Legal Copilot Service, 계약서를 자동으로 생성하고 검토, 전자 서명 후 관리까지 이른바 계약 생애 주기를 관리하는 서비스Contract Lifecycle Management, CLM까지 등장하고 있습니다. 그런가 하면 이제는 건설·건축, 금융, 환경 같은 특정 산업 분야나 학교 폭력, 산업 안전, 개인 정보 같은 특정 법률 분야별로 특화된 서비스도 등장하고 있어, 결국 AI 기술을 기반으로 하여 이용자의 니즈에 맞춰 갈수록 세분화되어 가고 있습니다.

리걸테크 산업의 급성장: 글로벌 투자와 시장 전망

리걸테크 산업은 전 세계적으로 급격한 성장을 보이고 있습니다. 글로벌 시장 조사 기관 트랙슨Tracxn Technologies에 따르면, 전 세계에 리걸테크 사업을 하는 회사는 총 8,228개로 분류하고 있으며 이러한 리

9-5. **각 국가별 리걸테크 기업 및 투자 규모**

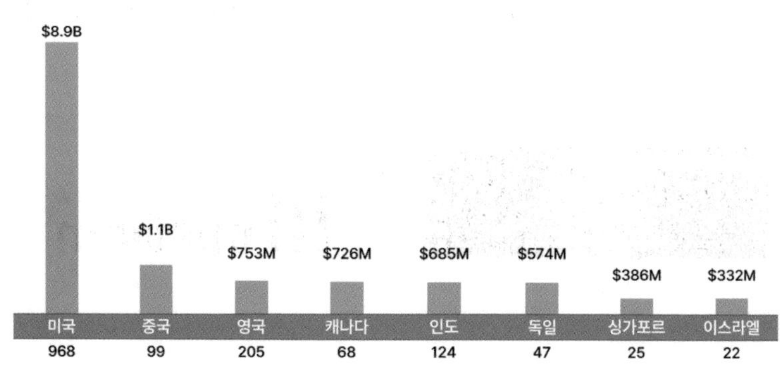

출처: 트랙슨

걸테크 기업에 투자하는 규모는 2017년 4억 6,900만 달러에서 시작하여 2021년에는 31억 달러로 정점을 찍었습니다. 이후에는 미국의 금리 인상 시기와 맞물려 투자 규모가 다소 감소하기는 하였지만, 여전히 자본 시장에서는 리걸테크를 주목하고 있으며 투자 규모에서는 미국, 중국, 영국, 캐나다 순으로 나타나고 있습니다. 특히 미국의 경우 리걸테크 기업 968개에 약 89억 달러가 투자된 것으로 드러났고, 그중 하버드 대학과 연계된 리걸테크 기업들은 13억 달러의 투자금을 유치하며 가장 많은 투자를 받은 것으로 나타났습니다.

이러한 흐름에 비추어 2027년까지 전 세계 리걸테크 산업이 약 2,250억 달러 규모로 성장할 것으로 예상되며, 2024년에는 리걸테크 AI 도구와 소프트웨어 지출이 약 370억 달러로 예측되고 있습니다. 이처럼 시장의 전망은 곧 AI의 도입이 법률 업무의 효율성을 크게 향상시킬 것이라는 점을 고스란히 반영한 지표라 여겨집니다. 실제로 글로벌 리걸테크 기업 렉시스 넥시스Lexis Nexis 전망 보고서에 따르면, 사내 변호사의 약 82%는 리걸테크에 대한 수요가 증가할 것으로 보고 있으며, 그 이유에 대해 생산성 향상(74%), 반복 작업 자동화(54%), 업무 우선 순위 집중(53%), 워크 플로우 단순화(49%) 등을 꼽았습니다. 또한 변호사들은 앞으로 생성 AI를 사건 검토, 문서 요약 및 분석, 문서 초안 작성에 활용하는 등 리걸테크 활용이 향후 더욱 중요해질 것이라고 응답했습니다.

AI 기반 글로벌 법률 서비스 사례: 각국의 리걸테크 도입 현황

미국: 하비Harvey

미국의 리걸테크 시장에서 가장 주목받는 기업 중 하나는 법률 AI 스타트업 '하비Harvey'입니다. 하비는 챗GPT 기술을 기반으로 법률 문서의 작성과 분석을 돕는 AI 모델을 개발했습니다. 하비의 AI는 단순히 법률 정보를 제공하는 것을 넘어, 변호사들이 실제로 사용하는 판례와 법리를 기반으로 문서를 생성하고 법적 조언을 제공합니다. 하비는 현재 영국계 대형 로펌 오멜버니 앤 마이어스O'Melveny & Myers와 세계 최대 회계법인 PwC를 고객으로 두고 있으며, 싱가포르 법원에서도 하비 AI를 활용해 소액 사건 소송 당사자들에게 법률 자문을 제공하고 있습니다. 최근에는 8,000만 달러 규모의 시리즈B 투자에 성공하면서 유니콘 등극을 눈앞에 두고 있습니다.

영국: 두낫페이DoNotPay

영국의 리걸테크 스타트업 '두낫페이DoNotPay'는 AI를 활용하여 소비자들이 일상 생활에서 직면하는 다양한 법적 문제를 해결할 수 있도록 지원합니다. 두낫페이는 교통 위반 티켓에 이의를 제기하거나, 환불 청구, 소액 청구 법원에 서류 제출 등의 간단한 법률 서비스를 자동화하는 챗봇 플랫폼입니다. 이 플랫폼은 법률 서비스의 문턱을 낮추고, 법적 문제 해결을 위해 많은 비용과 시간을 들이지 않고도 효과적으로 대처할 수 있는 방법을 제공합니다. 두낫페이는 소비자들에게 저렴하고 간편한 법률 서비스를 제공함으로써 법률 서비스의 접근성을 크게 향상시켰습니다. 특히 영국뿐만 아니라 미국 시장에서도 확장 중이며, 법률 서비스의 대중화를 이끌어 가고 있습니다. 이처럼 AI는 기존의 복잡한 법률 절차를 간소화하고, 더 많은 사람들이 법률 서비스를 쉽게 이용할 수 있도록 돕고 있습니다.

프랑스: 이아보카IAVOCA

프랑스에서는 AI 법률 애플리케이션 '이아보카IAVOCA'가 주목받고 있습니다. 이아보카는 50년간의 판결문을 바탕으로 법률 조언을 제공하는 애플리케이션으로, 사용자들이 저렴한 비용으로 법적 지원을 받을 수 있도록 돕습니다. 그러나 이아보카는 일부 오류와 변호사 자격증 없이 법률 조언을 제공하는 문제로 파리지방변호사회에서 논란을 일으키기도 했습니다. 그럼에도 불구하고 이아보카는 프랑스에서 AI 기반 법률 서비스의 가능성을 보여주는 대표적인 사례로 자리매김하고 있습니다.

일본: 리걸포스Legal Force

일본에서는 리걸온테크놀로지가 운영하는 '리걸포스LegalForce'가 AI 기반 계약서 분석 서비스를 제공하고 있습니다. 리걸포스는 AI를 활용하여 계약서의 법적 위험 요소를 분석하고, 누락된 조항을 탐지하여 기업이 법적 리스크를 효과적으로 관리할 수 있도록 지원합니다. 이 서비스는 소규모 기업을 대상으로 하며, 저렴한 비용으로 계약서 검토를 신속하게 처리할 수 있는 점이 큰 장점입니다. 리걸포스 외에도 일본에는 변호사닷컴, 클라우드 사인 등 다양한 리걸테크 기업들이 AI 기술을 접목한 법률 서비스를 제공하고 있으며, 일본 내 법률 서비스의 효율성을 높이는 데 기여하고 있습니다.

한국: 변호사 중개 플랫폼에서 AI 애플리케이션 시장으로 이동

한국의 리걸테크 시장은 아직 초기 단계이지만, AI 기술을 활용한 법률 서비스가 점차 확산되고 있습니다. 초기에는 변호사와 고객을 매칭하는 플랫폼이 시장의 주목을 받았지만, 변호사협회와의 갈등을 거치면서 이제는 초거대 언어 모델을 기반으로 하는 AI 애플리케이션 시장으로 확장되고 있는 상황입니다. 이를 대표하는 국내 리걸테크 기업으로는 BHSN, 로톡, 인텔리콘연구소 등이 있습니다.

BHSN은 AI 기반 계약서 분석 기능을 제공하는 '앨리비' 서비스를 운영하고 있습니다. 이 서비스는 중소기업이 계약서를 검도하는 네드는 시간을 크게 줄여주며, 법무팀의 효율성을 극대화하는 데 기여하고 있습니다. 앨리비는 법률 전문가들이 복잡한 계약서를 쉽게 이해하고 필요한 부분만을 빠르게 파악할 수 있도록 지원함으로써 법률 서비스의 질을 높이고 있습니다.

로톡은 초기에는 변호사와 고객을 매칭하는 플랫폼으로 시작했으며, 현재에는 법률 정보 검색 서비스인 '빅케이스'를 통해 유사 판례를 신속하게 검색할 수 있도록 지원합니다. 이 서비스는 변호사들이 과거 판례를 바탕으로 법적 조언을 제공할 수 있도록 도와줍니다. 또한 로톡은 AI 기반 변호사 B2B 서비스 '슈퍼로이어'를 준비 중에 있으며, 이 서비스는 변호사들이 더욱 정확하고 신속하게 법적 문제를 해결할 수 있도록 지원할 예정입니다.

인텔리콘연구소는 소송 기록과 자문 기록 등 사내 문서를 학습하여 대화형으로 답변을 해주고 근거 문헌을 제공해 주는 앤서링Answering 솔루션 '도큐브레인'과 산업 안전, 개인 정보, 학교 폭력 등 법률 분야별 맞춤형 상담 코파일럿Copilot 솔루션 '법률GPT', 계약서의 독소 조항과 누락 조항을 분석해 주고, 표준 계약서와 비교 분석해 주는 AI 계약서 분석 솔루션 '알파로' 등 다양한 AI 애플리케이션을 개발하여 기업과 법무법인, 공공기관 등을 대상으로 빠르게 서비스해 나가고 있습니다. 그리고 각각의 솔루션을 구축형On-premise 방식으

9-6. **법률 특화 언어 모델 코알라**

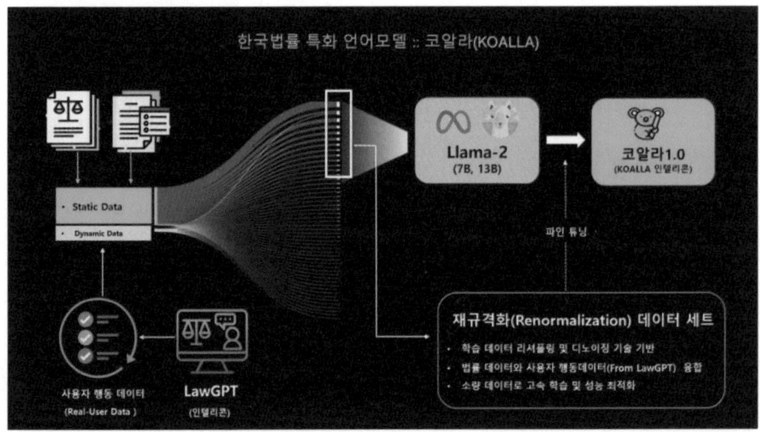

로 제공하기 위한 파운데이션 모델로 법률 특화 언어 모델인 '코알라 KOALLA, Korean Adaptive Legal Language AI'를 개발하였습니다. 코알라는 법률 문서와 판례, 상담 자료 등을 학습한 파운데이션 모델로 법률 상담, 문서 분석, 판례 검색 등 다양한 리걸테크 서비스에 적용되며, 법률 전문가들이 더욱 신속하고 정확하게 업무를 수행할 수 있도록 지원합니다.

환각 현상 최소화와 정확성 강화를 위한 법률 AI 솔루션의 진화

내 문서로 팩트 체크를 하다: 사내 문서 기반 대화형 앤서링 솔루션 '도큐브레인'

법률 서비스는 필연적으로 엄청난 양의 문서를 중심으로 이루어집니다. 가령 흔히 알고 있는 내용 증명부터 소장, 고소장, 준비 서면 등 소송에 관련된 서류라거나, 특정 사안에 대한 해답을 구하는 자문 의견서, 지식 재산권 획득을 위한 특허, 상표, 디자인 출원 명세서, 건물이나 회사의 업무 처리에 반드시 필요한 부동산 등기, 상업 등기 등 어느 것 하나 빠지는 분야가 없습니다.

이렇게 많은 양의 문서들을 AI가 읽고 분석하여 답변이나 문서 초안 등을 생성하기 위해서는 반드시 기계 독해가 가능한 데이터로 변환Digital Transformation을 해야 합니다. 그리고 여기에서 핵심은 변환된 많은 양의 문서들에서 필요로 하는 정보를 찾아서 답변하고 그 정확성 여부를 유저가 직접 판단할 수 있도록 해주는 것입니다.

이를 구현하기 위해 인텔리콘연구소의 AI 기반 문서 분석 솔루션 '도큐브레인'은 다양한 문서 형식(HWP, DOC, PDF, PPT, IMAGE 등)을 자동으로 변환합니다. 그리고 변환된 복수의 문서들에서 답을 찾아내는 '멀티 RAGMulti Document-RAG' 기술과 문서들을 자동으로 분류, 태깅하여 지식화하고 문서 내에서 특정 정보를 추출하여 관련성 있는 정보를 찾아주는 '지능형 문서 관리 시스템Intelligent Document Studio'을 통

9-8. Get Your Own Multi-Document GPT

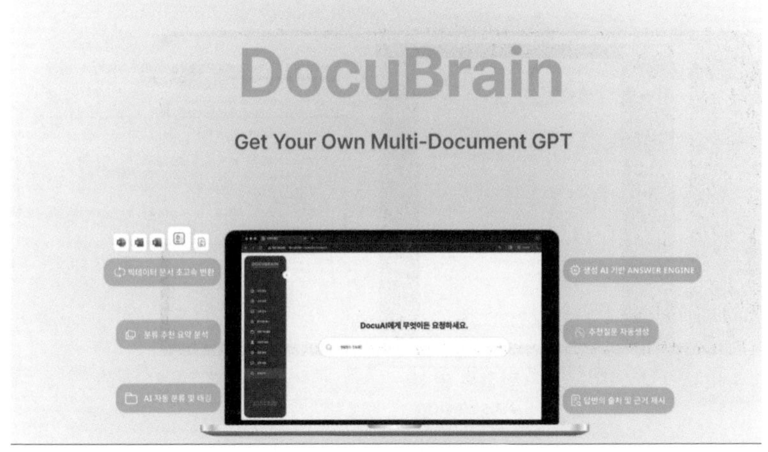

해 AI가 만들어낸 답변이 환각 현상에 해당하는지 판단할 수 있도록 해줍니다.

예를 들어, 로펌이나 기업 법무팀의 변호사는 사내에 쌓여 있는 수많은 소송 기록, 자문 의견서 등을 동시에 분석하여 특정 주제나 사건과 관련된 정보를 자동으로 찾아내고, 대화형 질의 답변을 통해 원하는 정보를 찾을 수 있습니다. 여기에 답변에 대한 근거 문서를 해당 페이지까지 확인하고, 질의와 관련된 질문까지 추가로 제공받아 빠르게 원하는 정보에 도달할 수 있습니다. 이로써 법률 전문가들은 다수의 문서를 하나하나 읽어가며 필요한 정보를 찾는 대신, 도큐브레인이 제공하는 분석 결과를 바탕으로 더 빠르고 정확한 판단을 내릴 수 있습니다.

그리고 모든 법률 문서에 반드시 포함되어 있는 개개의 법조항에

9-9. 판결문 분석 화면

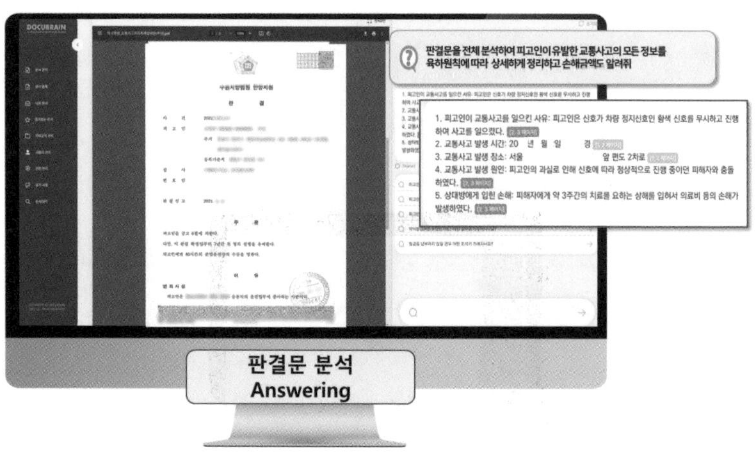

출처: 인텔리콘연구소

9-10. 도큐브레인 법무법인 활용 사례

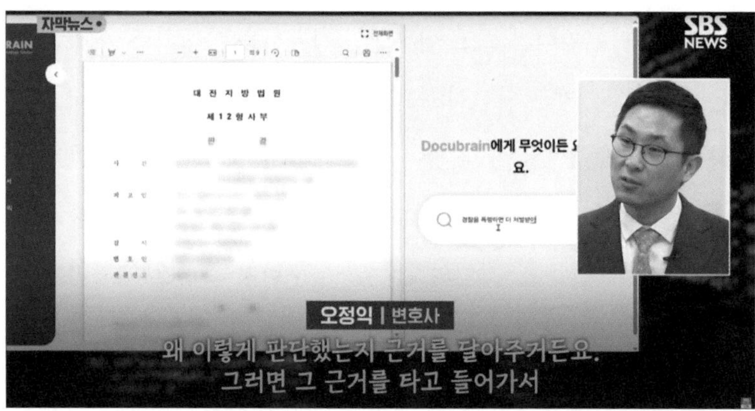

출처: 〈SBS〉 뉴스

대해 자동으로 개정 여부를 추적하여 문서에 반영된 법률이 원하는 시점의 법률인지 알려주는 '법률 제·개정 사항 자동 트래킹' 기능 또한 중요합니다. 예를 들어, 계약서의 특정 조항이나 소송 서면에 최신 법 개정 사항을 반영해야 하는 경우, 최신 법률 정보를 신속하게 반영하여 법률 서비스의 정확성과 효율성을 크게 향상시킬 수 있습니다.

이러한 기능들을 통해 도큐브레인은 문서 기반의 다양한 업무 환경에서 이미 널리 활용되고 있습니다. 예를 들어, 국회도서관, 한국산업안전보건연구원 등 공공 기관에서는 오랫동안 쌓여 있는 문서들을 즉시 꺼내 볼 수 있는 환경을 구축하였고, 법무법인 원, 법무법인 산하 등 법무법인에서는 수많은 소송 기록에서 필요로 하는 정보를 빠르게 찾아 진행 중인 사건 분석 및 검토에 활용하고 있습니다.

법률 분야별로 정확성을 높이다:
대화형 법률 AI 코파일럿 솔루션 '법률GPT'

아무리 뛰어난 변호사라 하더라도 모든 법률 정보를 암기할 수는 없습니다. 게다가 최근 이슈가 되고 있는 중대재해처벌법이나 금융지배구조법과 같이 법률이 제·개정되거나, 일반적인 민사, 형사 분야가 아닌 전문 분야의 경우에는 정보에 대한 빠른 접근이 어렵습니다.

생성형 AI의 등장 이후 이러한 문제 해결을 위한 여러 방법들이 시도되고 있으나, 챗GPT와 같은 범용성 AI의 경우 답변의 정확성이 떨어지고 매우 두루뭉술하며 무엇보다 환각현상[Hallucination]이 발생한다는 게 가장 큰 한계로 작용하였습니다. 실제로 미국에서는 2명의 변

9-11. 인텔리콘연구소, 생성형 AI 기반 건설 건축 법률 행정 지원 시스템 개발

인텔리콘연구소, 정부 초거대 AI 사업 참여…생성형 AI 기반 건설건축 법률행정 지원 시스템 개발

발행일 : 2024-07-31 09:30 지면 : 2024-08-01 22면

자체 개발 '법률GPT'와 '코알라' 기술로 AI 서비스 구축…건축행정 업무 효율성 대폭 향상 기대

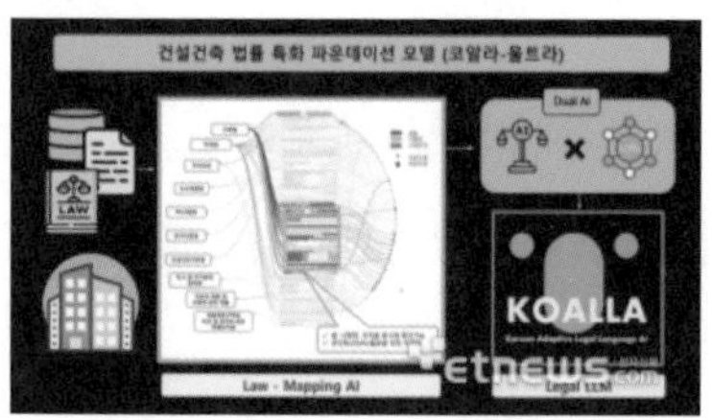

법률 AI와 생성형 AI가 융합된 듀얼 인공지능 모델 개요.

출처: 〈전자신문〉

호사가 법원에 챗GPT가 추천해 준 판례를 제출하였으나 이는 존재하지 않는 판례였으며, 이에 법원으로부터 각각 5천 달러의 벌금을 부과받은 사례도 있습니다. 더군다나 이러한 문제를 해결하기 위해 등장한 RAG Retrieval-Augmented Generation(검색 증강 생성) 방식 또한 최근 미국 스탠포드대학교에서 발표한 논문에 따르면 약 17~33% 환각 현상이 나타난다는 점에서 여전히 한계는 존재합니다.

이러한 한계를 극복하기 위해 RAG 방식으로 답변의 근거를 명확히 제시해 주되, 그 범위를 특정 법률 분야로 좁히는 방식을 택하였습니다. 즉, 특정 분야의 법령, 판례, 가이드북, 유사 사례 등을 기반으로 답변의 근거를 질문과 관련성이 데이터에서 끌어옴으로써 환각 현상을 최소화하고 법률 전문가들이 AI의 분석 결과를 신뢰할 수 있게 하

는 방식입니다. 이러한 방식을 가능하게 하기 위하여는 AI 전문가와 법률 전문가의 협업이 가장 중요한 요소입니다.

이러한 법률GPT 기능은 그 실용성을 인정받아 현재 다양한 법률 및 공공 기관에서 도입되어 그 활용되고 있습니다. 한국전력공사는 개인 정보보호법 분야에서 법무 업무의 디지털 혁신을 가속화하고 있으며, 이 시스템을 통해 법무 업무의 생산성을 크게 향상시키고 있습니다. 또한 법무법인 린을 비롯하여 지마켓, 야놀자, 신한카드, 두산에너지빌리티 등은 과학기술정보통신부의 AI 법률 보조 서비스 개발 사업의 수요 기관으로 참여하고 있습니다.

더 나아가 법률GPT는 교육 행정, 산업 안전, 건설 건축 등 다양한 분야로 확장되고 있습니다. 이미 교육 행정 분야에서는 학교 폭력 예방 및 교권 보호, 교내 성희롱, 성폭력 등에 초점을 맞추어 서울 세화고, 명덕고, 경기 양진중, 울산 녹수초 등 일선 교육 현장에 도입되어 교사들의 행정 업무를 지원하고 있습니다. 산업 안전 분야는 중대재해처벌법과 산업 안전에 관한 법률 등을 대상으로 하여 모 대기업의 PoC Proof of Concept (개념 증명)를 통해 그 성능을 인정받아 고도화 중에 있으며, 건설 건축 분야는 최근 국방부를 수요 기관으로 하여 정부 지원을 받아 개발되어 가고 있습니다.

연관된 법률과 판례를 한눈에 보여주다:
법률-판례 시각화 네비게이션 '유렉스'

기존 AI 서비스는 검색 자체의 성능에 집중한 나머지 시각화를 통한 법률 지식을 제공하지 못합니다. 그 결과 정보가 매우 단순하게 직렬적으로 배치되어 사용자가 구조나 패턴을 인식하는 것이 매우 어렵습니다.

인텔리콘은 이러한 문제를 극복하기 위해 해당 상황에 연관된 법률들을 한눈에 확인 가능하며 유사한 판례들의 연관성 네트워크를 시각적으로 동시에 제시하는 법률 지도Legal Map을 개발하였고, 이 법률 지도를 통해 복잡한 대한민국 전체 법령의 연관성을 시각적으로 확인할 수 있습니다.

이 기술은 법률 영역에서 마치 교통 네비게이션처럼 작동하며 사용자의 질문에 대한 답변을 구조적으로 시각화한 인터페이스 기능을 구현합니다. 즉, 사용자의 질문에 대해 관련 3종 정보(법률, 판례, 법률/판례 관계성)를 동시에 제공하는 '멀티 싱크Multi-Sync' 정보 시각화 알고리즘을 기반으로 합니다. 특히 '법령-판례' 네트워크, '법령-법령' 네트워크, '법령 연관성' 네트워크를 동시에 시각적으로 볼 수 있고, 반응형으로 구성되어 매우 쉽고 직관적이도록 법률 정보를 시각적으로 네비게이션 할 수 있습니다. 예를 들어 "출근하다가 교통 사고가 나면?"이라는 질문을 하면 관련 사건에 관한 판례뿐만 아니라 "산업재해보상보험법" 등의 구체적인 관련 법령의 네트워크를 시각적으로 제공합니다.

인텔리콘은 이 법률 지도를 AI 법률 검색 내비게이션 시스템 '유렉스U-LEX'에 탑재하여 세계 법률 인공지능 경진 대회에서 2016년과 2017년, 2년간 연속 1위를 차지해 글로벌 법률업계에서도 그 기술력

9-12. **법률 지도 및 법률-판례 네비게이션 시각화 맵**

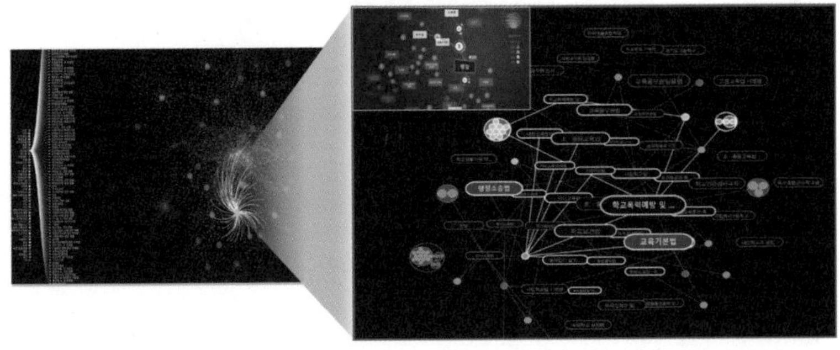

출처: 인텔리콘연구소

을 인정받은 바 있고, 이미 국내뿐만 아니라 일본 특허(視覚化ナビゲーション方式の法律情報サービスシステム及び方法)까지 등록을 마쳐 한국 인공지능 기술의 수출을 위한 초석을 마련하기도 했습니다.

이와 관련하여 한국과학기술원KAIST에서는 지난해부터 법률 네트워크 연구를 개시하기로 결정한 바 있고, 금년도 하반기부터는 학부생을 대상으로 '생성형 AI와 리걸테크Generative AI and Legal Tech' 과목을 신설하여 현직 변호사인 인텔리콘연구소의 임영익 대표이사를 문술미래전략대학원 겸직교수로 임용함으로써 공동 연구를 위한 시작을 열어가기로 하였습니다.

AI와 법률의 융합:
전문가와 소비자 모두에게 다가올 혜택

AI, 법률 전문가의 업무를 혁신하다

법률 분야에서 AI 기술의 도입은 앞으로 더욱 확산될 것으로 예상됩니다. AI는 법률 전문가들의 업무 방식을 혁신적으로 변화시킬 잠재력을 가지고 있습니다. 법률 전문가들은 AI를 통해 반복적이고 시간이 많이 소요되는 작업을 자동화함으로써, 보다 창의적이고 복잡한 법적 문제에 집중할 수 있게 될 것입니다. 이는 법률 서비스의 질을 향상시키고, 법률 전문가들이 보다 정확하고 신속한 법적 판단을 내릴 수 있도록 도와줄 것입니다.

법률 서비스의 대중화, AI가 선도하다

또한 AI 기술의 발전은 소비자에 대한 법률 서비스의 접근성을 크게 높일 것입니다. 법률 소비자들은 자신의 상황과 니즈에 맞는 다양한 법률 서비스를 보다 저렴한 비용으로 이용할 수 있게 될 것입니다. AI 기반 법률 상담 서비스나 문서 분석 도구는 법률 서비스를 필요로 하는 사람들이 변호사를 직접 찾지 않고도 기본적인 법적 조언을 받을 수 있도록 도와줄 것입니다. 이는 법률 서비스의 대중화를 촉진하고, 법적 권리를 보호받을 수 있는 기회를 확대할 것입니다.

법률 전문가의 역할 변화, 전략적 조언에 집중

AI가 법률 서비스에 가져올 또 다른 중요한 변화는 법률 전문가들의 역할 변화입니다. 법률 전문가들은 AI를 활용하여 반복적인 작업에서 벗어나 더 전략적인 역할을 수행하게 될 것입니다. 예를 들어, AI가 법률 문서의 초안을 작성하고 법적 위험 요소를 분석하는 동안 법률 전문가들은 이러한 정보를 기반으로 고객에게 보다 창의적이고 전략적인 조언을 제공할 수 있게 됩니다. 이는 법률 서비스의 품질을 높이는 데 중요한 역할을 할 것입니다.

AI와 법률의 만남, 상호 보완을 통한 진정한 혁신 도모

결론적으로, 법률 분야는 문서 기반의 서비스가 주를 이루기 때문에 AI의 활용 가능성이 매우 높은 분야입니다. AI는 방대한 데이터를 신속하게 처리하고 분석할 수 있는 능력을 가지고 있지만, 최종 법적 판단에서는 여전히 인간 전문가의 통찰력이 필요합니다. AI는 법률 전문가의 결정을 보조하는 역할을 하며, 전문가가 경험과 지식을 바탕으로 AI가 제공하는 정보를 비판적으로 검토하여 보다 정확한 결정을 내리는 데 도움을 줄 수 있을 것 입니다.

그렇기에 AI 기술의 발전과 함께 우리는 그 한계를 인식하고 관리해야 할 필요를 잊어서는 안 됩니다. AI는 환각 현상으로 인해 잘못된 정보를 생성할 수 있으며, 이는 법적 판단에 심각한 오류를 초래할 수 있기 때문입니다. 따라서 법률 전문가들은 AI가 제공하는 정보를 비판적으로 검토해야 하고, 기술 파트에서는 그 정확성을 높여나갈 수 있도록 계속 고도화해 나가야 합니다. 이러한 관계 아래에서 앞으로 법률 시장에서 AI 기술의 도입이 계속해서 증가할 것으로 기대되며, 이는 법률 서비스의 진정한 혁신을 촉진하고, 법률 소비자와 법률 전문가 모두에게 혜택을 제공할 것입니다.

법정은 고요했다. 원고 측 변호사가 천천히 자리에서 일어나 손에 들고 있던 태블릿을 쥐었다. 그의 눈은 날카롭게 빛났고, AI가 추천한 판례들이 화면에 떠올랐다. "존경하는 재판장님, 이 사건에 대한 판례를 제출하겠습니다." 변호사는 자신감 넘치는 목소리로 말했다. 몇 번의 터치로 판례가 법정에 제출되었고, 승기를 잡은 줄 알고 내심 환호했던 상대 측 변호사들의 표정은 점점 어두워져 갔다.

하지만 이내 법정의 분위기는 서서히 변하기 시작했다. 상대 측 변호사들이 조심스럽게 문제를 제기했다. "존경하는 재판장님, 원고 측에서 제출한 판례들이 실제로 존재하지 않습니다." 이 말이 끝나자마자 법정은 술렁이기 시작했다. 재판장은 고개를 갸웃하며 판례의 진위를 검토하기 시작했다. 그가 읽어 내려가는 눈빛이 서서히 굳어지기 시작했다.

"변호사님." 재판장의 목소리가 낮게 울렸다. "이 판례들은 존재하지 않는, AI가 생성한 허위 판례입니다."

그 순간 변호사의 얼굴은 창백해졌다. 그가 의지했던 최첨단 AI는 실재하지 않는 판례를 만들어냈고, 그 결과는 너무도 치명적이었다. 법정은 냉랭해졌다. 재판장은 판례의 허위성을 지적하며, 변호사에게 벌금을 부과할 것을 명령했다.

변호사는 그제야 깨달았다. AI가 아무리 발전했더라도 그 안에 내재된 오류와 한계는 변호사 자신이 책임져야 할 부분이었다. 법정은 다시 고요해졌지만, 그 안에서 울린 충고의 메아리는 오래도록 남았다.

"AI는 강력한 도구일지 모르나, 그 도구를 사용하는 자의 검증과 책임이 반드시 뒤따라야 한다."

정책

새로운 시스템으로 지능 혁명을 지원한다

최성은

과학기술사업화진흥원 연구원

ssbibbi2@naver.com

2022년 11월에 등장한 챗GPT는 출시 두 달 만에 월간 이용자 수가 1만 명을 돌파하며 AI 기술의 대중화에 큰 기여를 했습니다. 앞선 챕터에서 챗GPT의 도입은 농업, MICE 등 다양한 산업 분야에서 AI 기술이 실제로 어떻게 활용될 수 있는지를 보여주었습니다. AI 기술은 경제적 이익을 넘어서 사회, 문화, 안보 등 다양한 분야에서 막대한 영향을 미치고 있습니다. 이로 인해 많은 국가들은 AI 경쟁력을 확보하기 위해 치열한 경쟁을 벌이고 있습니다. 이번 챕터에서는 AI 분야와 관련된 정부 정책 동향을 설명하여, 독자들이 AI 정책의 현재를 이해하고 미래를 대비하는 데 도움을 주고자 합니다.

대한민국은 IT 강국이지만 AI 강국은 아니다

대한민국이 IT 강국이라는 점에는 이견이 없습니다. OECD에서 발표한 2022년 기준 통계에 따르면 한국의 유선인터넷 회선 수 대비 광케이블 회선 수는 88.04%로 OECD 평균(37.7%)의 두 배가 넘는 수치입니다. 이는 대한민국의 IT 강국 지위를 잘 보여줍니다.

반면, 대한민국이 AI 강국인지를 묻는다면 의문이 생깁니다. 2024년 4월 스탠퍼드대학교가 발표한 '인공지능 지수AI Index 2024' 보고서에 따르면, 2023년 AI 민간 부문 투자액 순위에서 한국은 전년 대비 3단계 하락한 9위를 기록했습니다. 이는 미국과 중국이 각각 1위와 2위를 차지한 것과 대조적입니다.

옥스퍼드 인사이트가 매년 발표하는 정부 AI 준비 지수Government AI Readiness는 특정 국가의 정부가 시민들을 위한 공공서비스 제공에 인공지능을 적용할 준비가 되어있는지에 대한 지수입니다. 정부 정책, 거버넌스, 기술 성숙도, 인적 자원, 인프라, 데이터 가용성 등에 대한 종합적인 평가로 다른 글로벌 경쟁력 지표에 비해 기술 수준, 연구 능력보다 인프라와 정부 정책에 대한 가중치가 높습니다. 2023년 대한민국의 정부 AI 준비지수는 7위로 AI 강국과는 격차가 있습니다.

정부는 AI 강국을 만들기 위해 2019년 12월 17일 'AI 국가 전략'을 수립했습니다. 이후 2024년 5월, 과학기술정보통신부와 외교부가 주관한 'AI 서울 정상 회의'(5월 21~22일)와 'AI 글로벌 포럼'(5월 22일)을 서울에서 개최했습니다. 이 자리에서 안전, 혁신, 포용이라는 AI 거버

10-1. 정부 AI 준비 지수

〈정부 인공지능 준비지수 상위 7개국 : 2019~2023년〉

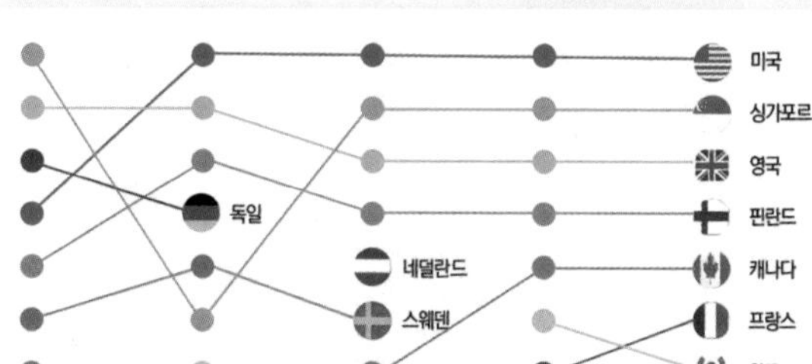

	2019	2020	2021	2022	2023
1위	싱가포르(9.186)	미국(85.479	미국(88.16)	미국(85.72)	미국(84.80)
2위	영국(9.069)	영국(81.124)	싱가포르(82.46)	싱가포르(84.12)	싱가포르(81.97)
3위	독일(8.810)	핀란드(79.238)	영국(81.25)	영국(78.54)	영국(78.57)
4위	미국(8.804)	독일(78.974)	핀란드(79.23)	핀란드(77.59)	핀란드(77.37)
5위	핀란드(8.804)	스웨덴(78.772)	네덜란드(78.51)	캐나다(77.39)	캐나다(77.07)
6위	스웨덴(8.674)	싱가포르(78.704)	스웨덴(78.16)	한국(76.76)	프랑스(76.07)
7위	캐나다(8.674)	한국(77.69)	캐나다(77.73)	프랑스(75.78)	한국(75.65)

출처: 한국재정정보원

넌스의 3대 원칙을 국제 사회에 제시하며, AI 관련 국제적 주도권을 잃지 않기 위한 노력을 보여주었습니다.

AI 국가 전략에서 정부는 'IT 강국을 넘어 AI 강국으로'를 비전으로, 2030년까지 디지털 경쟁력 세계 3위, AI를 통한 지능화 경제 효과 최대 455조 원 창출, 삶의 질 세계 10위를 위해 3대 분야의 9대 전략과 100대 실행 과제를 마련하였습니다.

강점을 살려 잘할 수 있는 분야에 선택과 집중을 추구하는 동시에, AI 기술·산업의 경쟁력 강화뿐만 아니라 사람 중심의 AI 실현을 위한 추진 과제들을 균형있게 담은 점이 가장 큰 특징입니다.

10-2. **AI 국가 전략 비전 및 목표**

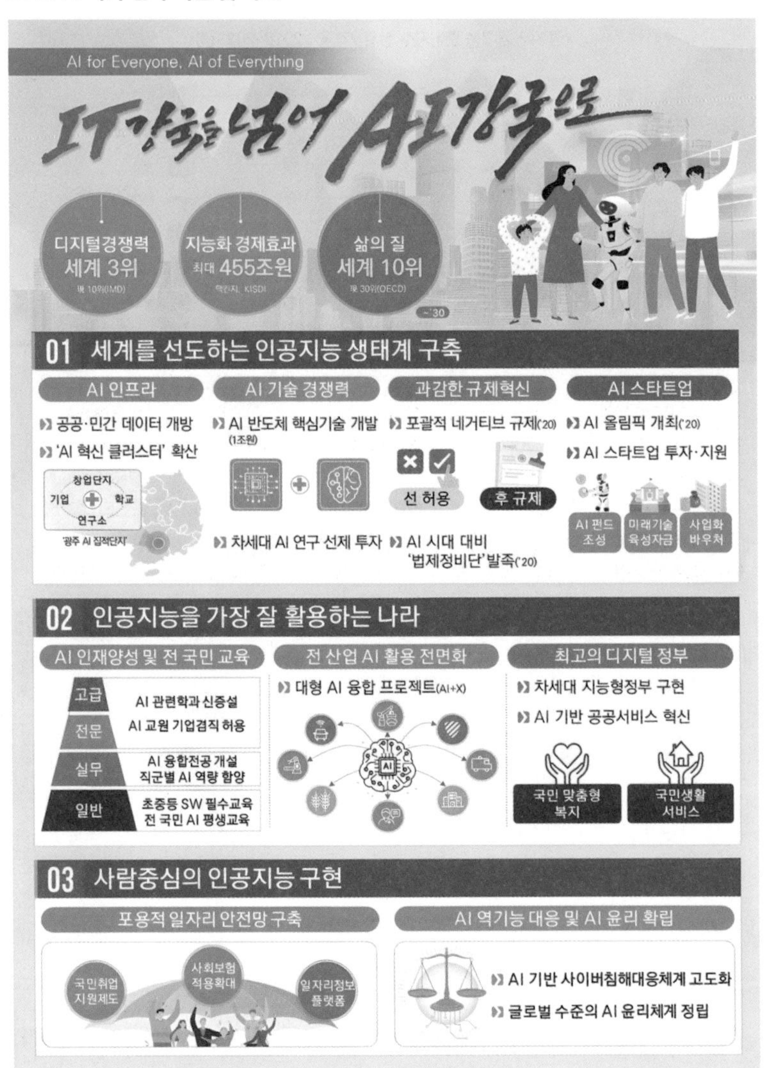

출처: 과학기술정보통신부

표 10-1. **분야별 AI 도입·활용 과제**

분야	주요 내용
제조	• AI 기반 스마트 공장 보급('30, 2,000개), 업종별 산업 데이터 플랫폼 구축·확산
중소기업	• 소상공인용 데이터 분석·활용 플랫폼 구축('21)
바이오·의료	• 신약 개발 플랫폼 구축('21), 의료 데이터 중심 병원 지원('20, 5개), AI 의료기기 임상 검증 표본 데이터, 심사 체계 구축('21)
도시·물류	• 스마트 시티 데이터 허브 구축('20.하~), 자율 주행 대중 교통 기술 개발('21~)
농수산	• 스마트팜('22) 및 스마트 양식 테스트 베드('22) 조성
문화콘텐츠	• 지능형 캐릭터 제작 엔진 개발('21)
국방	• 국방 데이터 활용 지능형 플랫폼 및 지휘 체계 지원 기능 개발('20~)

출처: 과학기술정보통신부

2023년 11월 영국 블레츨리 파크에서 '제1회 AI 안전 정상회의AI Safety Summit'가 개최되었습니다. 제1회 AI 정상회의에서는 AI 기술의 발전이 초래하는 광범위한 위험성을 경고함으로써 인류와 AI의 공존을 위한 국제 협력의 필요성을 확인했다는 점에서 중요한 의미를 가집니다. 특히 우리나라, 미국, EU 및 중국 등 28개 국가뿐만 아니라 오픈AI, 구글 등의 빅테크 기업이 참여하여 "인간 중심적이고, 신뢰할수 있으며, 책임감 있는 AI 기술 보장을 위해 포용적인 방식으로 협력한다"는 블레츨리 공동 선언에 합의하였습니다. 블레츨리 선언의 핵심은 AI 모델의 상용화 전후 안정성 확인에 개발자와 기업뿐 아니라 정부 또한 참여해야 한다는 것입니다. 과거에 문제의 책임이 프로그램 개발자 및 기업에만 있었지만 AI에 의해 발생하는 문제는 정부 또한 책임을 져야 한다는 것입니다. 이외에도 AI로 인한 위험을 예방하기 위한 국제 협력 방향성이 논의되었습니다.

6개월 후인 2024년 5월 대한민국 서울에서 개최된 '제2회 AI 안전 정상회의'에서는 안전, 혁신, 포괄성 3가지의 AI 가치 규범을 제시하였습니다. 지구 온난화, 식량 부족과 같은 전 세계적 문제를 해결하고, 인류 복지 향상을 위해 AI를 활용할 수 있도록 국제적인 협력 강화를 약속하였습니다. 서울 선언은 뉴욕 구상('22.9), 파리 이니셔티브('23.6), 디지털 권리장전('23.9) 등을 통해 펼쳐온 우리의 AI·디지털 비전을 글로벌 이니셔티브와 규범으로 반영·정립했다는 데 의의가 있습니다. 이외에도 현재 세계 각국의 'AI 안전 연구소' 설립 현황을 공유하고 공조 방안에 대해 의견을 개진하였으며 AI가 초래할 수 있는 에너지, 환경, 일자리 분야 부작용의 회복 탄력성 확보 방안 등도 논의되었습니다.

정부는 2019년 'AI 국가 전략'을 수립한 후, 2020년 12월 24일에 인공지능 산업의 진흥과 활용 기반을 강화하는 동시에 역기능을 방지하기 위한 선제적이고 종합적인 '인공지능 법·제도 규제 정비 로드맵'을 관계 부처 합동으로 마련해 발표하였습니다.

이후 각 부처는 소관 업무와 관련된 AI 정책을 수립하고 있습니다. 금융위원회는 2021년 7월 8일에 소비자 보호 및 금융 산업의 건전성 유지를 위해 AI 운영의 방향성을 제시한 '금융 분야 AI 가이드라인'을

표 10-2. **정부의 AI 관련 중점 추진 계획**

핵심 과제	주요 내용
AI 기술의 안전성, 신뢰·윤리 확보	• 'AI 기본법' 제정(고위험 영역 AI를 구체적으로 정의하고 해당 사업자의 안전성 확보 조치 의무화, 생성형 AI 산출물 표시 의무 등 포함 예정) • 고위험 영역에 속하는 AI 사업자의 위험 관리에 관한 가이드라인 마련 • 'AI 서비스 이용자 보호에 관한 법률' 제정(AI 서비스와 관련한 분쟁 조정, 사업자의 이용자 보호 조치 의무 등 포함 예정) • 'AI 기술로 인한 사고 책임에 관한 연구' 추진 등
딥페이크를 활용한 가짜뉴스 대응	• AI 생성물 표시제 조기 도입, 자체 모니터링 및 조치 등에 대해 플랫폼 사업자의 자발적 조치 강화 지원('24.2~) • AI 전담 모니터링반, AI 감별반, 분석·삭제반으로 구성된 '딥페이크 선거 운동 신속 대응 체계' 구축('24~) • AI 생성물 표시제(워터마크 등 콘텐츠를 게시할 때 AI 생성물임을 드러내는 표시)를 의무화하는 법령 제·개정('24~) • 딥페이크 탐지·식별 기술 개발('24)
AI 개발·활용 관련 저작권 제도 정비	• AI-저작권 워킹 그룹 운영(~'24.12) • AI 저작권 쟁점 분석 및 정책 대안, AI 저작권 관련 글로벌 이슈 연구(~'24.12) • AI 학습에 이용되는 저작물(뉴스 등 어문 저작물 중심)의 적절한 이용 대가 마련 연구(~'24.12) • AI 산업 육성과 창작자 보호의 균형적 조화를 위한 정책 방향 명확화 및 저작권법 개정(안) 마련 추진('24.12)

출처: 법제처

발표하였고, 국가인권위원회는 인공지능 개발과 활용 과정에서 발생할 수 있는 인권 침해와 차별을 방지하기 위해 '인공지능 개발과 활용에 관한 인권 가이드라인(2022.5.11)'을 마련하여 국무총리와 관련 부처 장관에게 권고하였습니다. 개인 정보보호위원회는 2023년 8월 3일, 개인 정보 침해 위험을 최소화하면서도 인공지능 혁신 생태계의 발전에 필요한 데이터는 안전하게 활용할 수 있도록 하는 '인공지능 시대 안전한 개인 정보 활용 정책 방향'을 발표하였습니다.

10-3. K-클라우드 프로젝트 개요

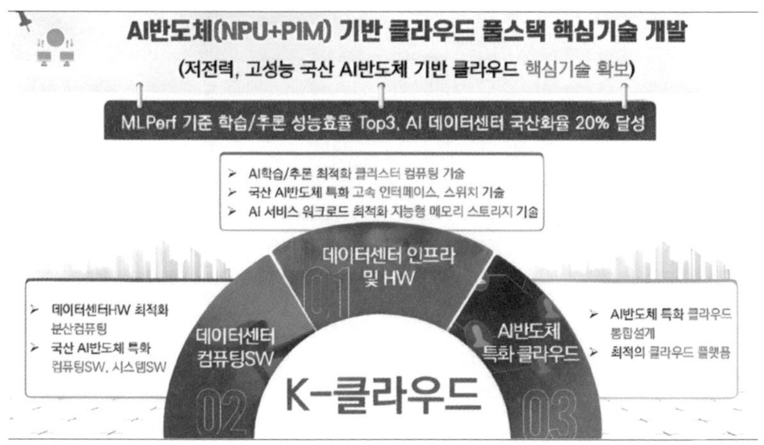

출처: 과학기술정보통신부

최근 정부 합동으로 수립한 '새로운 디지털 질서 정립 추진 계획'을 발표(2024.5.21)하였는데, 추진 계획에는 '디지털 권리장전'의 철학과 5대 원칙(자유, 공정, 안전, 혁신, 연대)을 토대로 52개의 쟁점을 해소하기 위한 20대 정책 과제를 담았습니다. 그중 국민 관심사가 크거나 파급성·시급성이 높은 정책 과제 8개를 핵심 과제로 지정하여 집중 관리할 계획입니다. AI와 연관된 핵심 과제인 '인공지능 기술의 안전성, 신뢰·윤리 확보', '딥페이크를 활용한 가짜뉴스 대응', 'AI 개발·활용 관련 저작권 제도 정비'를 중점 추진할 것으로 보입니다.

정부에서 추진 중인 주요 AI 정책에는 AI 반도체 고도화를 위한 'K-클라우드 프로젝트'가 있습니다. 지난 2023년 6월 K-클라우드 프로젝트 1단계 사업 착수 보고회를 시작으로 본격적인 사업을 추진 중입니다. K-클라우드 프로젝트는 세계 최고 수준의 초고속·저전력 국산 AI 반도체를 개발 및 데이터센터에 적용하여 국내 클라우드 경쟁력을 강화하기 위한 정책입니다. 정부는 2023년부터 2030년까지 총 8,262억 원을 투자하여 3단계에 걸쳐 고도화하고, 단계별 데이터센터에 적용하여 클라우드 기반 AI 서비스까지 제공하는 실증사업도 함께 추진할 계획입니다.

앞선 챕터에서 다루었던 주요 산업별 AI 정책은 어떻게 추진되고 있을까요?

스마트 농업 육성 및 지원에 관한 법률 시행으로 k-스마트 농업 발판을 마련하다

먼저 농산업에서는 기후 변화와 농촌 고령화 등 농산업이 직면한 현안을 해결하는 방법으로 스마트 농업이 문제 해결사로 부각되고 있습니다. 스마트 농업은 생육 부진, 병충해 발생 같은 농업 현장의 문제를 데이터와 AI 기반으로 해결하는 첨단 기술을 활용한 농업을 말합니다.

농림축산식품부(이하 농식품부)는 2021년부터 농업 분야 차세대 농업 AI 모델 발굴을 위한 스마트 농업 AI 경진 대회를 개최하고 있습니다. 2024년 경진 대회 참가팀은 예선에서 공공데이터를 활용하여 딸기 원격 작물 재배 모델을 개발하고, 본선에서는 개발 모델을 적용하여 실제 구축된 온실에서 원격 딸기 재배를 실증하였습니다. 본선 실

10-4. 스마트농업 AI 경진대회 포스터

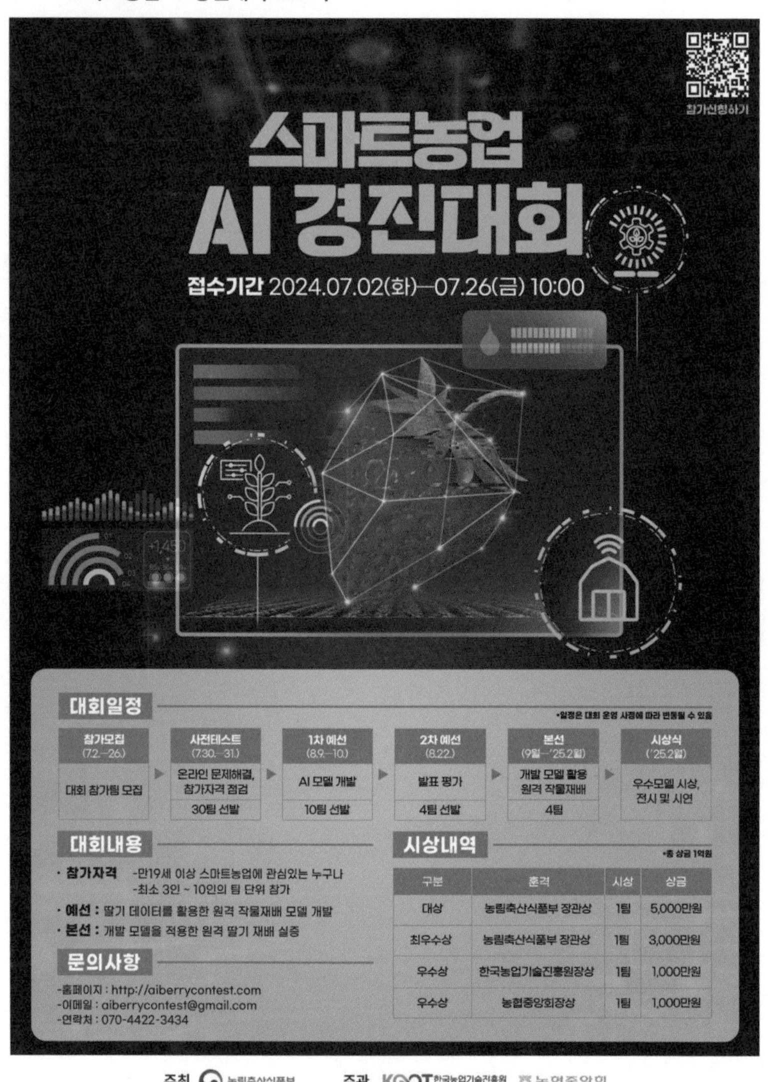

출처: 농림축산식품부

증을 통해 AI 모델의 적절성, 알고리즘, 예측 정확도 등을 종합적으로 평가하여 최종 우승자를 선정하고, 향후 우수 개발 모델은 농업박람회 등 다양한 곳에서 전시 및 시연을 할 예정입니다. 2022년부터는 데이터 기반의 스마트 농업 보급·확산 사업을 통해 3,300여 농가에 최적 관수 시스템, 환경 제어 의사 결정 지원, 적정 농약 살포 등 다양한 솔루션 개발과 서비스 보급을 확대하고 있습니다.

농산업에서는 생산성과 효율성을 높이며, 지속 가능한 발전을 도모하기 위한 정책이 추진되고 있습니다. 농식품부에 따르면 2022년 161억 달러로 추산되는 전 세계 스마트 농업 시장 규모는 2020년 138억 달러 이후 연평균 9.8% 성장하여 2025년 220억 달러까지 성장할 것으로 전망되었습니다. 이에 반해 국내 스마트팜 농업 기술 발전 및 도입 수준은 상대적으로 낮은 상태입니다.

특히 스마트 농업 최고 기술국인 유럽 연합EU 대비 70% 수준인 것으로 나타났습니다. 이러한 국내 농업 산업 육성을 위해 2022년 10월 농식품부가 '스마트 농업 확산을 통한 농업 혁신 방안'을 발표하였고, 2023년 7월에는 '스마트 농업 육성 및 지원에 관한 법률' 제정 등 스마트 농업의 생태계 강화를 추진하고 있습니다.

또한 2023년 하반기부터 '민관 협의체'를 운영하여 농업인, 기업 및 전문가 등의 의견을 수렴하여 스마트 농업 관련 제도 개선 및 경쟁력 제고 방안 마련을 추진하고 있습니다 2024년 스마트 농업 특화 전문 인력 육성 교육 기관 2개소(시설 원예 분야: 국립순천대학교, 축산 분야: 연암대학교)를 최초 지정하여 9월부터 교육 프로그램을 운영하고 있습니다. 스마트 농업에 관한 전문적인 교육, 기술 보급, 컨설팅 등을 수행하는 전문가 인력을 육성하는 스마트 농업 관리사 자격 시험 도입도 2024년 하반기 시범 운영을 거쳐 2025년에 자격 시험을 신규 도입할 예정입니다.

3C 전략 추진으로 MICE 산업의 민간 협력, 융합 촉진, 경쟁력을 확보한다

두 번째, MICE 산업에서는 2028년까지 국제 회의 개최 건수 1,400건을 달성해 세계 1위로 올라서겠다는 목표로 '3C 전략'을 추진하고 있습니다. 3C 전략은 2024년 3월 문화체육관광부(이하 문체부)에서 발표하였는데 지역, 민관 협력Collaboration을 통해 안정적이고 지속적인 MICE 산업 기반을 구축하고 MICE 유형의 다양한 융합Convergence을 촉진하는 것이 핵심입니다. 나아가 MICE 기업과 산업 세계 경쟁력Competitiveness을 확보하는 게 목표입니다.

2024년 7월 문체부에서는 국제 회의 산업 육성 기본 계획(2024~2028)을 발표했습니다. '기본 계획'에서는 국제 회의 산업의 디지털 기술 기반 혁신 창출을 위한 AI 기업 육성과 바우처 지원 내용이 포함되어 있습니다. 먼저 국제 회의 테크 기업 육성에서는 국제 회의 행사에 필요한 AI, 빅데이터 등의 디지털 기술 활용 지원으로 국제 회의 테크 기업 10개를 육성합니다. 디지털 활용 기술은 AI(생성형 챗봇, 맞

표 10-3. **국제 회의 산업의 디지털 기술 기반 혁신 창출 주요 내용**

국제 회의 테크 기업 육성	국제 회의 기업 기술 활용 지원
• 국제 경쟁력을 갖춘 AI 플랫폼, B2B 솔루션 • 글로벌 확장 가능한 K-MICE 선도 기업 육성	• MICE 행사 개최 전반에 걸친 DK 혁신 • 기업 내부 업무 효율성 개선, 업무 자동화

출처: 문화체육관광부

춤형 비즈매칭, 자동 통·번역 등), 빅데이터 활용(행사장 내 참가자 실시간 위치 등)과 출입 관리 앱(참가 인원수, 체류 시간 파악 등)을 말합니다. 다음으로 국제 회의 기업 기술 활용은 행사 주최자·참가자 편의 제고, 기업 행정 업무 효율화 등을 위한 기업별 맞춤 기술 바우처 100건 이상을 지원합니다

철강 디지털 전환 연대와 스틸 AI 전략으로 세계 최고 디지털 철강 강국 도약을 꿈꾸다

세 번째, 철강 산업에서는 지난 2021년 1월 '2025년 세계 최고의 디지털 철강 강국' 도약을 위한 정부와 철강업계의 연대와 협력 프로젝트를 알리는 '철강 디지털 전환 연대' 출범식이 열렸습니다. 철강 디지털 전환 연대는 철강 생태계의 디지털 혁신을 가속화하기 위해 국내 대표 철강사들이 긴밀히 연대 및 협력하기로 한 결과물입니다.

출범식 참가 기업들(포스코, 현대제철, 세아그룹, 동국제강, 태웅)은

표 10-4. **제조 분야 주요 정책 방향 및 사업**

구분	정책 방향	사업
고로	스마트고로 → '스마트-그린고로' 고도화	고로 CO_2 포집·재활용 기술 개발 ('21~'23 / 212억 원 / 포스코·현대제철)
전기로	지능형 전기로 시스템 개발, 현장 적용	추진 중인 전기로 R&D('17.5~'21.6) 성과 확산 및 후속 사업 기획('21.상)
가열·압연	철강 가열·압연 공정의 AI 분석·제어	민간 주도(업계 협력 사업화, '21~)
센서	가혹 환경인 철강 맞춤형 센서 개발	센서 기술 개발 과제 (예비타당성 조사 준비)
전력	철강 맞춤형 공장 에너지 관리 시스템 구축	민간 주도 (철강사·연구 기관 공동 연구)

출처: 산업통상자원부

AI·센싱 기술 개발, 디지털 인프라, AI 인력 교육 등에 향후 5년간 7,000억 원을 투자할 계획이고, 정부는 협력이 필수적인 핵심 기술 개발, 센서 등 공통 기반 구축 등을 적극 지원하겠다고 했습니다.

2020년 '디지털 기반 산업 혁신 성장 전략'을 산업 전반으로 확산하기 위해 산업 디지털 전환DX 확산 전략을 수립하였습니다. 이후 2023년 관계 부처 합동으로 '산업 AI 내재화 전략'을 발표하였습니다. 이 전략에서 철강 분야의 공정 전 단계 디지털화, 데이터 기반 밸류체인 통합 내용이 포함되었습니다.

스틸 AI는 주요 사업으로 '철강 제조 공정 디지털 전환 가속화', '철강 산업 생태계 지능화', '디지털 기술을 활용한 안전·환경 문제 해결'을 추진하고 있습니다. 제조에서는 공정별 디지털 전환 지원, 철강 자원 및 전력 효율화를 추진하고 있습니다.

AI 의료기기, 건강보험 적용으로 본격적인 상용화를 추진하다

네 번째, 의료 산업에서도 AI 기반 의료 시장의 급격한 확대가 전망되고 있습니다. 이에 따라 정부에서도 AI 의료기기의 건강보험 적용으로 상용화를 추진하고 있습니다. AI 의료기기는 의료용 빅데이터를 AI로 분석해 의료인의 업무를 보조하는 의료기기를 말합니다.

2023년 10월 보건복지부는 제21차 건강보험 정책 심의 위원회(이하 건정심)에서 AI 혁신 의료 기술 요양 급여를 결정하였습니다. 또한 같은 해 12월, AI 기반 혁신 의료 기술의 건강보험 임시 등재 운영을 위한 지침을 마련하였습니다. 이 운영 지침은 혁신 의료기기 통합 심사·평가를 거쳐 고시된 혁신 의료 기술 중 AI 기반 혁신 의료 기술의 건강보험 임시 등재 운영을 위한 것입니다. 현재 AI 의료기기는 혁신 의료기기 통합 심사와 신의료 기술 평가 유예 제도를 통해 한시적으로 건강보험 적용을 받고 있습니다. 기존에 없던 기술인 데다 환자 대상 임상·제도적 효과를 확인하기 위해 '임시 등재'된 상태입니다. 2~3년 가량 데이터를 확보한 뒤 추후 신의료 기술 평가를 통해 정식 등재 여부를 결정하게 됩니다.

AI 의료기기가 건강보험에 적용되는 첫 번째 사례가 나타나 AI 기술의 본격적인 상용화가 시작되었습니다. 국내 의료 분야 AI 기업인 제이엘케이가 개발한 '자기 공명 영상을 활용한 AI 기반 허혈성 뇌졸중 유형 판별' 기술은 뇌경색 환자의 뇌졸중을 네 가지 유형으로 분류

10-5. 디지털 의료기기 AI 건강보험 등재 가이드라인 마련

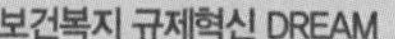

출처: 보건복지부

해 의사의 진단을 보조합니다. 지난해 혁신 의료기기로 지정된 31개 품목 중 AI 솔루션은 절반에 가까운 14개로 나타났습니다. 제이엘케이, 뷰노, 루닛, 코어라인소프트, 딥노이드 등 업체들은 자사 주요 솔루션을 혁신 의료기기로 지정 후 비급여로 환자에게 제공하고 있습니다.

2023년 AI 의료기기 건강보험 임시 등재 운영 이후, 건강보험심사평가원에서는 AI 기반 의료 기술 급여 적정성 평가 기준과 등재 방안 마련에 착수하였습니다. 2024년에 추진 안을 마련하고, 2025년 전문가와 산업계 의견을 수렴하여 2026년 정식 등재될 것으로 예상됩니다.

AI 디지털 교과서, 법적 지위 확보로 단계적 도입을 시작한다

다섯 번째, 교육 산업에서는 2023년 10월 국무 회의에서 '교과용도서에 관한 규정' 일부 개정안이 심의·의결되었습니다. 이번 개정안을 통해 AI 디지털 교과서의 개발과 보급을 위한 발판이 마련되었습니다.

2023년 2월 교육부는 '디지털 기반 교육 혁신 방안'을 발표했습니다. 디지털 기반 교육 혁신 방안은 디지털 대전환 시대에 대응해 교육 분야도 변화와 혁신이 필요하다는 인식에 따라 마련되었습니다. 이

10-6. **AI 디지털 교과서 개발 형식**

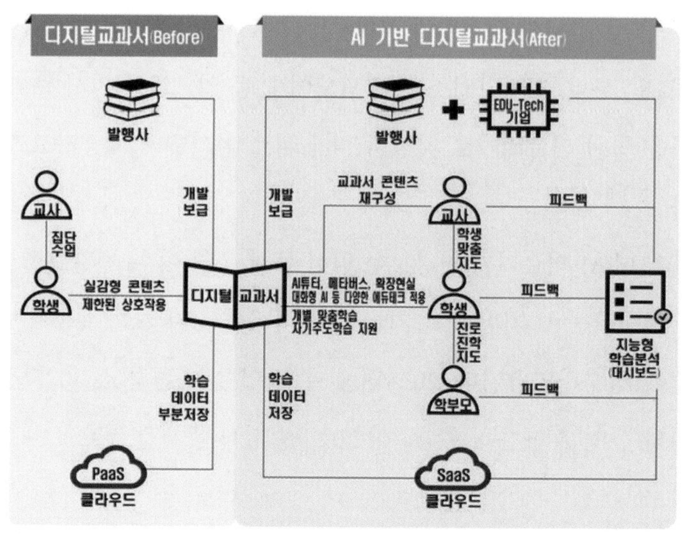

출처: 교육부

번 방안을 통해 인공지능 등 첨단 기술을 활용해 학생들에게 자신의 역량과 배움의 속도에 맞는 '맞춤 교육'을 제공함으로써 학생 한 명 한 명을 소중한 인재로 키워나갈 것을 목표로 합니다.

AI 디지털 교과서는 2025년 초등학교 3·4학년, 중학교 1학년, 고등학교 공통·일반 선택 과목부터 적용합니다. 2026년에 초등학교 5·6학년, 중학교 2학년, 2027년에 중학교 3학년까지 단계적으로 도입합니다.

디지털 기반 교육 혁신의 철학을 이해하고 디지털 기술에 대한 전문성을 갖추었으며 수업 혁신의 의지가 강한 선도교사단(T.O.U.C.H 교사단)을 집중 육성합니다. T.O.U.C.H(터치)Teachers who Upgrade Class with

표 10-5. **디지털 교육 규범 핵심 가치 및 세부 내용**

핵심 가치	세부 내용
자유와 권리 보장	• 인간의 잠재력 실현 • 교수자 전문성 존중 • 학습자 주도성 존중 • 디지털 역량 함양 • 전 생애 디지털 교육 • 디지털 리터러시 교육
공공성 확보와 격차 완화	• 디지털 접근 보장 • 디지털 교육의 격차 완화 • 디지털 교육 기술의 공공성 확보 • 교육 데이터의 공익적 활용
안전과 신뢰 확보	• 안전한 디지털 교육 환경 • 디지털 위험 예방 • 연령에 맞는 기술 활용 • 디지털 교육의 신뢰 확보 • 프라이버시 보호 • 안전한 학습 데이터 활용
혁신 촉진	• 교육자의 교육 혁신 역량 강화 • 디지털 친화적 교육 제도 • 디지털 교육 기술의 혁신 • 교육과 디지털 기술의 상생
인류 연대 강화	• 교수자-학습자 간 연대 강화 • 세계 시민 양성 • 국가 간 디지털 교육 격차 완화 • 보편적 규범 형성 촉진

출처: 교육부

High-tech 교사단은 첨단 기술을 바탕으로 맞춤 교육을 구현하고, 학생들과의 인간적인 연결을 통해 학생들의 성장을 이끄는 교사입니다.

이후 2024년 4월 교육부에서는 '디지털 기반 교육 혁신 역량 강화 지원 방안'을 발표하였습니다. 지원 방안에는 교사들이 쉽게 적용할 수 있도록 AI 디지털 교과서를 활용한 개념 기반 탐구 수업 설계 모델을 제공하였습니다.

2024년 7월에는 '디지털 심화 시대의 교육이 지향하는 가치와 원칙에 대한 선언(디지털 교육 규범)'을 발표하였다. 이 규범은 우리나라 정부가 작년 9월에 수립한 디지털 권리장전과 국제 사회의 각종 선언, 헌장 등에서 강조하고 있는 디지털 시대의 가치와 원칙을 교육의 특성과 맥락에 맞게 재구성해 수립하였습니다. 디지털 시대의 교육이 추구해야 할 5개 핵심 가치를 중심으로 각각의 핵심 가치와 관련된 24개 세부 원칙으로 구성되어 있습니다. 이 규범을 통해 교육 분야의 모든 구성원과 디지털 교육이 지향하는 가치와 원칙을 공유하고 각각의 원칙들이 디지털 교육 현장에서 실현될 수 있도록 지원합니다. AI 디지털 교과서 통합 지원 센터(aidt.keris.or.kr)에서 AI 디지털 교과서의 정책, 네트워킹, 연계, 동향 및 활용에 대한 정보를 제공하고 있습니다.

AI-저작권 안내서로 시장의 불확실성 및 저작권 사각 지대를 해소한다

여섯 번째, 영화 산업에서 AI 시대에 따라 저작권에 대한 우려가 커지고 있습니다. 2023년 12월 문화체육관광부(이하 문체부)에서는 저작권 정책 비전과 추진 과제를 담은 '저작권 강국 실현, 4대 전략'을 발표하였습니다.

4대 전략에는 인공지능 시대 선제적 규범 마련을 위한 AI-저작권 기준을 마련하였습니다. 여기에는 생성형 AI 사용 시 유의 사항, 저작권 등록 등 주요 사항이 포함되어 있습니다.

이후 문체부와 한국저작권위원회(이하 저작위)는 2024년 2월 AI-저작권 제도 개선 워킹 그룹(협의체)을 발족하여 운영 중입니다. 협의체는 저작물을 포함한 데이터 '학습' 단계와 데이터를 생성하는 '산

표 10-6. **생성형 AI 저작권 안내서 주요 내용**

구분	주요 내용
인공지능 사업자	• 적절한 보상 등의 방법으로 적법한 이용 권한 확보 필요 • 서비스 제공 시 기존 저작물과 동일·유사한 AI 산출물이 도출되지 않도록 저작권 침해 방지 노력 필요
저작권자	• 자신의 저작물이 AI 학습에 이용되는 것을 원하지 않을 경우 반대 의사를 적절한 방식으로 명시하거나 이를 방지하기 위한 기술적인 조치를 취하는 것이 적절 (예: 약관 규정 명시, 로봇 배제 표준)
AI 이용자	• 원하는 AI 산출물을 만들기 위해 입력하는 텍스트나 이미지, 오디오 등의 데이터가 타인의 저작권을 침해하거나 침해를 유도하지 않도록 유의(특히, 이용자는 AI 산출물을 외부로 전송 등의 방식을 이용해 저작권을 침해하지 않도록 유의)
생성형 AI 산출물의 저작권 등록	• 등록은 인간의 사상 또는 감정이 표현된 창작물에 대해서만 가능한 바, 인간의 창작적 개입이 없는 AI 산출물에 대한 저작권 등록 불가 (단, 인간의 창의적 작업 부분 예외 가능)

출처: 문화체육관광부

출' 단계로 구분해 운영하고 있습니다. 학습 분과에서는 AI 학습용 저작물에 대한 적법한 이용 권한 확보 방안, AI 학습 데이터의 목록 공개 여부 등을, 산출 분과에서는 AI 산출물 보호 여부와 산출물 표시 방안, AI 산출물의 저작권 등록 시 요건과 범위, AI 산출물의 저작권 침해 판단 기준 등을 논의합니다. 협의체 운영과 함께 AI 저작권 쟁점에 대한 종합 대책 마련을 위해 AI 학습 저작물에 대한 적정 이용대가 산정방안 연구'와 'AI-저작권 제도 개선 방안 연구'를 병행한 후, 대국민 의견 수렴을 거쳐 2024년 말에 AI와 저작권 쟁점에 대한 정책 방향을 발표할 예정입니다.

AI를 활용한 신약 및 플랫폼 개발 지원으로 개발 속도를 가속화한다

일곱 번째, 제약 산업에서도 AI 시대에 맞춰 신약 개발, 원료 품질 및 신약 품질 심사 개선 등을 추진하고 있습니다. 2024년 1월 식품의약품안전처(이하 식약처)에서는 2023년 3월 출범한 의약품심사소통단CHORUS의 허가 심사 지원 분과 내에 'AI 활용 신약 개발 지원' 소분과를 신설하였습니다. AI, 머신 러닝, 딥러닝 등 ICTInformation and Communication Technology 기술 도입으로 의료 제품 개발의 패러다임이 전환됨에 따라 기술력이 확보된 의료 제품 개발을 지원하고, 효율적인 규제 과학 결과 도출을 목적으로 하고 있습니다. AI 활용 개발 단계별 분야 및 규제 가능 범위 검토·제안을 위한 비전 보고서Discussion paper와 디지털 바이오 마커를 이용한 평가 변수 검토 및 질환별 임상 시험 고려 사항 마련 등을 추진합니다.

과학기술정보통신부에서 추진하고 있는 사업에는 '인공지능 활용 혁신 신약 발굴 사업'이 있습니다. 2022년, 2023년에 각각 3개의 과제를 선정하여 인공지능 신약 개발 플랫폼 고도화·활용 지원을 통한 가시적 신약 개발 성과 창출을 목표로 2026년까지 지원하고 있습니다. 이 외에도 선행 사업으로 2019년부터 보건복지부와 함께 '인공지능 신약 개발 플랫폼 구축 사업(2019~2021)'을 지원하였습니다. 해당 사업에서는 후보 물질 발굴, 약물 재창출, 약물 감시 분야 6개 연구 과제를 선정하여 신경 퇴행성 질환, 항암 신약 등에 적용 가능한 인공지능 모델 개발을 지원했습니다. 개발된 인공지능 모델은 최종적으로 공공 플랫폼(KAIDD, http://www.kaidd.re.kr)에 탑재하여 다양한 산·학·연 연구자들이 자유롭게 활용할 수 있도록 포털 사이트 형태로 2021년 12월에 오픈되어 개방·운영 중에 있습니다.

표 10-7. **인공지능 활용 혁신 신약 발굴 사업 과제 현황**

선정 연도	주관 연구 기관	연구 책임자	과제 개요
2022	이화여자대학교	최선	멀티오믹스 기반 약물 추천 시스템, 멀티모달 기반 AI 후보 물질 설계 등을 탑재한 고성능 AI 신약 개발 클라우드 플랫폼을 국가 바이오 데이터스테이션과 연계하여 제공 예정
	(주)아론티어	고준수	표적 단백지 변화 구조 예측, 모든 인체 단백지에 대한 물질의 결합 가능성 예측, 돌연변이 구조 예측 , 후보 물질 탐색 모형 추가 개발 및 서비스 제공 예정
	심플렉스(주)	조성진	폐암 후보 물질 발굴에 활용하기 위한 AI 신약 개발 플랫폼 'CEEk-KAIDD'를 개발·고도화하여 향후 전이 학습 모형, 조각 중요도 할당 모형 등 서비스 추가 제공 예정
2023	연세대학교	박상현	교모세포종 및 특발성 폐섬유화증 등의 난치성 질환 치료 위한 다중 약물 적응증 기반 약물 개발 AI 플랫폼 구축 예정
	갤럭스(주)	석차옥	수용체 결합 모티브 예측을 활용하는 알고리즘을 고도화하여 후보 물질 설계 기술 공공서비스 제공 예정
	삼진제약(주)	이수민	차세대 면역 항암제 후보 물질 발굴을 위한 양자역학 기반 AI 신약 플랫폼 고도화 및 국내 신약 개발 AI 인프라 강화 예정

출처: 한국연구재단

10-7. 공공 플랫폼(KAIDD) 홈페이지

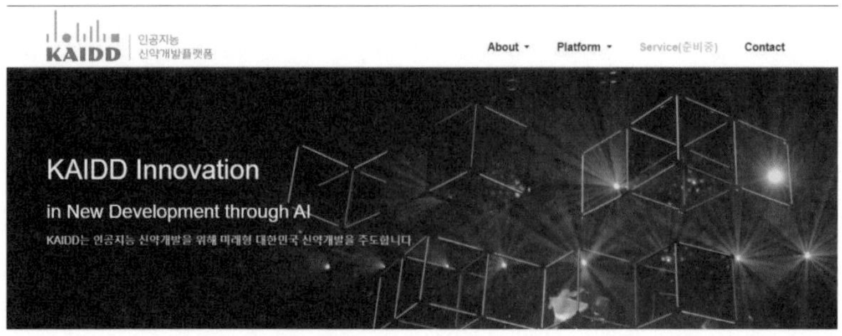

AI 정책 금융 프로그램 신설로 AI 전 분야 지원을 강화한다

마지막으로, 정부에서는 AI 전 분야의 지원을 강화하기 위해 AI 정책 금융 프로그램을 신설하였습니다. 2024년 7월 금융위원회에서는 제7차 정책 금융 지원 협의회를 개최하여 AI 분야에 3조 5,000억 원 규모의 신규 자금 공급 지원 방안을 논의하였습니다. 산업은행의 첨단 산업 지원 프로그램인 '초격차 산업 지원 프로그램' 내 AI 분야를 신설해 2024년 말까지 3조 원을 한도로 자금을 공급합니다. 이를 통해 AI 모델 및 클라우드, 핵심 응용 분야인 로봇·자율 주행 영위 기업에게는 최대 1.2%까지 우대된 금리로 자금을 제공합니다. 또한 신규로 AI 코리아 펀드를 5,000억 원(산업은행 자금 1,500억 원에 민간자금 3,500억 원) 규모의 자체 펀드를 조성 및 출시합니다.

표 10-8. **초격차 산업 지원 프로그램 6호 AI(인공지능)**

분야	한도	주요 내용
AI	3조원	• (지원 대상) AI 모델, 로봇·자율 주행, 클라우드, AI 반도체 영위 기업 • (지원 분야) 설비 투자, R&D, M&A, 경상 운영 자금 등 • (금리 우대) 최대 △1.2% • (기타 사항) 운영 자금 한도 확대(120%)

출처: 금융위원회

AI 기술, 규제보다 혁신이 중요하다

과학기술정보통신부가 '새로운 디지털 질서 정립 추진 계획'의 후속 조치로 2024년 6~7월 'AI의 안전, 신뢰 및 윤리'를 주제로 디지털 공론장을 통해 국민들의 의견을 집중적으로 공론화한 결과를 발표했습니다. 대국민 설문 조사는 지난 6월 12일부터 7월 12일 약 한 달간 진행됐으며 765명의 국민들이 참여했습니다. 설문 조사 결과 국민들의 57%가 "AI 기술의 잠재적 이점이 위험보다 많다"고 답했으며, 55%는 안전한 AI 발전을 위해 "규제보다 혁신이 중요하다"고 답했습니다. 가장 중요한 정부 정책으로 34%의 국민들이 'AI법 제정 및 윤리 기준 마련'이라고 응답했습니다.

AI 기본법(AI 산업 육성 및 신뢰 확보에 관한 법률)은 정부가 AI 기업에 대한 연구 개발(R&D) 지원과 규제 대응을 통해 국내 산업을 육성할 수 있는 법적 근거를 포함하고 있습니다. 지난 2020년 21대 국회에서 처음으로 발의되었으나, 국회 상임위원회에서 계류된 후 임기 내 제정되지 못하고 폐기되었습니다. 대통령 직속 '국가 AI 위원회'를 출범

10-8. 디지털 공론장 홈페이지

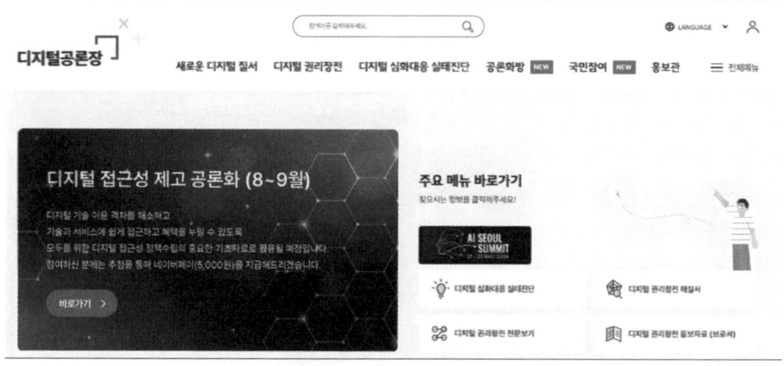

하였고, 범부처 AI 반도체 육성 방안인 'AI 반도체 이니셔티브'도 추진 중이지만, 정작 법적 근거를 체계화한 법령이 부재한 상황입니다.

'AI 활용 법제도 기반 마련 대국민 인식 조사'를 준비해 오는 2024년 10~11월 중 실시하고, 조사 결과는 12월에 나올 예정입니다. 조사를 통해 AI 기술에 대한 이해와 활용이 가능한 전국 만 19세 이상 성인 남녀 3,000명 이상의 표본을 확보하여 체계적인 데이터를 확보할 예정입니다. 아울러 국민들의 AI에 대한 인식과 요구를 명확히 파악하고, 향후 AI 법제 정책 수립에 반영할 예정입니다.

정부에서는 AI G3 강국을 외치며 여러 분야에서 AI 정책을 추진하고 있습니다. 최근 국가 지원 사업의 지원 내용을 살펴보면 대부분 'AI' 키워드가 들어있습니다. AI 사업에 선정된 연구자들과 대화를 하면 실제로는 AI 도입을 하지 않는다는 말을 쉽게 들을 수 있습니다. 그럼에도 불구하고 지원자들은 지원 사업에 선정되기 위해, 사업 담당자들은 외부 대응을 위해 'AI' 키워드를 사용하여 도입하는 것처럼 포장을 하고 있습니다. 실질적인 효과를 가져오는 정책 수립과 지원으로 가까운 미래에 엔비디아와 같은 AI 기업들이 등장하기를 기대합니다.

에필로그

이 책은 반도체, LLM 얘기를 거의 다루지 않았습니다. 중요하지 않아서가 아니라 이미 수많은 매체에서 다루고 있기 때문입니다. 또한 우리가 AI, 지능혁명의 기초 인프라에 관한 이해를 넘어서 다양한 산업 분야에 지능혁명의 엔진을 장착하기를 바라는 마음으로 농업, 철강, 의료, 교육 등 여러 산업을 살펴봤습니다. 개별 산업에서 현재 대한민국, 우리 기업이 AI를 바탕으로 한 지능혁명 시대를 어떻게 준비하고 있는지를 돌아보며 글로벌 환경과의 관계성도 함께 고민했습니다.

모든 산업군을 조망하지는 못했으나 AI를 통해 새로운 도전을 꿈꾸는 우리 기업들이 2025년을 어떻게 풀어갈까를 고민하는 데 작은 나침반이 되길 기대합니다. 산업혁명 이후 200년이 넘는 기간, 세계 산업 지형은 완전히 새롭게 쓰였습니다. 이제 또 한번 새로운 지형이 그려질 시기입니다. 새로운 지형을 그리기 위해 우리에게는 창의성과 도전 정신이 필요합니다. 이 책에 담긴 여러 산업군의 약진을 살펴보기 바랍니다. 내 산업군에서 나타나는 새로운 전략, 타 산업군의 흥미로운 접근을 통해 '낯섦'을 느끼시길 기대합니다. 낯섦은 창의성의 원동력입니다. 책에 담긴 낯섦을 소화하여 독자마다 창의성의 씨앗을 잉태하길 바랍니다. 여러 기업의 담대한 약진을 통해 독자들도 새로운 도전의 에너지를 얻길 바랍니다. 창의성과 도전 정신으로 AI 코리아의 2025년을 함께 빛내주시길 부탁합니다.

AI 코리아 2025, 저자 일동

AI 코리아 2025

초판 1쇄 발행 2024년 11월 1일
초판 2쇄 발행 2024년 11월 15일

지은이 김상균 민환기 박성진 신민호 양석용 이광호 이상윤 이영래 장정권 최성은

편집 공 홍
본문디자인 박은진 **표지디자인** 페이퍼컷
마케팅 임동건 **마케팅지원** 신현아 **경영지원** 이지원
출판총괄 송준기 **펴낸곳** 파지트 **펴낸이** 최익성

출판등록 제2021-000049호
주소 경기도 화성시 동탄원천로 354-28 **전화** 070-7672-1001
이메일 pazit.book@gmail.com **인스타** @pazit.book

ISBN 979-11-7152-060-2 (03320)

• 책값은 뒤표지에 있습니다.

THE STORY FILLS YOU
책으로 펴내고 싶은 이야기가 있다면, 원고를 메일로 보내주세요.
파지트는 당신의 이야기를 기다리고 있습니다.